梁方仲遗稿

梁方仲 著 / 梁承邺 李龙潜 黄启臣 刘志伟 整理

明代地方志综目（草稿）
明代督抚表列

SPM
南方出版传媒
广东人民出版社
·广州·

图书在版编目（CIP）数据

梁方仲遗稿／梁方仲著；梁承邺等整理．—广州：广东人民出版社，2019.1

ISBN 978-7-218-13211-2

Ⅰ．①梁… Ⅱ．①梁… ②梁… Ⅲ．①中国经济史－研究－文集 Ⅳ．①F129－53

中国版本图书馆 CIP 数据核字（2018）第 235808 号

LIANG FANGZHONG YIGAO

梁方仲遗稿

梁方仲 著

梁承邺 李龙潜 黄启臣 刘志伟 整理

出 版 人：肖风华

出版统筹：柏 峰 周惊涛

责任编辑：陈其伟 周惊涛 柏 峰

装帧设计：彭 力

责任技编：周 杰 吴彦斌

出版发行：广东人民出版社

地 址：广州市大沙头四马路 10 号（邮政编码：510102）

电 话：（020）83798714（总编室）

传 真：（020）83780199

网 址：http：//www. gdpph. com

印 刷：广东信源彩色印务有限公司

开 本：787mm × 1092mm 1/16

印 张：257.5 字 数：3600 千

版 次：2019 年 1 月第 1 版 2019 年 1 月第 1 次印刷

定 价：960.00 元（全八册）

如发现印装质量问题，影响阅读，请与出版社（020－83795749）联系调换。

售书热线：（020）83793157 83795240 邮购：（020）83795240

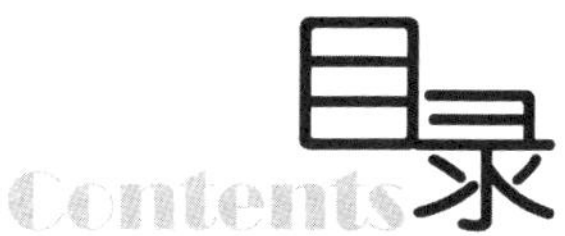

明代地方志综目（草稿）

明代督抚表列

明代地方志综目（草稿）

整理说明

1. 在20世纪上半叶，应该重视地方志资料，已经是中国社会经济史研究的开拓者们的共识，但是，在实际研究中大规模利用地方志资料，还只是刚刚起步。梁方仲先生在中国社会经济史研究中，除了重视正史、实录、会典、宫廷档案等官方文献外，对其他地方文献、民间文献、实物契件等也是十分倚重。例如早在20世纪30年代其论著《明代鱼鳞图册考》《一条鞭法》《明代的民兵》，20世纪40年代的《释一条鞭法》，20世纪五六十年代的《一条鞭法年表》《明代粮长制度》《中国历代户口、田地、田赋统计》等都大量参考利用了地方志的资料，其中《一条鞭法年表》撰写时参阅了地方志"逾千种"（梁氏语）。就地方志利用上，具有起步时间早，所付精力和所取得成绩多的特点。"梁方仲先生可以说是利用地方志资料来研究王朝制度和地方社会学者中最为成功的一位"（刘志伟、陈春声语）。《明代地方志综目（草稿）》是梁方仲先生在中央研究院社会科学研究所时期，于1941—1944年作的。该项工作，旨在把当时有关明代地方志资源做较全面的清查，以方便自己和他人查找与利用 。今天，经很多学者的努力，各种方志目录的编纂出版已经颇为完备，但梁方仲先生早年作成的这个目录草稿，在学术史上仍然有极大的价值，显示了前辈学者开拓现代学术时筚路蓝缕的艰辛努力。

2.《明代地方志综目（草稿）》（以下简称《综目》）共收录明代北直隶（今河北省）、南直隶（今江苏、安徽省）、浙江、江西、湖广（今湖北、湖南省）、福建、山东、山西、河南、陕西、四川、广东、广西、云南、贵州等两直隶和十三布政使司的省、府、州、县地方志2645种，总志、镇志、山志、岭志、图志574种，总共3219种。这些地方志的收集来源是：

（1）在《千顷堂书目》收录的有1558种；

（2）在《文渊阁书目》收录的有417种；

（3）在北平图书馆收藏的有555种；

（4）在天一阁藏书楼收藏的有77种；

（5）在《明史·艺文志》收录的有115种；

（6）在其他图书馆收藏的有497种。

3. 从现在看到的抄录书目的字体鉴别，有2722种志书目录是请人抄录的，有497种志书目录是梁方仲后来在研究工作中从清代至民国时期的地方志增补抄录的。所以，当时全国的明代地方志应该说绝大部分都收录在《综目》里面，旨在为研究明代社会经济史建立基础。梁方仲青年时期在研究工作中就坚持甘于"坐冷板凳"和"甘为人梯"的艰苦劳动精神跃然于纸上。

4.《综目》的内容包括地方志的名称、纂修年代、卷数、册数、版本、纂修人、书目（出处）、附注等。例如北直隶《顺天府志》的纂修年代是万历年间（1573—1620）、共六卷、版本为刻本、纂修人是张元芳、书目（出处）是"千顷"。梁方仲亲自抄录的地方志书，除了上述内容外，还从其他的地方志抄录了一些纂修人的简历，例如他抄录浙江《海宁县志》，就参阅光绪年间（1875—1908）纂修的《平湖县志》卷23《经籍史部》、卷15《人物列传》第49—53页介绍《海宁县志》纂修人赵维寰的简历："赵维寰，字无声，举万历庚子顺天乡试第一，署海宁教谕。"又如他抄录崇祯八年（1635）纂修的云南《安宁州志》，又从《光绪续云南通志稿》卷167《艺文志》中抄录《安宁州志》纂修人钟万璋的简历："万璋，字孔源，汝源人，选贡生。崇祯辛未（四年）发安宁州知州，辑旧籍为新志，凡八门。乙亥（八年）成书。"

与此同时，他又在"附注"或在"藏书者"空格处，从其他的地方志或相关书籍中抄录113条说明，以示别志、别书也有记录该志书的资料。例如在陕西嘉靖《高陵县志》下的“藏书者”空格处记录“北京人文科学研究所藏光绪十年重刊嘉靖本”；又如在北直隶弘治《涿州志》下“附注”空格处记录“光绪《无锡匮县志》三九，艺文著述”，等等。这就说明，他在辑录明代地方志书目的时候，已重视版本及藏书的信息。

5.《综目》所辑录明代地方志书目的出处有“千顷”两字者，是指《千顷堂书目》。该书著者为清初黄虞稷，收录明代著作较全，是考查明代典籍的重要目录书。《明史·艺文志》亦以此书为依据。有“文渊”两字者，是指清乾隆四十九年（1784）将杭州孤山圣因寺藏书堂改建而成，专藏《四库全书》的藏书阁。《文渊阁书目》就是指文渊阁藏书的目录。咸丰十年（1860）倒毁，藏书流散。光绪六年（1880）重建。现归属浙江省图书馆。有“北平”两字者，是指北平图书馆，现归属中国国家图书馆。有“天一”两字者，是指浙江省宁波市的“天一阁藏书楼”，现称“天一阁图书馆”，所藏明代地方志书较多。有“明史”两字者，是指《明史·艺文志》所列的地方志书目。

6. 梁方仲当年辑录明代地方志书目时，在附注之下，辟有“藏书者”一栏，分别标有国内的“北平、天一、故宫、国学、东方、其他”的藏书馆名称、国外（日本）的“内阁、宫内、帝国、其他”的藏书馆名称。又内设“书目”一栏，从内容看，是抄录收集的书目出处，故拟改为“书目（出处）”为宜。敬请读者注意。

7.《综目》包括请人抄录及梁方仲亲笔抄录，为保持原样，今次出版以影印方式出版，以资区别。

8. 总志、镇志、山志、岭志、图志收录书目较少，所以目录不分地区，而以志书收藏出处为名，如“千顷”“文渊”“北平”“天一”“明史”等。

第一卷　省志、府志、州志、县志

一、北直隶

志名	年代	卷	册	版本	纂修	書目	附註	藏書者（國內 / 國外）	附註
順天府志	萬曆癸巳年	六		[illegible]	沈應文	千頃	明史全未載年代		
順天府志		不分卷		抄本		北平			
順天府志	萬曆	六		刻本	張元芳	北平			
北平志			二			文淵			
北平成均志			二			文淵			
北平八府圖總目			一			文淵			
北平圖志			一			文淵			
北平府圖志			一			文淵			
大興縣圖志			二			千頃			
大興縣圖志			一			文淵			
宛平縣圖志			二			千頃			
宛平縣圖志			二			文淵			
良鄉縣志	萬曆間			[illegible]	余鐘	千頃			
良鄉縣圖志			二			文淵			

志名	年代	卷	册	版本	纂修	書目附註	藏書者（北天數國東莫國 平一島堂方地 閣內國他 內宮帝莫 外）	附註
固安縣志	嘉靖			修	蘇志皋	千頃		
固安縣志	嘉靖	九		刻本	蘇志皋	北平		
固安縣志	崇禎	九		刻本	蔡壽	北平		
固安縣圖志			二			文淵		
永清縣志	萬曆			修	王納	千頃		
永清縣圖志			二			文淵		
東安縣志	萬曆			修	張文奎	千頃		
東安縣圖志			二			文淵		
香河縣志						千頃		
香河縣圖志			二			文淵		
通州志畧	嘉靖			修	楊行中	千頃		
通州圖志（通州志）		四本	二			東 文淵		
三河縣志	萬曆			修	王自	千頃		
三河縣圖志			二			文淵		

天啓東安縣志 存五卷（卷一至五） 北京圖藏 天啓五年 鄭之成修 馮泰運纂

民廿五年 鉛字本 抄（天津亦藏）

志名	年代	卷	册	版本	纂修	书目附注	藏书者（北平图书馆 天一阁 东方 国学 其他 内阁 宫 其他）
武清县志	万历			修	陶允光	千顷	
武清县图志			二			文渊	
宝坻县志	弘治	七		修	庄襗	千顷	
宝坻县志	嘉靖			修	刘思聪	千顷	
（宝坻县金城记		四			高承缇	千顷	
（宝坻县图志			二			文渊	
蓟县志	万历			修	魏之翰	千顷	
蓟县图志			二			文渊	
昌平州志	隆庆			修	崔学履	千顷	
昌平县图志	明初		二	修		千顷	
昌平县图志（昌平州志）		四卷	二			文渊	
顺义县志	隆庆			修	靳来辅	千顷 天一	
顺义县图志			二			文渊	
密云县志	万历			修	刘效祖	千顷	

宝坻县志二十卷 [illegible]

志名	年代	卷	冊	版本	纂修	書目附註	藏書者（國內：北平、天一、故宮、國學、東方、其他；國外：內閣、宮內、帝國、其他）	附註
密雲縣圖志			二			文補		
懷柔縣志						千頃		
懷柔縣志略						千頃		
懷柔縣志	萬曆	四		刻本	史國典、周仲士	北平		
涿州志	弘治	十二		修	張遜	千頃		宏治十年[illegible]修 [illegible]嘉靖三十九 [illegible]英述
涿州志	正德			修	劉坦	千頃		
涿州志		十二			唐遜卿	千頃 明史全		
涿州志	嘉靖	十二		刻	李史直臣	北平 存九卷 缺卷四十二		
涿州圖志（涿州志）		四本	二			文補 天一		
房山縣志	萬曆			修	黃榜	千頃		
房山縣圖志			一			文補		
霸州志	嘉靖			修	周復俊	千頃		
霸州志	萬曆			修	錢達道	千頃		
霸州圖經志（霸州志）		三本	二			文補 天一		

志名	年號	年	卷	修/刻	纂修者	藏處	附注
文安縣志畧	萬曆			修	車鳴時	千頃	
文安縣志	萬曆	八		刻本	唐紹堯 紀大綱	北平	存七卷八 二至
文安縣圖志			二			文淵	
大城縣志	萬曆			修	狄國燵	千頃	
大城縣圖志			二			文淵	
保定縣志						千頃	
[illegible]州志	嘉靖			修	熊相	千頃	
薊州志		九			江璃	千頃	明史今
薊州志	嘉靖	十八		刻本	熊相	北平	
薊州圖志			二		文淵	去一 文淵	
玉田縣志（薊州志）		の本				千頃	
玉田縣圖志			二			文淵	
豐潤縣志	隆慶			修	石邦政	千頃	
豐潤縣志	隆慶	十三		刻本	王納言 石邦政	北平	
豐潤縣圖志			二			文淵	
遵化縣志					張杰	千頃	

志名	年代	卷	冊	修	撰人	出處
遵化縣圖志			二			文淵
平谷縣志	嘉靖				劉愛	千頃
平谷縣圖志			二			文淵
永平府志	弘治戊申	十		修	張廷綱	千頃
永平府志					郭造卿	千頃
永平府志		十			徐國桂	千頃
永平府志					吳鎔吉	千頃
永平府志	萬曆			修	張維城	千頃
永平府志		十一			張廷綱	明史
永平府圖志（永平府志）		二本	二			文淵
盧龍縣圖志			二			文天淵
遷安縣志	萬曆			修	王之衡	千頃
遷安縣圖志			二			文淵
撫寧縣志	萬曆			修	鄭思恭	千頃
撫寧縣圖志			二			文淵
昌黎縣志	嘉靖			修	楚孔生	千頃

沈之喤 進士 表

永平府志 永平府志之喤西推官、遂南征乃中、南京、会守太守因（回使湘州府志

修府志乃未竣、乃招閩士郭造卿歸南自借陝安志の成（呼攷藝文略の）

雞澤縣志	萬曆			修	石之峰	千頃	
雞澤縣圖志			二			文淵	
灤州志	嘉靖戊申	十一		修	陳士元	千頃	明史今未載年代
灤州圖志			二			文淵	
樂亭縣志（灤志）	萬曆	五本		修	潘馨復	千頃 天一	缺一本
樂亭縣圖志			二			文淵	
保定府志		二十五			張欽	千頃	明史今
保定府志	隆慶	四十		修	馮惟敏	千頃	
保定府	萬曆	四十		刻本	王國楨 王政經	北平	存三十七 [illegible]
保定府圖志			二			文淵	
清苑縣志（保定志）	萬曆甲[illegible]	[illegible]本		修	王政	千頃 天一	
清苑縣圖志（清苑志）			二			文淵	
滿城縣志	萬曆甲寅	八 二本		修	張邦政	千頃 天一	
滿城縣圖志			二			文淵	
安肅縣志	嘉靖			修	邢業	千頃	
安肅縣圖志			二			文淵	

嘉慶雷州府志56上藝文卷一 陳鑄 潔州志 三閭田錤志 九曲圖說（光緒蘇州府志136藝文一，吳縣以同 道光〃〃〃103藝文二同。）

志名	年代		卷		纂修	著录
定興縣志畧						千頃
定興縣圖志			二			文淵
新城縣志	万曆乙亥			修	方廉	千頃
新城縣志	万曆乙酉			修	何淯等	仝上
新城縣圖志			二			文淵
唐縣志	嘉靖			修	孫廷臣	千頃
唐縣圖志			二			文淵
博野縣志	嘉靖			修	孫昂	千頃
博野縣圖志			二			文淵
慶都乘	万曆戊子		二	修	張前光	千頃
慶都縣圖志			二			文淵
容城縣志	隆慶			修	李棻春	千頃
完縣志	万曆			修	趙綱	千頃
完縣圖志四			二			文淵
蠡縣志	隆慶			修	劉伯緒	千頃
蠡縣志	嘉靖			修	李復初	仝上

新城縣志十二卷 一函六册 張棟等纂修 万曆四十五年刊本 北京人文科学研究所藏本備目七卷

雄縣圖志（雄縣志）			二			文淵	
雄縣地乘		十 三本			王齊学	千頃 天一	
雄縣志	万曆丁亥			修	馬文学	仝上	
雄縣志	万曆壬辰			修	董勸等	仝上	
雄乘	万曆	二		刻本	康功	北平館	一卷下
雄縣圖志			二			文淵	
祁州志（雄乘志）	嘉靖	六 二本		修	潘恩	千頃 天一	明史全未載其代
祁州圖志			二			文淵	
深澤縣志						千頃	
深澤縣圖志			二			文淵	
束鹿縣志	隆慶			修	賈衡	千頃	
束鹿縣圖志			二			文淵	
安州志	嘉靖	五		修	張寅	千頃	
高陽縣志	嘉靖			修	林風儀	千頃	
新安縣志	万曆			修	張守身	千頃	
新安縣志					孫奇逢	仝上	

四册，一号，南七〇号

北平：河南、刘氏、国学
刘氏 天一
天一阁（乔缙）
北平、内阁
北平……等
东方

志书			
馬山縣志 容悌等著 八卷	40	162	38
杭州府志 陈善等著 二十七年序 一〇卷	14	169	2
河间府志 樊深 万历七年序 二八卷	20	177	35
汶南郡志 陈宣等 十六年序 张洪 十二年序	6	162	33
漢陽府志 秦聚奎等 一二卷 万历	5	154	12
歸化縣志 用宽序 一年序 万历四十二序	4	151	22
洪縣志 徐臣等编 十卷	7	162	13
宜春縣志 张遵等编 廿四年序 十卷	12	160	18
金華府志 王懋德等 万历十八年序 三十卷	1	160	13
古今統志 全序 廿六年序 黄克缵（康熙22年）	6	160	10
廣德州府志 李得阳著 万历四十四年序 十卷	2	159	15
惠安縣續志 黄士绅	4	159	49
惠州府志 李玘 刘桂 集 十二卷	8	177	31
荆州志 武 耕等著 序 五卷（郭维贤）	14	161	3
瓊州府志 戴熺等著 万历二 一二卷（特别）	6	169	3
襄陽府志 傅学礼 二〇卷 成化十七年序			

增订帝国图书馆和汉图书分类目录　地志及纪行之部（明治三十五年五月印行）

书名	著者、年代、卷数	册	函	号
长兴县志	郑一昇著　崇祯九年序　九卷	4	154	16
明州阿育王山志	郭子章著　万历序　十卷	5	155	19
渭南县志	南大吉　天启元序　十六	4	155	43
乌程县志	刘沂春　崇祯十一序　十二	6	160	11
卫辉府志	申廷言　十六	6	162	30
西事珥	魏浚　万历　八卷　序	3	170	33
袁州府志	严嵩　[illegible]序　二十	10	176	18
温州府志	汤日昭等著　万历三十三序　十八	12	176	15
海盐县图经	彭宗孟　天启二序　十六	8	155	32
海澄县志	梁兆阳等著　崇祯六序　二十卷	5	169	33
开化县志	朱朝藩等著　崇祯四年序	4	154	5
江阴县志（北京、天一）	冯士仁　崇祯　二卷	8	170	69
江心志	王光蕴（万历廿六序）　七卷	3	154	45
江西舆地图说	赵秉忠　纪录汇编　五五，四		203	3
衡州府志	伍让　十五卷	10	162	8

藏所	书名	编者	卷数、年代	册	面	号
天一、	饶州府志	陈策等	正德六年序	4册	163面	57号
	建昌府志	赵元吉等	十四卷	6	162	31
东方	建阳县志	杨徐附等	万历四十 八卷	4	165	47
北京、清华、	广州府志	杨守仁等 苗 吕昌期 俞炳然	万历四十一序	12	169	27
内阁、北京缺5、6，天一	吴县志	牛若麟	五四卷 崇祯十五序	20	178	26
	吴兴掌故集	徐献忠	16卷	6	170	50
北京、	赣州府志	余谟等	天启年序	10	147	1
	鱼台县志	刘熙祚	崇祯十年 六卷	4	160	60
北京	古田县志	王继祀	万历三十四 十四卷	5	168	45
	曹溪通志	孙千释	崇祯八年 五卷	4	154	17
天一缺7-10	沙县志	叶联芳著	嘉靖十六年	4	156	22
内阁	山海关志	詹荣	8卷	2	147	3
	山东通志	刘沂等	四十卷（陆釴）嘉靖十二年？	18	173	24
北京、天一、？	四川总志	杨元正等	二七卷（十六卷）	20	173	13
	湘阴县志	孙灿	嘉靖九年	2	172	22
东方残	上虞县志	徐待聘	二〇卷 万历卅四年	8	172	23
	襄阳府志	吴[illegible]	万历十二序 五一卷	14	162	36

北平　怀柔縣志　黄元美等　十二卷補一卷　十　151　23
永寧縣志　万曆十三年張曹(?)　二卷序　崇禎十年(闰)　4　155　37
天一缺1-9　順德(府)志　明，高濯　三四卷(三五卷)　8　162　4
天一缺1-8，11-15　霸州府志　刘寅　十八卷　成化二十二年序　8　176　17
北平　新河(?)縣志　王命璿等　七卷　万曆三七年　10　160　61
新昌縣志　田琯　一三卷　万曆七年(缺)　4　162　22
內閣　鄒志　胡繼先　万曆三十九年序　卷存待查　4　155　42
內閣：清江縣志　朱家棹(?)　一二卷　4　154　55
青浦縣志　卓鈿等　8卷　万曆四十六年序　万曆廿七年序　4　169　58
北平、浙新……　紹興府志　張元忭等　50卷　万曆十四年　16　169　26
北平、內閣　韶州府志　符錫等　十卷　嘉靖二十一　4　176　14
北平內閣　泉州府志　楊思謙等　二四卷(四二卷？)　万曆四十年　16　171　14
北平缺第一　大田縣志　劉維棟(?)　三一卷　万曆三十九　2　154　19
涿州志　林(?)遷等　十二卷　弘治六年序　正德七年陳(?)(天一缺1-4)　4　162　7
东方、北平缺1-9　丹陽縣志　朱(?)等　十二卷　隆慶三　4　168　44
長沙府志　孫存等　嘉靖十三　6　169　49
文化、北平、天一、宮內(?)、台(?)缺1　長洲縣志　皇甫汸　十四卷　隆慶五　10　163　51

北平　平陽府志　高[illegible]张等　九卷　万历四十三年（晋）3　十册 175 面 62号

帝京景物略　刘侗等　8卷　[illegible]　特别　1 〃 [illegible] 〃 17

北平、内阁　鳳書　又名鳳陽新书　袁文新　天启九　8 〃 174 〃 80

北平　新修餘姚县志　楊文焕等　万历三十一　册11　6 〃 162 〃 37

弋陽县志　程有守等　十二卷　万历九　赣　4 〃 120 〃 16

[illegible]、北平、内阁、内宫　萊州府志　张文郎等　8卷　16 〃 171 〃 32

北平缺1-4　羅源县志　陈良谏　8卷　阁　4 〃 155 〃 59

内阁　蘭溪县志　[illegible]　万历[illegible]　2 〃 159 〃 61

北平　龍巖县志　湯相等　未详　卅册　6.13下　2 〃 177 〃 6

云安州志　刘垓等　8卷　万历12　6 〃 171 〃 24

臨洮府志　荆州俊　二十六卷　万历二十三（廿）　8 〃 178 〃 17

潞安府志　周一梧　二〇卷　万历卅（晋）　10 〃 159 〃 39

东方

天一 鈔 4·12

名記、北平、金陵：：

玉存 1·2

北平

滁陽志 陳璉 十四卷 弘治×

朝邑志 韓邦靖（見山房八本合刻）

肇慶府志 陸鏊等 二十二卷（五十）

滁中雜記 郭子章 十二卷 万曆十三年

潼川州志 陳時宜 五四卷 万曆卅 （川）

銅仁府志 十二卷 黔2下

德安府志 馬龠 十二卷 正德12 鄂7

寧夏志 孫永秀 二卷 万曆二十九

寧國府志 陳俊等 二十卷 万曆五年

寧波府志 張時徹 四二卷 嘉靖卅九

寧洋縣志 金埜 八卷 万曆二十九 （閩）

望江縣志 羅希益等 8卷 正統八年 （皖）

寶慶府志 陸柬（祁?） 五卷 隆慶元 湘3下

鄜志 刘紹周 8卷 万曆卅三 （陝）

閩書 何司空 一五四卷 崇禎四年

福清縣志續略 一八卷 私撰

撫州府志 李郁俊 二〇卷

10 4 70 4 4 4 2 16 8 4 6 8 16 4 12 10册

150 161 162 171 176 169 161 172 162 159 161 176 177 174 161 170 162

10 10 34 33 13 52 11 34 1 42 9 26 45 34 4 67 函6号

志名	年号	年	卷	修/刻	纂修者	藏处	备注
新安志			七			文渊	
新安縣志			二			仝上	
新安後續志			五			仝上	
易州志		三十			戴銑	千頃	明史仝
易水新志	嘉靖			修	林燫章	仝上	
易州圖志			二			天 文渊	
淶水縣志（易州志）	嘉靖	三の本		修	康治	千頃	
淶水縣圖志			二			文渊	
河間府志	嘉靖庚子	二十八		修	樊文瑮	千頃	明史仝 未載年代
河間府志		二十			賈忠	仝上	
河間藥史	万曆			修	趙完璧	仝上	
河間府志	万曆	十五		刻本	杜應芳 陳士彥	北平	存十一卷 一至三 五至[illegible] 九至十五
河間藥史	万曆	四卷附一卷		刻本	趙完璧	北平	存二卷 卷四 附錄
河間府圖志			二			文渊	
河間縣圖志			二			仝上	
獻縣志	万曆			修	李世桂	千頃	

第一卷　省志、府志、州志、县志

志名	年代			修/刻	人	藏
獻州圖志			二			文淵
阜城縣志	万曆			修	華邦圖	千頃
阜城縣圖志			二			文淵
肅寧縣志	万曆	二		修	戴性	千頃
肅寧縣圖志			二			文淵
任丘縣志	万曆			修	顧問	千頃
任丘縣志	万曆	八		刻本	顧問	北平
任邱縣圖志			二			文淵
交河縣志	万曆			修	馬仲良	千頃
交河縣志		七			蔣景儒	仝上
交河縣志	万曆	七		刻本	馬中良	北平
交河縣圖志			二			文淵
青縣志	万曆			修	馬政	千頃
青州圖志			一			文淵
興濟縣志	嘉靖			修	蕭蕃	千頃
靜海縣事蹟	万曆			修	蔣稽	仝上

静海县图志			二			文渊
宁津县志	嘉靖			修	王良贵	千顷
宁津县志	万历十六年刊本	八	三	刻本	余镗 王良贵	北平 北京人文科学研究所藏书 同七志
宁津县图志			二			文渊
景州志	隆庆			修	徐大佑	千顷
景州志	隆庆	六		刻本	罗耕 徐大佑	北平
景州图志			二			文渊
吴桥县图志			二			仝上
东光县志	万历	四		修	宋良翰	千顷
东光县事迹						仝上
东光县志		四			廖纪东	仝上
故城县志	万历			修	周世选	仝上
故城县志	万历	五		刻本	李光志 沈元晋	北平
故城县图志			二			文渊
沧州志		四			廖纪东	千顷 明史全
沧州事迹	万历			修	卢建选	仝上

滄州志	万曆八		刻本	李夢熊	北平	
滄州圖志		二			文淵	
南皮事蹟					千頃	
南皮縣志	万曆十七		修	余升階	仝上	
南皮縣圖志		二			文淵	
鹽山縣志	嘉靖		修	時尚儒	千頃	
鹽山縣志	隆慶		修	崔焰	仝上	
鹽山縣圖志		二			文淵	
慶雲縣志	万曆		修	楊州耀	千頃	
慶雲縣志	万曆十		刻本	楊州鶴	北平	存四卷 一至四
順德府志	四				千頃	
順德府志	万曆四 中中		修	王守誠修 劉翰續	仝上	
順德府志	十五			高濂	仝上	
順德府志	成化十		刻本		北平	存四卷 五至八
順德府圖志（順德志）	六本	二			大 文淵	
邢台縣志	万曆		修	米諧	千頃	

邢台縣圖志			二			文渊
沙河縣志	万曆			修	姚佃修	千頃
沙河縣圖志			二			文渊
南和縣志	嘉靖	四		修	華希閔	千頃
南和县志					宋[illegible]銘	千頃
平鄉縣志	万曆			修	徐继芳	仝上
平鄉縣圖志			二			文渊
廣宗縣志	隆慶			修	吕信	千頃
廣宗縣志	万曆	八		刻本	馬協	北平
廣宗縣圖志			二			文渊
鉅鹿縣志	万曆			修	何文植	千頃
鉅鹿縣圖志			二			文渊
唐山縣圖志			二			仝上
內丘縣志	万曆			修	鄒學時	千頃
內丘縣志	崇禎	八		刻本	高[illegible]、雷中和	北平
內邱縣圖志			二			文渊
任縣志	隆慶			修	林大畜	千頃

志名	年號	年	卷	修/刻	本	纂修人	著錄	備注
任縣志	隆慶	八		刻	本	衛紳 楊宋游	北平	存四卷 吳集八
任縣圖志			二				文渊	
真定府志	嘉靖	巳酉 二十三		修		雷禮	千頃	明史全載年代
真定府志	嘉靖	三十三		刻	本	唐臣 祝匯	北平	
真定府圖志			二				文渊	
真定縣志（真定府志）	万曆	八	十本	刻	本	周宏中 楊菁	北平 大一	
井陘縣志（真中）	万曆			修		李春芳	千頃	
井陘縣圖志			二				文渊	
獲鹿縣志	嘉靖			修		趙惟勤	千頃	
獲鹿縣志		十二				宋札	仝上	
獲鹿縣圖志			二				文渊	
元氏縣志	嘉靖	二		修		周應魯	千頃	
元氏縣圖志			二				文渊	
靈壽縣志	万曆			修		張懋	千頃	
靈壽縣圖志			二				文渊	
藁城縣志	万曆			修		李正儒	千頃	

藁城縣志	嘉靖	十		刻本	李正儒	北平	
藁城縣圖志			二			文渊	
欒城縣志	萬曆			修	馬東篙	千頃	
欒城縣圖志			二			文渊	
無極縣志	万曆			修	史嘉士	千頃	
無極縣志		六			熊華	仝上	
無極縣圖志			二			文渊	
平山縣志	嘉靖			修	仇天民	千頃	
阜平縣志	嘉靖			修	李廷實	千頃	
阜平縣圖志			二			文渊	
定州志	嘉靖	四		修	倪璣	千頃	明史仝未載年代
定州圖志			二			文渊	
新樂縣志	万曆			修	張正蒙	千頃	
新樂縣志					孫苗	千頃	
新樂縣圖志			二			文渊	
曲陽縣圖志			二			文渊	

志名	年号	年	卷	修/刻	撰者	著录	备注
行唐縣志	正德		二	修	吳德温	千頃	
行唐縣圖志			二			文淵	
冀州志（冀州全志）	成化	三	四		李德美（曹宏）	千頃（千頃）	
冀州圖志（冀州志）			二			文淵	
三南宮縣志	万曆	四		修	邢侗	千頃	
二南宮縣志	嘉靖（[illegible]）	五	一	刻本	葉恒嵩、劉玏(?)	北平	[illegible]
一南宮縣圖志			二			文淵	
2新河縣志	万曆			修	徐治民	千頃	
1新河縣志	嘉靖	六		刻本	蔡繼昭、余太(?)解	北平	
新河縣圖志			二			文淵	
棗強縣志	万曆	四		修	宋塗(?)	千頃	
棗強縣圖志			二			文淵	
武邑縣志	万曆			修	黃識(?)	千頃	
武邑縣圖志			二			文淵	
晋州志	万曆			修	婁若玉(?)	千頃	
晋州圖志			二			文淵	

志名	年代	卷/本	卷	修/刻	纂修者	著录
安平縣志	萬曆			修	王三傑	千頃
安平縣圖志			二			文淵
饒陽縣志						千頃
饒陽縣圖志			二			文淵
武強縣志	隆慶			修	錢博學	千頃
武強縣圖志（趙州志）			二		蔡懋昭	千頃 文淵
趙州志	隆慶	八			陳祀	千頃
趙州圖志			二			天一 文淵
柏鄉縣志	万曆丙子	五本 四本	二	修	魏揭謙	千頃
柏鄉縣圖志			二			文淵
隆平縣志	崇禎	九		刻 李	陳所學	北平
高邑縣志	嘉靖			修	周至德	千頃
高邑縣圖志			二			文淵
臨城縣志	嘉靖			修	王永吳	千頃
臨城縣圖志			二			文淵
贊皇縣志	万曆			修	葉福	千頃

贊皇縣圖志			二			文淵	
寧晉縣志	万曆		二	修	胡向等	千頃	
寧晉縣圖志			二			文淵	
深州志	万曆		二	修	劉應辰	千頃	
深州圖志			二			文淵	
衡水縣志	万曆		二	修	諸楫等	千頃	
衡水縣圖志			二			文淵	
廣平府志	乙嘉靖	十六		修	陳棐	千頃	明文全未載表
廣平府圖志（廣平府志）		四本	二			文淵	
永年縣圖志			二			文淵	
曲周縣志	嘉靖		二	修	許鶴齡	千頃	
曲周縣圖志			二			文淵	
肥鄉志	万曆			修	康靖	千頃	
肥鄉縣圖志			二			文淵	
鷄澤縣志	万曆			修	趙琛	千頃	
雞澤縣圖志			二			文淵	

雞澤縣志　曹孔榮　程志　朱彝尊　前明州郡志（光緒年湖州府志[illegible]經籍史部）

因作八表　万曆癸巳修　孔榮為令時也

廣平縣志	萬曆			修	陳棐	千頃
廣平縣志	萬曆	五		刻本	陳棐	北平
廣平縣圖志			二			文淵
邯鄲縣志	萬曆			修	張我續	千頃
邯鄲縣志	萬曆	八		刻本	張第 張我續	北平 存四卷 一至四
邯鄲縣圖志			二			文淵
成安縣志	嘉靖			修	劉希尹	千頃
成安縣圖志			二			文淵
威縣志	嘉靖	八		修	吳喜	千頃
威縣志	萬曆	八		刻本	張象正 姜允靖	北平
威縣圖志		二本	二			文淵 天一
清河縣志	萬曆			修	商日紅	千頃
清河縣志	嘉靖	四		刻本	孟仲遠	北平
清河縣圖志			二			文淵 天一
大名府志（清河見本志）	弘治	十六（二本 三眼合）		修	唐錦	千頃
大名府志	嘉靖	二十八			潘仲驂	仝上

千顷堂书目 旧志乌程潘子固由翰林出南刑部郎本乾间请大名[illegible]

潘仲骖传 人物 大名府志二十八卷 判[illegible]府志[illegible]叙[illegible]博裒[illegible]臣[illegible]好茅鹿门语（全左）

茅坤传 人物 大名府志纂辑通志坤为广平通判仲[illegible]大名府志独任（国[illegible]刊府志58[illegible]文甲三）

大名府志编纂之劳[illegible]

志名	年號	年	卷	修/刻	纂修者	出處
大名府志	嘉靖			修	鄭禮	千頃
大名府志	隆慶			修	張師尹	千頃
大名府志		二十八			唐錦	明史
大名府圖志		四本	一			文淵
元城縣圖志（大名府志）			一			文淵（未一）
大名縣圖志			一			文淵
南樂縣志	萬曆			修	錢博棠	千頃
南樂志		二			葉本	千頃
南樂縣圖志			二			文淵
魏縣志	萬曆	四		修	李幼淑	千頃
魏縣圖志			一			文淵
清豐縣志	嘉靖	十六		修	毘稼	千頃
新修清豐縣志	嘉靖	十六		刻本	李蓘、毘稼	北平
清豐縣圖志			二			文淵
內黃縣志	嘉靖			修	閻魚臺	千頃
內黃縣志		九			林文俊	千頃

内黄志	嘉靖	九	刻本	董弦、張鵬	北平
内黄縣圖志		二（二本）			文淵（天一）
濬縣志（内黄、濬縣志）	嘉靖		修	王璜	千頃
濬縣圖志		二			文淵
濬縣志（濬縣志）	萬曆	二本	修	任養心	千頃
滑縣志				孫昌	千頃（天一）
滑縣志	嘉靖	六	修	張佳胤	千頃
滑縣圖志		二			文淵
東明縣志	嘉靖丙申		修	高椽	千頃
東明縣志	万曆辛丑		修	常澄	千頃
續修東明縣志	天啟癸亥	十	修	張福臻	千頃
開州志	万曆甲午		修	沈堯中	千頃
開州志		十六		王崇慶	千頃
開州志		十		王崇慶	明史
開州志	嘉靖	十	刻本	孫良棟、王崇慶	北平
開州圖志（開州志）		二（二本又）			文淵（天一）

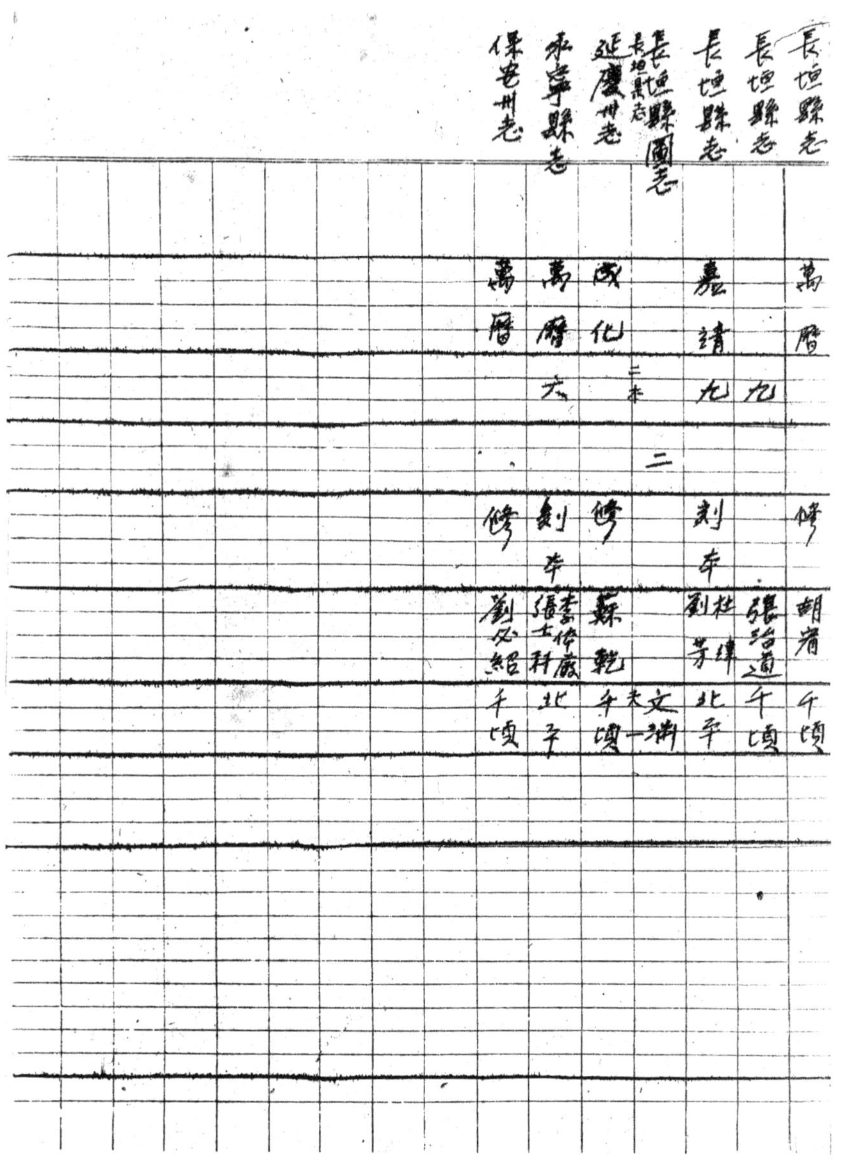

志名	年號	年	月	修/刻	纂修人	藏處
長垣縣志	萬曆			修	胡宥	千頃
長垣縣志		九			張治道	千頃
長垣縣志	嘉靖	九		刻本	杜律　劉芳	北平
長垣縣圖志（長垣縣志）		二十	二			文淵　天一
延慶州志	成化			修	蘇乾	千頃
永寧縣志	萬曆	六		刻本	李体嚴　張士科	北平
保安州志	萬曆			修	劉必紹	千頃

丘縣志	萬曆	二		刻本	侯國老 楊時中	北平	存一卷上
高唐州志					金江	千頃	
高唐州志		二			王大化	千頃	

二、南直隶

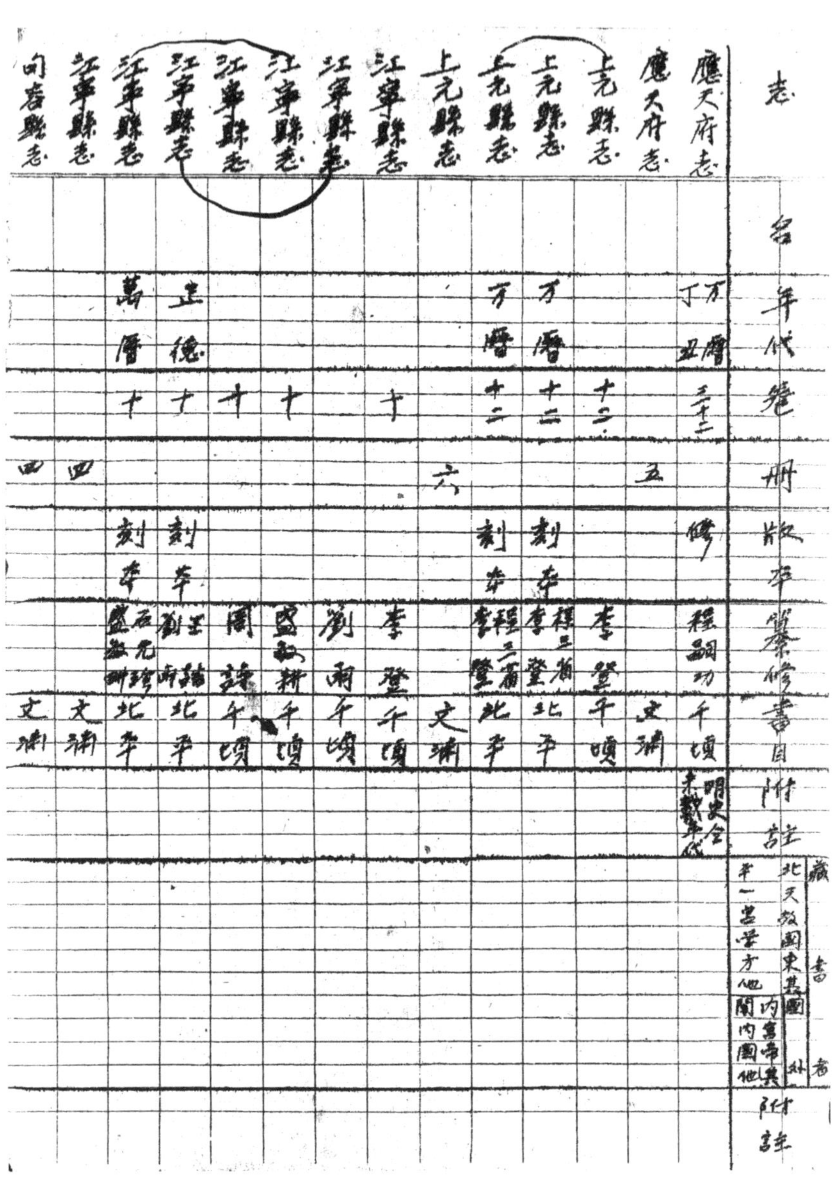

志名	年代	卷	冊	版本	纂修	書目	附註	藏書者 國內 北平	天一	故宮	國學	東方	其他	國外 內閣	宮內	帝國	其他	附註
應天府志	万曆丁丑	三十二		修	程嗣功	千頃	明史今未載年代											
應天府志			五			文淵												
上元縣志		十二			李登	千頃												
上元縣志	万曆	十二		刻本	程三省 李登	北平												
上元縣志	万曆	十二		刻本	程三省 李登	北平												
上元縣志			六			文淵												
江寧縣志		十			李登	千頃												
江寧縣志					劉雨	千頃												
江寧縣志		十			盛敏耕	千頃												
江寧縣志		十			周詩	千頃												
江寧縣志	正德	十		刻本	王誥 劉雨	北平												
江寧縣志	萬曆	十		刻本	石光珍 盛敏耕	北平												
江寧縣志			四			文淵												
句容縣志			四			文淵												

管景　字子山　嘉靖中以贡授广信府检校。尝修江宁府及上元县志。（江南通志165人物志文苑一江宁府）

江宁府县志摘钞　残卷　不著摘钞人名氏　明钞本（存左）

南畿志六十四卷　明闻人铨、江宁陈沂纂　明刊本（北京人文书目）　四函二十四册

金陵世纪四卷

金陵古今图考二卷　陈沂　同人（杂志　江南通志191艺文）

（万历）句容县志十二卷　茅一桂　举人　表（同治湖州府志艺文略四）

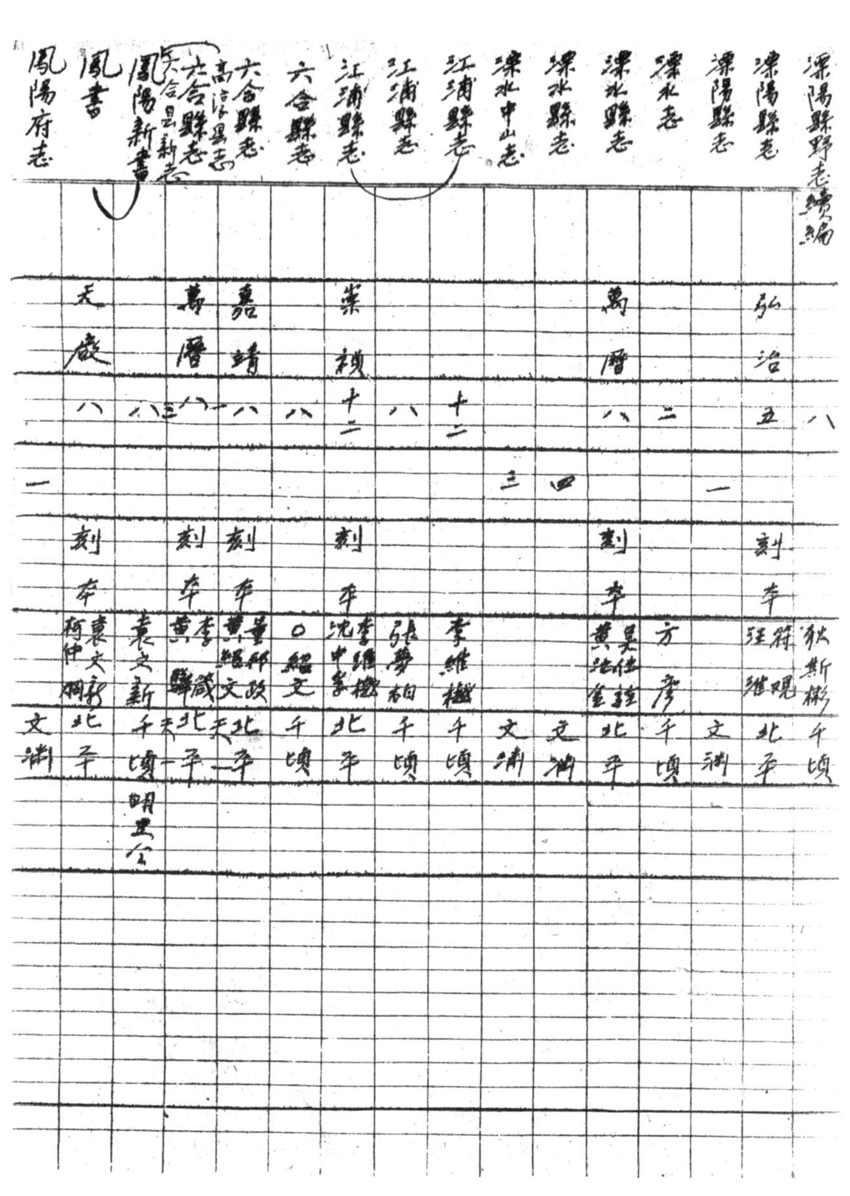

志名	年号	卷	册	版本	纂修	藏处	备注
溧陽縣野志續編		八			狄斯彬	千頃	
溧陽縣志	弘治	五		刻本	符觀 張[illegible]	北平	
溧陽縣志			一			文淵	
溧水志		二			方彥	千頃	
溧水縣志	萬曆	八		刻本	吳仕詮 黃[illegible]	北平	
溧水縣志			四			文淵	
溧水中山志			三			文淵	
江浦縣志		十二			李維樾	千頃	
江浦縣志		八			張夢柏	千頃	
江浦縣志	崇禎	十二		刻本	李維樾 沈中象	北平	
六合縣志		八			〇紹文	千頃	
六合縣志	嘉靖	八		刻本	董邦政 黃紹文	北平 天一	
六合縣志（高淳縣志）	萬曆	八		刻本	李誠 黃[illegible]	北平 天一	
鳳陽新書（六合县新志）		八三			袁文新	千頃	明史仝
鳳書	天啟	八		刻本	袁文新 柯仲炯	北平	
鳳陽府志			一			文淵	

志名	年號	年數	版本	纂修者	藏所
鳳陽縣志	萬曆	六	刻本	張雲翔 趙學主	北平
臨淮縣志				沈鉁	千頃
臨淮縣志 臨淮縣志		二十年		鄭之亮	千頃 天一
懷遠縣志 懷遠縣志	嘉靖	二	刻本	楊騰	北平 重輯 續修
懷遠縣志 懷遠縣志	萬曆	十二 二本	刻本	王存敬 羅景陽	北平
虹縣志	嘉靖		修	王萬年	千頃 天一
壽州志 壽州志	嘉靖	八 三十三	刻本	栗永祿	北平
霍邱縣志 蒙城縣志	萬曆	十	刻本	楊其善	北平
泗州志		十二 二		汪應軫	千頃 天一 明史仝
泗州備遺志		二		汪應軫	千頃
泗州志				胡純	千頃
盱眙縣志		二		馬汝驌	千頃
天長縣志 天長縣志		八		王心	千頃
宿州志 宿州志		四本 一		李朝宗	千頃 天一
明皇大長志	嘉靖	七 六冊存四冊	刻本	邵時敏 王心	北平 天一
直隸鳳陽府宿州志 天長縣志	弘治	二 四	刻本	曾顯	北平

泗州志 失卷 戴璆（江南通志191艺文志，旧）

宿州志 二十六卷 明崔维岳修 汪文奎等纂 万历二十四年刊本 一函八册（北京人文）

宿州志	万曆	二十六	刻本	崔維嶽 汪文奎	北平	
宿州志 靈璧縣田賦志	万曆	二十六	刻本	崔維嶽 汪文奎	北平 千頃	
潁州志	嘉靖	十	修	儲大經 呂景蒙	千頃	明史全 未載年代
潁州志 潁州志	嘉靖	二	刻本	李宜春	北平 大一	
亳州志	成化	四	修	賀思聰	千頃	
亳州志	弘治	十	修	王浩	千頃	明史全
亳州志		四		李先芳	千頃	
亳州志				陳覌	千頃	
亳州志	嘉靖	四	刻本	李先芳	北平	存三卷 一、三至四
廬州府志	萬曆		修	杜聰	千頃	
廬州府志	萬曆	十三	刻本	杜[illegible] 吳道明	北平	
合肥縣志	萬曆	二	刻本	胡時化 魏豫之	北平	
舒城縣志		二		陳惟瑚	千頃	
舒城縣志	萬曆		修	陳魁士	千頃	
舒城縣志		十		劉大烈	千頃	
舒城縣志	萬曆	十	刻本	陳魁士 劉大烈	北平	存六卷 [illegible]

無爲州志		萬曆	二十八	一	修	查志文	千頃	
巢縣志（無爲州志）		萬曆			修	馬如麟	千頃 天一	
巢縣志		隆慶	七		刻本	柳彥僎 陳九春	北平	存四卷 四至七
六安州志		萬曆			修	劉垓	千頃	
六安州志		嘉靖	三		刻本	鄒惠先 王壽朱	北平	
霍山縣志		萬曆			修	陳繼輔	千頃	
霍山縣志		天啟			修	陳春光	千頃	
淮安府志		成化	十四		修	金銑 顧達	千頃	
淮安府志		萬曆	二十		修	陳文燭	千頃	
淮安府志		天啟	二十四		修	宋祖舜	千頃	
淮安府志			十六			陳文燭	明史	
淮安府志		正德	十六		刻本	薛鎣 陳艮山	北平	
淮安府志		天啟	二十四		刻本	宋祖舜 方尚祖	北平	
淮安府吳鐘儀萃			六十二		抄本	章武遇 吳懷志	北平	明清學選
淮安府吳鐘儀萃（淮安府志）			二十二	四年	抄本		北平	天一 文淵
淮安府志				三 六十年			天一 補	

山陽縣志	嘉靖		修	王汕霖	千頃
鹽城縣志	萬曆		修	楊瑞雲	千頃
鹽城縣志	萬曆	十	刻本	楊瑞雲 夏應星	北平
清河縣志	嘉靖		修	吳崇吉	千頃
清河縣志	嘉靖	四	刻本	吳崇吉 絕士範	北平
安東縣志				詹泰	千頃
桃源縣志	万曆		修	許樸	千頃
海州志	隆慶		修	張峰	千頃
海州志 贛榆縣志	万曆	四年	修	韓兆桂	千頃 未
邳州志	嘉靖		修	陳栢	千頃
邳州志 宿遷縣志	万曆	四年	修	何儀箕	千頃 未
宿遷縣志 睢寧縣志	万曆	二十年	修	蕭廷枚	千頃 未
揚州府志	嘉靖	二七	修	楊洵	千頃
揚州府志		四十		金鎮	千頃
揚州府志		十		高崇本	明史
揚州府志	万曆	二七	刻本	楊洵 徐鑾	北平

P.T.O.

郡乘正要八十卷　江都趙鶴（仝右）同卷一百四十八，人物志，宦績，揚州府，趙鶴，字叔鳴，弘治丙辰進士……嘗編維揚郡乘……

維揚志二十卷　江都盛儀字德章，弘治乙丑進士（仝右）（江南通志一九一，藝文，史部，跋）

民七太倉州志卷十八人物二頁十三，高宗本，字茂卿，景泰辛未進士……以籍留戍，卜居揚之江都，自號江淮逸叟，

志名	年号	年	卷	修/刻	纂修人	藏地	备注
江都縣志	嘉靖	八		修	蕾洞	千頃	
江都縣志	萬曆	二十三		修	陸君弼	千頃	
儀真縣志	永樂			修	胡彥成	千頃	
儀真志（仪真县志）	嘉靖（隆广）	六十四（十四）		修	楊□仲 張□	千頃	
儀真縣志	隆慶	十四		抄本	申嘉瑞 李文	北平	申嘉瑞 李文 陳國光
儀真志			五			文淵	
儀真縣志	崇禎			修	姜垛 李端	千頃	
泰興縣志（仪真县志）	萬曆	四又四		修	高桂	千頃	
泰興縣新纂					歐陽東鳳	千頃	
泰興縣志	萬曆	四		刻本	陳繼疇 王緈登	北平	
高郵州志	隆慶			修	范惟恭	千頃	
高郵州志		三			張衍	千頃	明史
高郵州志		十二			王應元	千頃	
高郵州志	隆慶	十二		刻本	范惟恭 王應元	北平	
興化縣志	嘉靖	四		刻本	胡順華	北平	
興化縣志	万曆	十		刻本	歐陽東鳳 凌鑄	北平	

寶應縣志	萬曆		修	張燦	千頃	
宝应縣志（宝应县志）		四（二本 四本又）		宋佐	千頃	
泰州郡志節要					千頃 天一	
泰州志		八		陳琦	千頃	明史
泰州志（泰州新志）	萬曆	十	刻本	劉萬奇	北平	
如皋縣志	嘉靖	十四	修	謝紹祖	千頃 天一	
如皋縣志（如皋县志）	万曆	三十	刻本	李廷材 呂克孝纂	北平	存七卷 一至四 [illegible]
通州志（如皋县志）	永樂		修	嚴敷大	千頃 天一	
通州志	景泰	一	修	孫徽適	千頃	
通州志	弘治	二	修	施紀	千頃	
通州志	嘉靖 庚寅	六	修	林穎 顧磐	千頃	
通州志	嘉靖	四	修	丁鉄	千頃	
通州志	嘉靖 己未	八	修	錢嶧山 崔梓 張林 [illegible]	千頃	
通州志	万曆 丁丑	八	修	沈明臣 陸[illegible] 顧[illegible]	千頃	
通州志	嘉靖	六	刻本	林穎 鍾廷	北平	
通州志	万曆	八	刻本	沈明臣 林雲程	北平	

王穉登　泰[illegible]志补集（光绪苏州府志138艺文[illegible]）

（地名大辞典六页七八　吴门）

通州志			二			文淵
海門縣志					尹璽	千頃
海門縣志	嘉靖十			修	崔桐	千頃
海門縣志集	嘉靖二十六年			刻本	崔桐 吳宗元	北平
海門縣志 蘇州續志					劉昌	千頃
姑蘇志	正德元年	六十	二四	修	王鏊	千頃 明史 [illegible]
（蘇談）		一			楊循吉	千頃
（蘇州府續纂修識略）		五			楊循吉	千頃
蘇州續志	成化十年	一百			劉昌	明史
蘇州府志	洪武十二年	五十		刻本	盧熊	北平
姑蘇志	正德元年	六十		刻本	王鏊	北平
姑蘇志	正德	六十		刻本	王鏊	北平
蘇州府志		廿	十三			文淵
蘇州府志			三			宋一 文淵
吳邑志	嘉靖八年	十六			楊循吉	千頃
（吳中故語）		一			楊循吉	千頃

赵魏（嘉靖……五十下）南阳志（光绪苏州府志136艺文一，吴县川）

以上六见光绪苏州府志136艺文四，吴

中吴实，郡邑

归圣脉长洲县志 同作 蒋方炳

伍卿长洲县志

皇甫汸长洲县志十四卷 同作 蒋廷兆

韩敦长洲县志 姚宗吴 修

杨循吉长洲县志十卷 尤志

牛若麟吴县志五十四卷 同作 王焕如

杨循吉吴邑志十六卷 南朝王氏藏旧钞本

罗贤 吴县天启 图经

（接下）

民廿二吴县志58下艺文考8 吴郡志 郡邑

民七太仓州志卷二十五，艺文，页十五 明殷奎 昆山志八卷、苏州志、兖州志、咸阳志、关中名胜集 关陕图经 一作陕西

（接上端）

以上见吴县明代（方）

王志坚苏州府志廿四卷十四册 道光宝鼐按苏州府志稿 宁焕如佐志坚 范案定即一书也

刘凤吴郡考二卷 藏旧钞本 釜山中社 前府志作

卢熊苏州府志五十六卷 卢熊撰

蔡昇姑苏志补遗 长洲人 本性 字惟中

杨循吉苏州府纂修识略六卷（道光苏州府志136艺文七，作识略，又吴邑志十六卷）

王鏊姑苏志六十卷

伊乘郡邑纂类

况钟苏州府志 未成

刘昌苏州续志一百卷 正德中知府

卢熊苏州府志五十卷 洪武十二年宋濂序 吴郡广记五十卷

以上疑属元代（不录）

杨谯吴地广记五十卷 浦城人 居太仓

见卢熊序 徐大焯烬余录

章懋吴中数郡 作吴志数十三卷 今岛经 ……

戚庄老人读吴郡志 ……

（宋）赵书 续吴郡志五十卷 是否一人 见徐大焯烬余录

王在晋越镌 历代山陵考 依四库存目

赵宦光寒山志（卷19人物三，页三十下，万历十七年进士）

王志坚苏州府志稿十四册 昆山人物略（卷十九，人物三，页21，万历三十八年进士）

卢熊兖州府志 吴郡广记五十卷 府志旧志所载误 苏州（按卢熊传见民七太仓州志卷19人物二页三）

書名		卷數		撰者	備註
吴中故实記		一		楊循吉	千頃
（續吴中故实記）		一		楊循吉	千頃
（補遺）		一		楊循吉	千頃　入循記數　據此上應
續吴中紀聞		六		龍大宏	千頃　入作識款
（吴中舊事）		一		陸輔之	千頃　入作載
（吴記）		二		黃暐	千頃　入作載
（吴閒見錄）		二		尤晉白	千頃
（吴風錄）		一		黃省曾	千頃　入風俗類
（續吴錄）		二		劉鳳	千頃　明史志　入作載數
（吴郡考）		二		劉鳳	千頃　明史志　入郡縣
（吴郡學志）				王穀祥	千頃　入學校
（三吴雜志）				潘之恆	千頃　入[illegible]
（吴郡法乘）				周永年	千頃　入傳記類
（中吴志餘）				周永年	千頃　入紀識
吴縣志	崇禎十五年	五十四	劉本	牛若麟　王煥如	北平　存
吴郡志　吴县志		二十又四		天之瑞	

吴江志：一、成化中莫旦纂（刊本）　三、嘉靖中徐师曾修（刊本）

二、成化中史鑑辑（未刊行，有写本，藏于家。鑑后人注而增益之，作传往往互异。）

光绪吴江县志卷首述例

志名	年號	年	修/刻	纂修人	藏處
長洲縣志		十		楊循吉	千頃
長洲縣志（長洲志）		十四		錢穀（嘉靖蘇州府志三九藝文四，[illegible]小紀） 皇甫汸 董嬉水等	千頃
長洲縣藝文志		二十四			千頃
長洲縣志	隆慶	十四		張德夫 皇甫汸	北平
長洲縣藝文志（長洲縣志）		十		張敬羹等輯	北平 未
崑山縣志	明初	二十二（大本）	修	楊譓	千頃
崑山縣志	宣德		修	張[illegible]（字仲和）	千頃
崑山縣志		二十六		董正位	千頃
崑山縣志	洪武	八		殷奎	千頃
崑山縣志	万曆	八	修	周世昌	千頃
崑山縣志（崑山縣志）	万曆	八	刻本	周世昌	北平
常熟縣志	弘治	四	修	孫瑾	千頃
常熟縣志	嘉靖（十七年）	十三	修	鄧韍	千頃
常熟縣文藝志	万曆	廿八	修	管一德	千頃
常熟三家私志					千頃
常熟縣志（常熟縣志）	嘉靖	十八	刻本	鄧韍（馮汝弼）	北平

梁方仲遗稿　明代地方志综目（草稿）　明代督抚表列

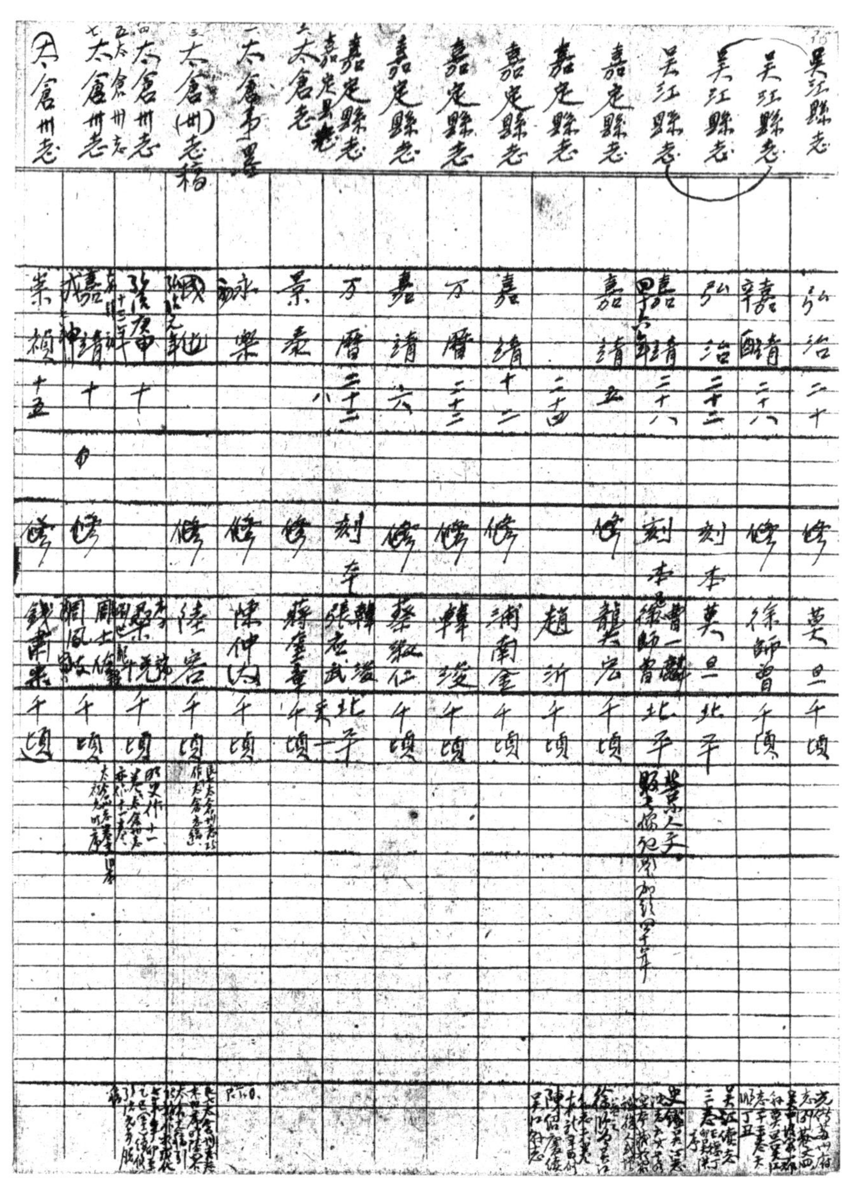

志名	年代	修/刻	纂修人	著录	附注
吴江县志	弘治 二十	修	莫旦	千顷	[illegible]
吴江县志	嘉靖（辛酉）二十八	修	徐师曾	千顷	[illegible]
吴江县志	弘治 二十三	刻	本 莫旦	北平	[illegible]
吴江县志	嘉靖 二十八	刻	本 曹一麟 徐师曾	北平	[illegible]
嘉定县志	嘉靖 五	修	龚宏	千顷	
嘉定县志	二十四		赵沂	千顷	
嘉定县志	嘉靖 十二	修	浦南金	千顷	[illegible]
嘉定县志	万历 二十三	修	韩浚	千顷	
嘉定县志	嘉靖 六	修	綦淑仁	千顷	
嘉定县志	万历 三十三	刻 本	韩浚 张应武	北平	
太仓志	景泰	修	蒋奎章	千顷	
太仓事略	永乐	修	陈伸	千顷	[illegible]
太仓（州）志稿	隆庆	修	陆容	千顷	[illegible]
太仓州志	弘治 十		桑悦	千顷	[illegible]
太仓州志	嘉靖 十	修	周士佐	千顷	
太仓州志	崇祯 十五	修	钱肃乐	千顷	

莫旦，字景周，吴江人。成化改元领乡荐，年四十余太学。授新昌训导。所撰吴江志二十卷，成，与班不坭，又有新昌志
辑《乡集》。于岳（道光苏州府志九八，人物，文苑三）

民二吴（十）县志56上，艺文考一，新修太仓志

地理
释戒显《云溪山志》　撰戒显　明诸生王潮曰草后　方外（卷四，第二页明）
葛芝《卧龙山志》（卷十九，页39）（字君瑞……崇祯六年以岁贡入太学）
顾梦麐《淮凤里志》六卷（卷十九，页39，字麟士……）
陆世仪《山河要戒图说》　娄江图说（卷十九，页41下，字道威，诸生，鼎革后隐居……门人私谥尊道先生）
盛敬《形胜要略》（卷十九，页42下，字圣传，诸生，鼎革后敦样甲漢上……）
吴定先《兴地通考辨误》　《水经广注》　《吴郡楚尾录》（卷十九，页28，万历四年举人……崇祯十五年九十）
姚廷修《太仓州志稿》一卷（卷十八，第三页，字君秀，居淮王宅……）　十五年月不详，大约在万历中以后
周錫《凤林备采》二卷（卷十八，第二页，万历七年以岁贡至京……得浙州通判……）
顾存仁《尽存周志》　《居庸外备》　《阅子纪》　《振天一》
王宗《太仓州志》（卷十八，人物二，页……）
周复俊《马鞍山志》（周复俊，第十八，页……）
龚锡世《宏太仓考》（卷十八，页三三）十二卷
孙洪《瑟川志》　《佐佃旬录》　《南吏考》　四库存目
民七太仓州志卷二五，艺文，陈仲太仓事跡考　燕子　瑟川新志（仲健见卷二，人物六，页六）　日本志补遗　补遗志

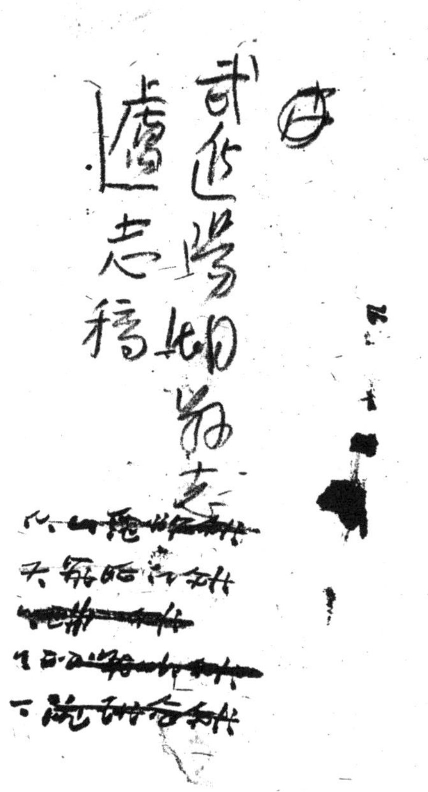

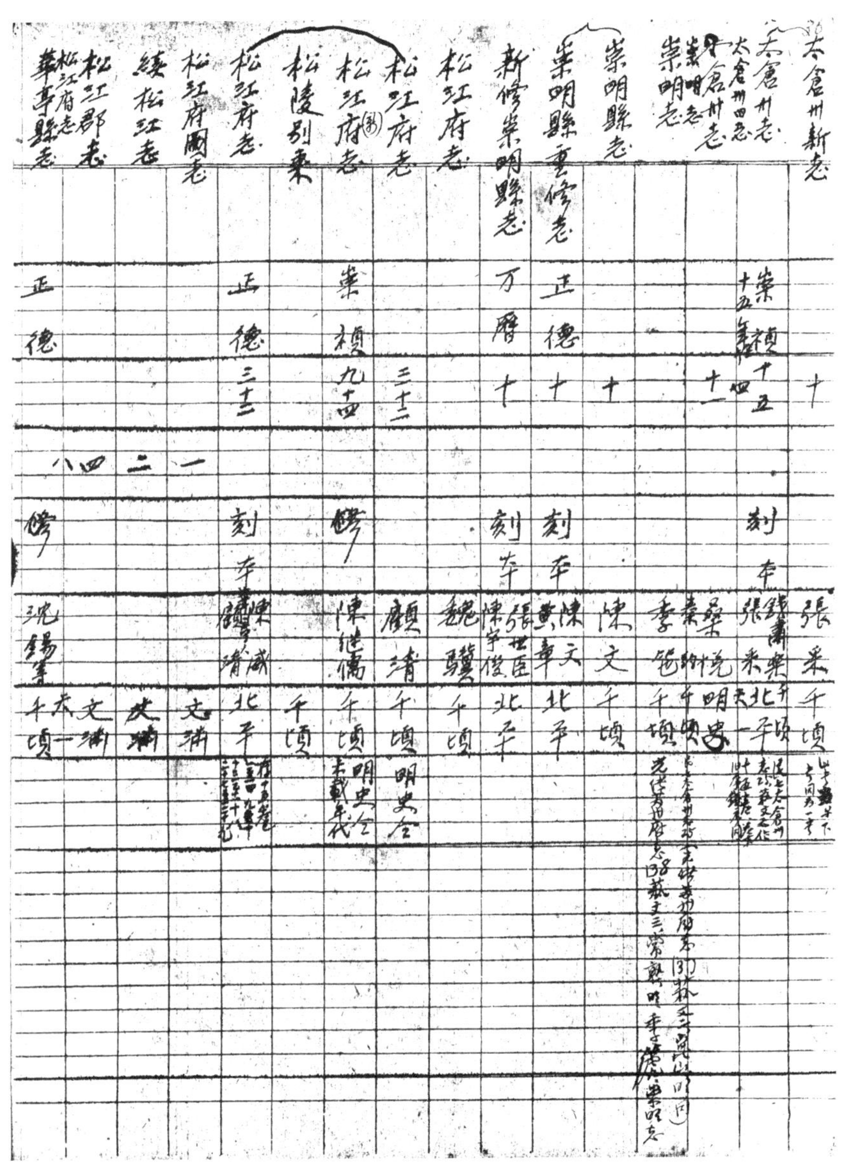

志名	年代	卷数		版本	纂修者	藏处	备注
太倉州新志		十			張采	千頃	[illegible]
太倉州志	崇禎十五年	十五		刻本	錢肅樂 張采	北平 千頃	[illegible]
太倉州四志		十四			張采	千頃	[illegible]
崇明志		十二			樂悅明	千頃	[illegible]
崇明志					季笵	千頃	[illegible]
崇明縣志		十			陳文	千頃	
崇明縣重修志	正德	十		刻本	陳文 黃韋	北平	
新修崇明縣志	万曆	十		刻本	張世臣 陳寧	北平	
松江府志					魏驥	千頃	
松江府志		三十二			顧清	千頃	明史今
松江府志	崇禎	九十四		修	陳繼儒	千頃	明史今 未載年代
松陵別乘						千頃	
松江府志	正德	三十二		刻本	陳威 顧清	北平	[illegible]
松江府圖志			一			文淵	
續松江志			二			文淵	
松江郡志			八			文淵	
松江府志 華亭縣志	正德		四	修	沈錫等	千頃	

雲間志略二十四卷　天啓修一卷　清浦何三畏

松志備覽　上海葉宜陽

華亭志　華亭孫承恩

續松江志　華亭錢全袞（同右）

松江郡志大綱（四庫大辭典970）

雲間通志十八卷　華亭錢閣（江南通志191，藝文明）

以上見楊樞淞故實（藝海珠塵本）

松江府志　南京吏部尚書顧清撰

雲間通志　承事郎錢閣撰

上海志　訓導顧彧撰

續松江府志　郡府學生楊逵　國朝錢全袞撰

華亭縣志		十六			孫承恩	千頃	
華亭縣志	正德	十六		刻本	聶豹、沈錫	北平	
華亭彙本			一			文淵	
上海縣志		八			唐錦	千頃	
上海縣續志		八			鄭洛	千頃	
上海縣續志		十			張之象	千頃	
上海縣志	万曆	十		刻本	顏洪範、張之象	北平	存五卷 九、十三至十六
上海縣志（上海縣志）		二十卷	二			文淵	
青浦縣志		八			王圻	千頃 未	
青浦縣志	万曆	八		刻本	李官、王所	北平	存四卷 五至八
四、常州府志續集	正德	八		修	張愷	千頃	未載明史
常州府志	万曆（戊戌 二十六年）	二十		修	唐鶴徵	千頃	未載明史
五、重修常州府志	万曆	二十		刻本	劉廣生、唐鶴徵	北平	
武進縣志	万曆	八		刻本	晏文輝、唐鶴徵	北平 未一	北平書目作……誤
無錫縣志	万曆	二十四		刻本	周邦傑、秦梁	北平	北平 21 1-20 天一 1-12
無錫縣志（無錫縣志）	万曆	四卷四本	四			文淵 天一	

光緒十一年……重刊 藝文

同治上海……

黄体仁字長卿，上海人，万曆甲辰進士。〃〃 樵續上海志，田賦諸篇最詳覈云（江南通志卌人物志，宦績，松江府）

武進縣志 殘存二帙 不佑[illegible]，未詳何人纂。據人[illegible]氏手徵

鶴徵訪問，謂拟考，謂武進未嘗有志，近於同中某部得殘志二帙，刻之頗工，考其纂次，不在正德末，嘉靖初邪。〃〃 万曆

乙巳邑人唐鶴徵序

延陵通志 武進謝林（江南通志卌藝文志） 道光武進陽湖合志[illegible]藝文，「延陵通記」一卷，按是書一名延陵小錄 見是志傳明御史部武進謝林撰

一、常州府志十卷 洪武十年丁巳 郡守廣東張度修 郡人謝應芳纂

二、毘陵志四十卷（見四庫總目） 成化六年庚寅太守莆田卓天錫修（洪撥），郡士朱昱纂 郡人王概（字[illegible]公）訂正。迄成化十梓，此是成化十九年

四、常州府誌續集八卷 明錫山孫仁撰 郡守衛海李修 正德八年刊

三、（重修）毘陵志四十卷 缺卷八、九 明郡朱昱纂 郡守[illegible]修 邑人王[illegible]訂正 成化十九年刊本 —— 北京人文藏書目

王[illegible]序 參見常州府志卷[illegible] [illegible]序。[illegible]

錫山遺志 [illegible] 按題是元名[illegible]

1. 錫山新志 [illegible]著（撰） 以上見[illegible]錫山遺志卷三十九藝文[illegible]（[illegible]序）

2. 無錫縣志三十八卷 吳鳳翔修 弘治七年 國朝（全閩）李庶修 吳[illegible]纂 以上朱士嘉[illegible]

無錫縣志四卷 洪武年 [illegible] 國學圖書館、無錫縣立圖書館藏

方按 [illegible] 四庫本

志名	年代	卷数		版本	纂修	藏处	备注
江陰縣志		二十二			張袞	千頃	
江陰縣志		八			洪貫	千頃	
江陰縣志					馮士仁	千頃	
江陰縣志					黃傅	千頃	
江陰縣志	嘉靖	二十二		刻本	張袞 趙錦	北平	[illegible]
江陰志			五			文淵	
江陰县志、宜興縣志	万曆	十八		刻本	王升 [illegible]	北平、東一	
宜興志			一			文淵	
靖江縣志					洪貫	千頃	
鎮江府志		三十六			王樵	千頃	明史全
鎮江志			六			文淵	
鎮江志			十五			文淵	
丹徒縣志		四			楊琬	千頃	
丹徒县志	正德	四		刻本	李東 楊琬	北平、東一	
丹陽縣志	隆慶	十二		刻本	丁華陽	北平	
鎮江府金壇縣采訪冊		不分		抄本		北平	P.F.U.

王文成公全書卷二十二 頁六五 金壇縣志序 乙亥 麻城劉君天和之尹金壇也，三月而政成，考邑之故而創志焉。……志成，伏來請序。……先之以天文，而次之以地理，……次之以食貨，次之以官政，……次之以學校，……選舉，……人物，……宮室，……雜志。

丁禮 字思敬，丹徒人，以耆年薦告南陽府，……永樂中の就，……所著有郡志三卷、某蘭室吟稿。

俞桂 字時芳，丹徒人，（功臣表訂同）與丁元吉、夏崇同修郡志，著雲壽閣漫稿（以上均江南通志166人物志，文苑一，鎮江府）

韓儒 平鄉人，進士，嘗修邑志（宜興志て），陞太僕寺丞

王聚霄 字庭瞻，當化人，正德七年以舉序為諸令，創邑志，請有志自今始。（以上常州府志21，名宦，頁52）

荊溪外紀二十五卷 沈敕（江南通志191，藝文志，史部，地志，明）

（宜興……）危山安慶人，舉人，嘗修（宜興志）邑志（頁八二）

加學 嚴市安人，洪武中任江陰縣丞，……傳江陰縣志四卷（頁七下）

王叔果 永嘉人，進士，嘉靖の十二年任縣……，續修縣志，調解事去任（仝左，頁五七）

王聚霄 字廷瞻，當化人，正德七年以舉序為諸令，創邑志，請有志自今始。（仝左，頁五三）

張君濟 華亭人，……纂修，補爲……屢空君（仝左，頁五十）

周壽 傑璜山人，舉人，弘治十六年任縣丞，創縣志，未就，參其後，新縣王聚霄庶為彙輯成之，志成十四年……

黄傅 字夢弼，莆田人，進士，弘治甲寅任江陰，……嘗修縣志十五卷，……（光緒辛卯康熙常州府志21，名宦）

志名	年代	卷数	刻/修	存	纂修人	藏所	备注
徽州府志	嘉靖四十五年	二十二 图一卷	刊	存	何東序 汪尚寧	千頃	明史◯ 未載年代 北京人文
徽州府志		十二			彭澤	千頃	
徽州府志	弘治十五年	十二 图一卷 十二	刻	存	彭澤 汪舜民	北平	北京人文
徽州府志 徽州府志	嘉靖	二十二	刻	存	何東序（彭氏） 汪尚寧	北平	存十卷 [illegible] 王瑞樓書目二
休寧縣志	弘治	三十六 八又六	修		程敏政	千頃 天一	
休寧志補					程一枝	千頃	
休寧縣志	嘉靖		修		宋◯	千頃	
休寧縣志	萬曆	八	修		邵庶	千頃	
休寧志	弘治	三十八	刻	存	程敏政	北平	存三十二卷 一至十九 [illegible]
休寧縣志	萬曆	八	刻	存	李喬岱	北平	
休寧县志 婺源縣志	嘉靖	十 [illegible]卷	修		汪[illegible] 宋德衡	千頃 天一	
婺源县志 祁門縣志	萬曆	四 二十卷	刻	存	余士奇 謝存仁	北平 天一	
祁門縣志	萬曆	四	刻	存	余士奇 謝存仁	北平	
績溪縣志	萬曆	十二	刻	存	陳嘉策 何[illegible]業	北平	
寧國府志		十			李默	千頃	明史◯
寧國府志		二十			陳俊	千頃	

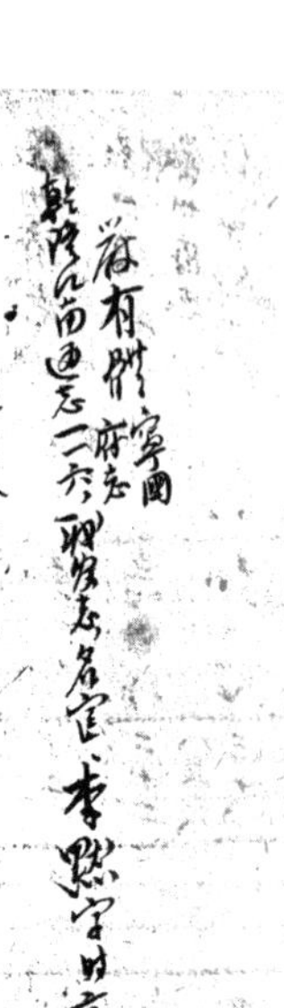

蔡有鵬　寧國府志

乾隆江南通志一一六，職官志名宦：李默，字時言，甌寧人，[illegible]以吏部郎謫判寧國，嘗修郡志，於[illegible]

新安志　休寧朱同　地名大辭典一〇〇八

（江南通志一九一，藝文，史部，地志，明）

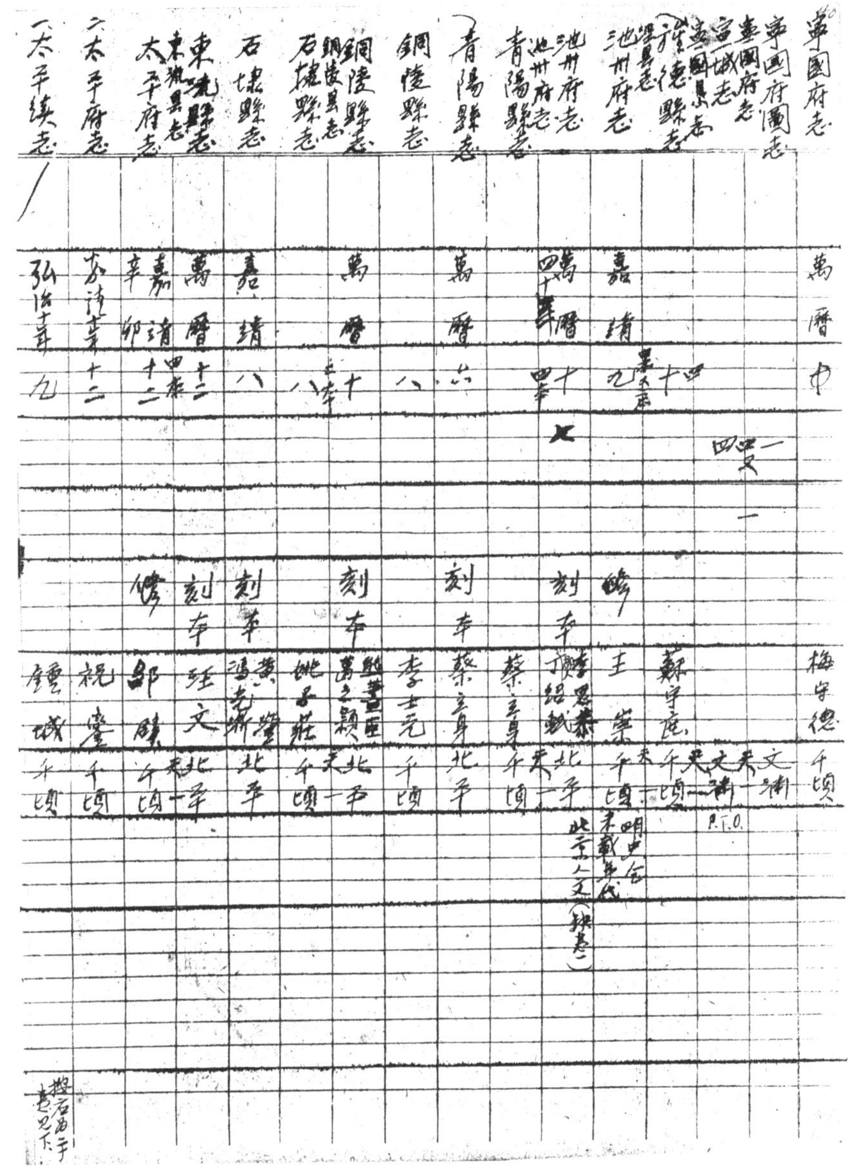

太平府志 陆编 张志 王观（光绪平湖县志23经籍史部、卷十五人物列传一陆编以岁贡授四川夹江知县，秩满以艰归，遂致仕。卷十四选举下：恩贡生，成化年陆编有传）
纂勤聘修详核有体

芜湖县志 陆编 江南通志 与太平府志同时修（全志）

太平府志删略 郡人祝銮（江南通志191艺文）

池志拾遗 贵池李楷 池州郡乘 贵池刘成（江南通志191艺文）

宣州志 [illegible]倪璣撰 [illegible]成（[illegible]通志卷14经籍（见艺文51下））

宣城县志 宣城知县[illegible] 高文 汪仕和 撰（康熙杭州府志卷87艺文二）

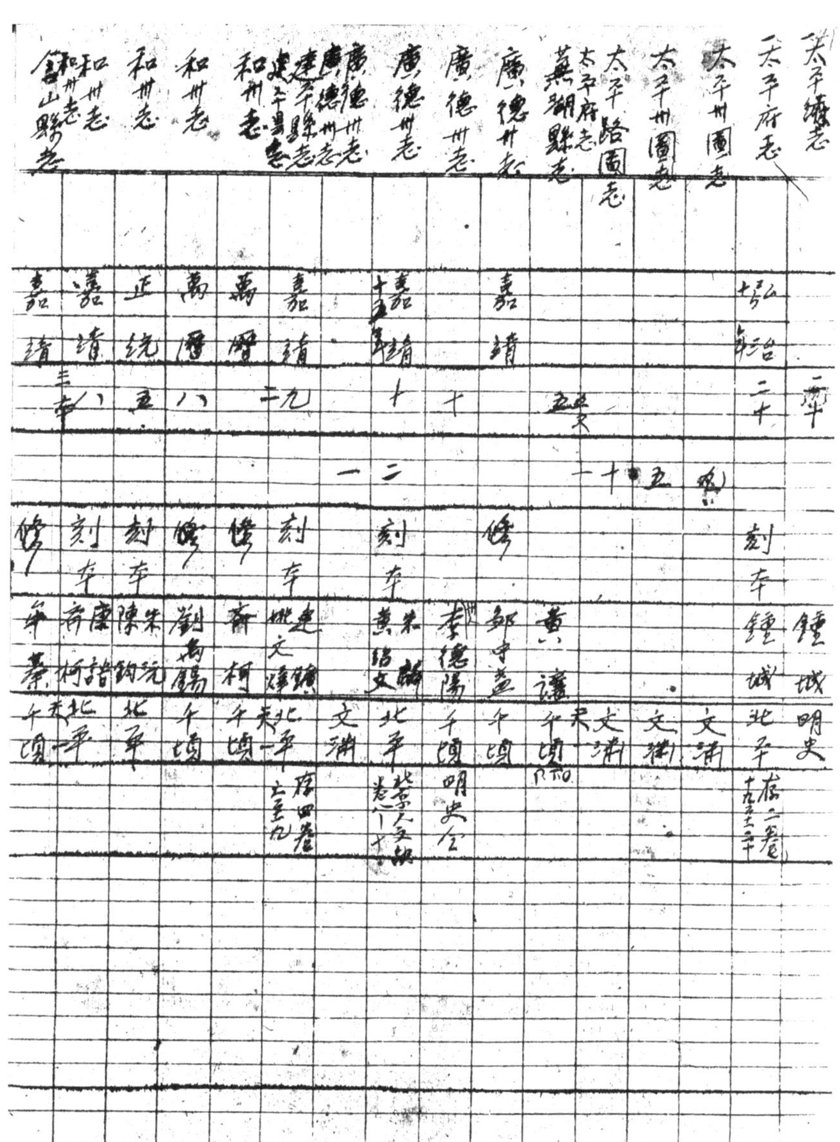

太平鎮志			二十			鍾城	明史	
太平府志		弘治十七年	二十		刻本	鍾城	北平	存二卷 十九至二十
太平州圖志				四			文淵	
太平州圖志				五			文淵	
太平路圖志				一十			文淵	
太平府志 蕪湖縣志			五			黄譓	宋 千頃	
廣德州志		嘉靖			修	鄒守益	千頃	
廣德州志			十			李德陽	千頃	明史含
廣德州志		嘉靖十五年	十	二	刻本	朱麟 黄紹文	北平	北京人文研 卷一十
廣德州志				一			文淵	
建平縣志		嘉靖	二九		刻本	連鑛 姚文燁	宋 北平	存四卷 一至九
和州志		萬曆			修	齊柯	千頃	
和州志		萬曆	八		修	劉爲楫	千頃	
和州志		正統	五		刻本	朱鈗 陳鈞	北平	
和州志		嘉靖	三十年 八		刻本	康誥 齊柯	宋 北平	
含山縣志		嘉靖			修	牟綦	千頃	

中都志十卷　柳瑛　順沚（江南通志191，藝文誌志，明）

（泗州）帝鄉紀略十一卷圖一卷　補布二卷圖一卷　明曾惟誠纂修（北京人文）　萬曆二十七年刊本

潘鏜表　進士　廿七州知志　嘉湖知府　知志　二三　徽州志　鏜字子衛　太和人　嘉靖壬辰進士（同治湖州府志58藝文略三）

俞允升　嘉湖志　崑山名賢墓誌銘（光緒蘇州府志137藝文二，崑山，明）

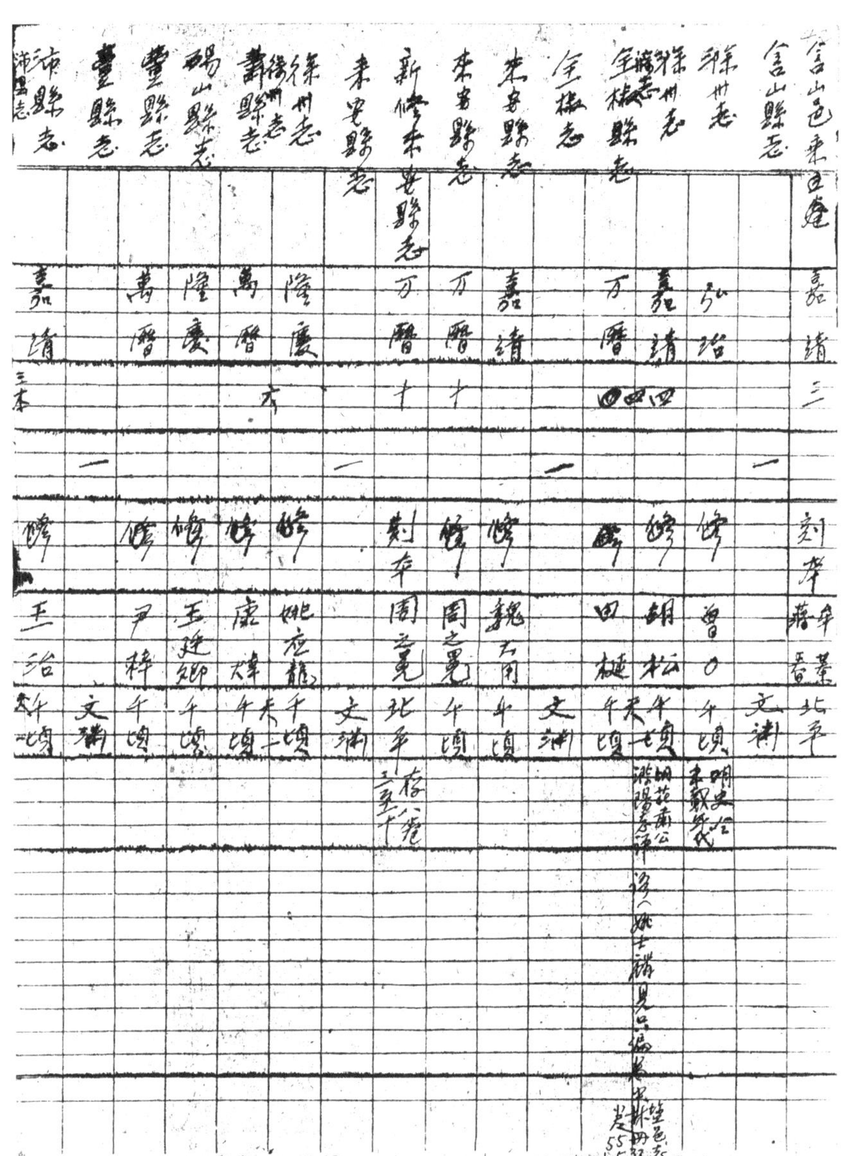

書名	年號	年	卷	修	人	藏	備註
含山邑乘直筆	嘉靖	三	一	刻	李蒼	文津 北平	
含山縣志							
邳州志	弘治			修	曾□	千頃	明史作 未載 年代
徐州志	嘉靖			修	胡松	千頃 天一	明史作
全椒縣志	萬曆	四		修	田楨	千頃	
全椒志			一			文津	
來安縣志	嘉靖			修	魏大用	千頃	
來安縣志	萬曆	十		修	周之冕	千頃	
新修來安縣志	萬曆	十		刻	周之冕	北平	存八卷 三至十
來安縣志			一			文津	
徐州志	隆慶			修	姚應龍	千頃 天一	
碭山縣志	萬曆	六		修	康煒	千頃	
蕭縣志	隆慶			修	王廷卿	千頃	
豐縣志	萬曆			修	尹梓	千頃	
豐縣志			一			文津	
沛縣志	嘉靖	三本		修	王治	天一 千頃	

明史藝文志：(雍)[illegible]張孝 游[illegible]見[illegible]姚士麟 [illegible]以[illegible]
[illegible] 55 p.5.33

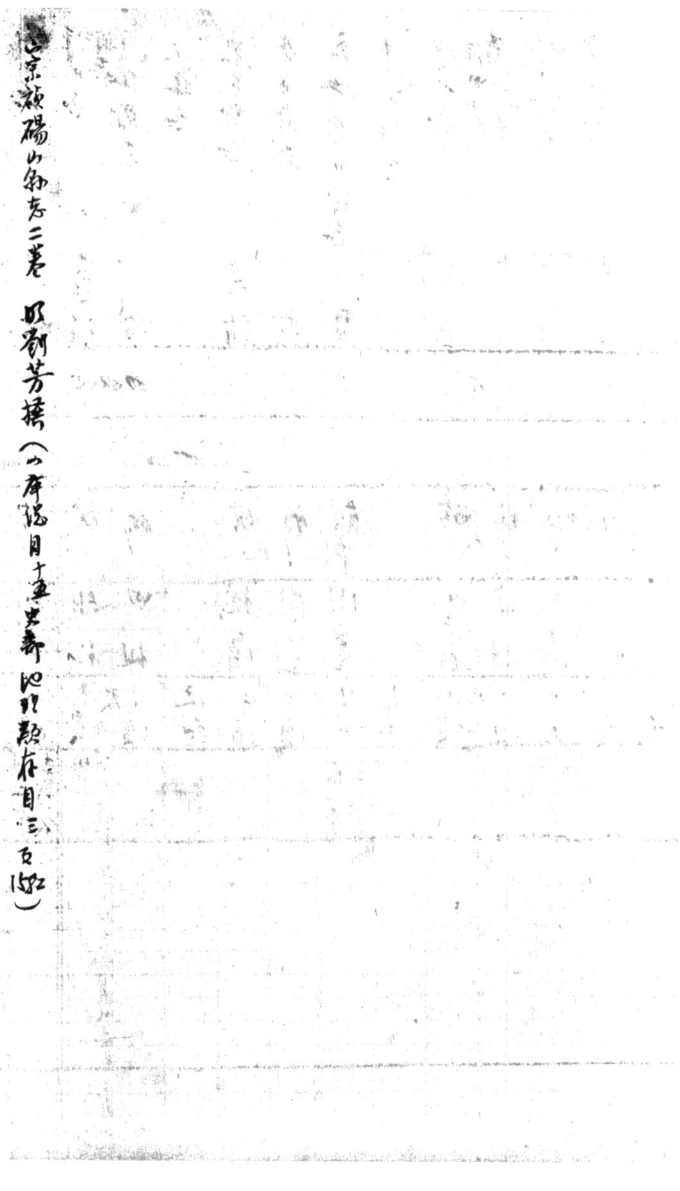

山東潁　碭山縣志二卷　明劉芳撰（四庫總目七十五史部地理類存目三頁1582）

永陽（明屬東安衛）志二十六卷　明陳璉撰　明史藝文志（頁二十二）

志名	年号	卷		修/刻	纂修人	出处
安慶府志	嘉靖			修	李□	千頃
安慶府志		三十三			胡纘	千頃
安慶府志		三十一			胡纘	明史
安慶府志			六			文淵
桐城縣志	弘治	二		刻本	陳勉 許浩	北平
潛山縣志		八			章晉	千頃
潛山縣志	万曆丙戌			修	金燕	千頃
潛山縣志	万曆辛卯			修	陳邦府 金廷傑	千頃
潛山縣志	万曆乙卯			修	王寧善	千頃
太湖縣志					王世堂	千頃
望江縣志		八			朱軾璧	千頃
宿松州志	成化中				陳恍	[illegible]

潛山縣志　馮汝弼　朱存　弼謫潛山知縣，至潛乃志（光緒二年平湖縣志卷二十三經籍）
弼創成之，又修常熟縣志，時嘉靖乙亥
史部地志類

三、浙江

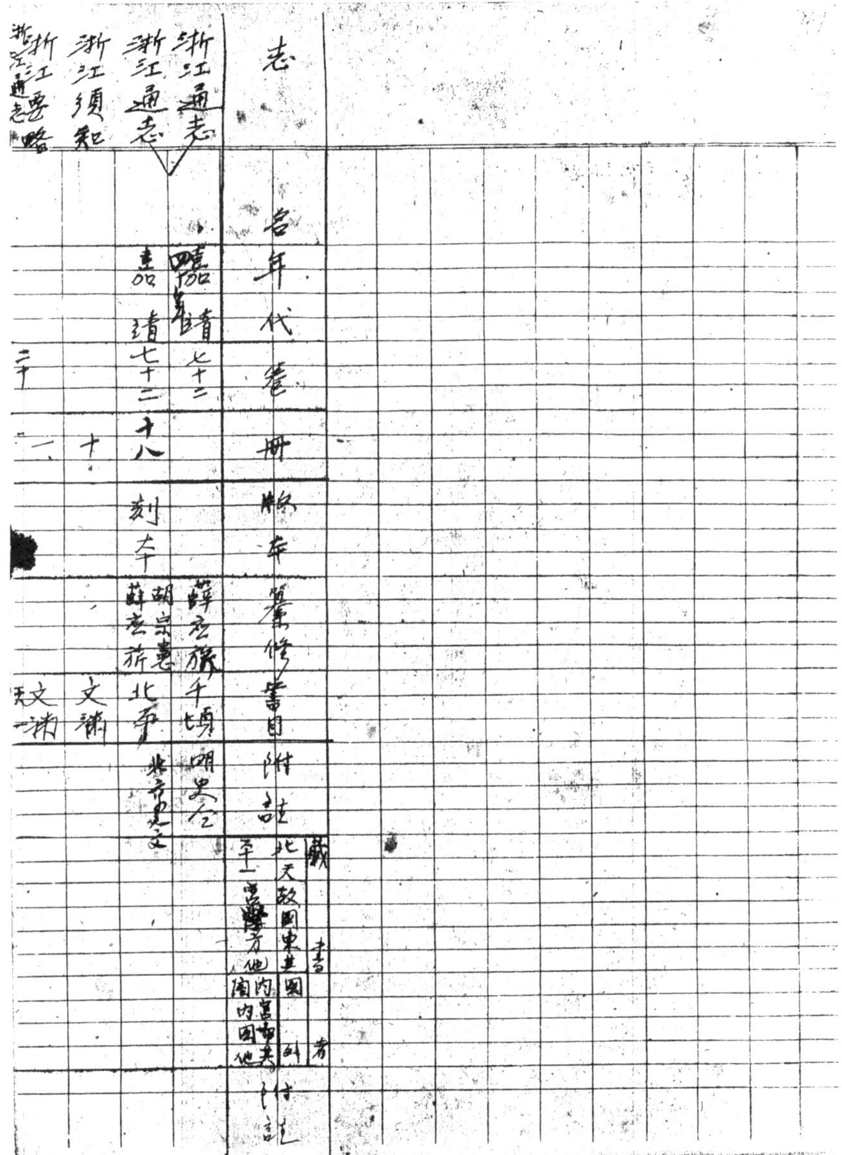

志名	年代	卷	册	版本	纂修者	附註	藏書者
浙江通志	嘉靖	七十二			薛應旂	千頃 明史志	
浙江通志	嘉靖	七十二	十八	刻本	胡宗憲 薛應旂	北京 北京史文	
浙江須知			十		、	文渊	
浙江通志要略		二十	一			文渊 校	

[illegible]浙江[illegible]

書名	年代	卷數		版本	著者	藏/著錄	備註
杭州府志	洪武	九			徐一夔	千頃	
杭州府志	成化	六十三			夏時正	千頃	
杭州府志	万曆己卯	一百			陳善	千頃	明史全 未載年代
杭州府志	成化	六十四			夏時正	明史	參乎[illegible]附 存目
杭州府志	成化	六十三		刻本	陳[illegible] 夏時正	北平	存九卷 [illegible]
杭州府志	萬曆	一百		刻本	陳善（字君[illegible]）	北平	[illegible] 文瑞樓書目
杭州府志			九			文瀾	
杭州府志	成化	二十	十五		未一	文瀾	
錢塘縣志	万曆	十	六	校刻本	聶心湯	千頃	
仁和縣志	嘉靖己酉（二十八）	十四			沈朝宣	千頃	（外志五卷）四庫存目 [illegible] 北京人文[illegible]藏 嘉靖二十八年刊本
海寧縣志	永樂戊戌	六			曾[illegible]	千頃	
海寧縣志	嘉靖丁巳	九			蔡完	千頃	北京人文[illegible] 三十六年本
海寧縣志		九			董穀	千頃	D.T.O.
海寧縣志補		四			宋[illegible]	千頃	
海寧縣志	嘉靖	九		刻本	蔡完	北平	
海寧縣志略（海寧縣志）	順治	不分卷		抄本	沈驤	北大	

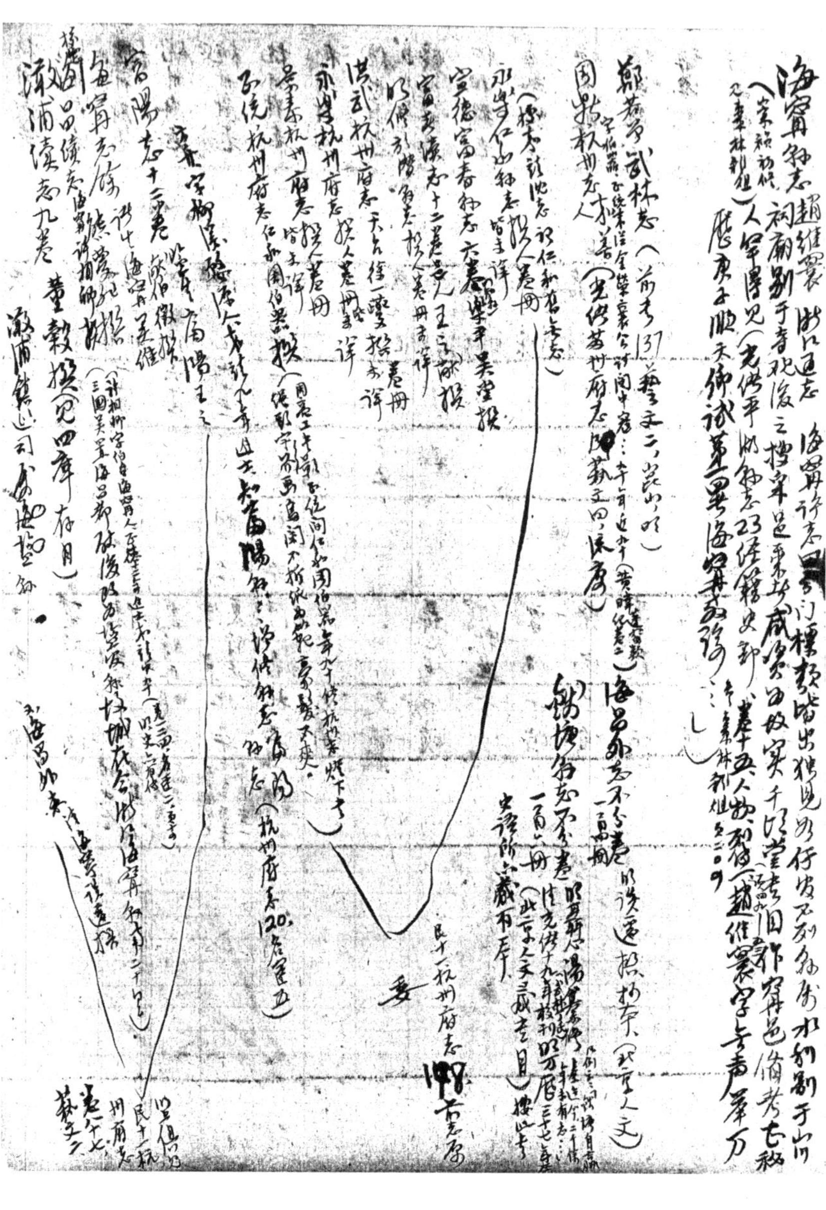

書名	年代	卷數		撰者	出處	備注
餘杭縣志	嘉靖丙戌	十		王確	千頃	一六杭州府志 一七八前志 [illegible]
餘杭縣志	萬曆丙戌	十（四卷）		（宣城）戴日強	千頃	[illegible]存目
臨安縣志	嘉靖丙戌	八		廖瑜	千頃	大一
臨安縣志	万曆辛亥	四		（温陵）黃鼎象	千頃	
臨安志			四十		文補	
於潛縣志	嘉靖庚子	五		汪奕[illegible]	千頃	民十一杭州府志一二〇[illegible] 五(下)[illegible]
新城縣志	景泰			趙誌	千頃	
新城縣志	嘉靖己丑			袁澤	千頃	
新城縣志	嘉靖壬辰	六		（蕭山）薛鏊	千頃	
新城縣志	万曆乙亥	四		閻天球	千頃	
昌化縣志	嘉靖			戴儀	千頃	[illegible]
昌化縣志	万曆壬辰			閻路都	千頃	
嘉興府志	弘治	三十二		柳琰	千頃	明史令未載年代
嘉興府志補	正德壬申	二		鄒衡	千頃	
嘉興府圖志	嘉靖丁未	二十		趙文華	千頃	
嘉興府志遺稿	万曆			黃洪憲、嚴從簡	千頃	

（餘姚縣）

臨山衛志四卷　（目該衛以上本該本年人都公子目[illegible]有九）　民三重刊，史語所入藏

該衛指揮寅佑原修，方泰明朱冠采輯

把總耿宗道采輯

指揮僉事馬斌采輯

慈溪縣學生員楊訓　撰次

紹興府學生員謝鉄

慈溪縣學生員陳原中校正

弘治昌化縣志九卷　六合馬運伯修

嘉靖昌化縣志口卷　知縣葉文甫修

萬曆昌化縣志十卷　知縣濮陽海都修　縣志見

邑庠生戴伐撰

昌化縣志　吳子仁光書目

順天訓導昌化汪子卿撰見

昌化縣志九卷　千頃堂書目　嘉靖年吳貢

民國杭州府志78藝文存疑

民十一杭州府志87藝文二

嘉興府圖記		嘉靖	二十		刻本	趙文華	北平	
嘉興府志		萬曆	三十二		刻本	劉應珂 沈堯中	北平	
嘉興縣志		崇禎丁丑	十			黃承昊	千頃	
嘉興 秀水縣志						戴經	千頃	
秀水縣志						周顯棠	千頃	
秀水縣志		萬曆丙申	十	四		黃洪憲	千頃	北京人文 民國十五年鉛印 万曆二十四年本
嘉善縣志		正德丁丑				倪璣	千頃	東方學報京都十四冊一份（京都大學）嘉善縣志六卷 明倪璣纂修 鈔存有缺 虞氏八千卷 據圖記
嘉善縣志		嘉靖庚戌				郁大民	千頃	
嘉善縣志		萬曆丙申	十二			盛唐喜	千頃	
嘉善人文紀略			十二			浦端模	千頃	
嘉善縣纂修啟禎條款			四		刻本	劉肅之	北平	
海鹽縣志		弘治庚戌	四			陳進	千頃	
海鹽縣志						宋祚	千頃	
海鹽縣志		嘉靖庚寅	五			徐泰	千頃	
海鹽縣近志						仇俊卿	千頃	
海鹽文獻志			二十			王文祿	千頃	

平湖县新志　县志　明林光撰（陈伯陶东莞县志艺文略三史部下页云）卷五十六人物略三明二林光传：西门下，「顺治四年修平湖县志」

書目	年代	卷數	撰者	著錄
海鹽縣圖經	天啟壬戌	十六	樊維城	千頃
崇德志	正德丁丑	五	董遵	千頃　宋
崇德志	隆慶		朱潤	千頃
崇德志	万曆辛巳		胡其久	千頃
崇德志	万曆辛亥	四十	靳一派	千頃
崇德縣志　平湖縣志	嘉靖癸亥	九	顧廷對	千頃　宋
平湖縣志	天啟丁卯	十九	楊樹修	千頃
平湖縣志　桐鄉縣志	天順	七	危山	千頃　宋
桐鄉縣志	正德甲戌	十	任洛	千頃
桐鄉縣志續	弘治	十四	錢榮	千頃
湖州府志	景泰	二十二	陳頎	千頃
湖州府志	成化	二十二	勞鉞	千頃
湖州府志	弘治辛亥	二十四	王珣	千頃
湖州府志　湖州府志	嘉靖壬子	十六	浦南金	千頃　宋
湖州府志　湖州府志	隆慶	十四	栗祁	千頃
江□儀				明史
烏程縣志	嘉靖	二十四	唐樞	千頃

北京大學明樊維城修胡震亨等纂乾隆十二年重印明天啟四年

P.T.O.　　P. T. O.

吴兴备志　天启四年作　二十二卷　十二册　董斯张

史原

民三刘氏嘉业堂刊

前志卷二十二经籍征第十七「长洲陈颀景泰间分教湖州，尝取旧志编辑成书。成化八年，浔阳劳钺延嘉守湖，与仕士张渊朝夕讨论，重加增补，得二十二卷。弘治辛亥，王侯珣令郡人汪翁仪广右徽陈远勤校于旧而论定之，增入今所未载者，比旧加二卷。珣字德润，莆田人，己丑进士（见数华夏时正序）」又「织衍，字有原，号空山，莊孔旸之子，著长兴志」又「徐献忠（长谷）掌故集十七卷。」

董斯张撰《吴兴备志》三十二卷　四库总目详录（同治湖州府志59艺文略四）　吴兴艺文补七十卷　有崇祯六年及崇祯壬申序　未缘起

四库总目（全上）

119

志名	年代	刻本	纂修	附注
烏程縣志	崇禎十二		劉沂春 千頃	
歸安縣志			劉塹 千頃	
長興志	洪武		劉昊 千頃	
長興縣志	永樂		周鎬夫 千頃	
長興縣志	弘治六		臧衍 千頃	
長興縣志	嘉靖二		知府 黃光昇 千頃	
長興縣志	嘉靖十二 己卯		顧應祥 千頃	
長興縣志	崇禎十二		姚光佑 千頃	
德清縣志	嘉靖十 乙酉		陳進 千頃	
德清縣志、德清县志	天啟 崇禎[illegible]		蔡奕琛 千頃	宋一
武康縣志	弘治 辛酉 二年		易綱武 千頃	宋一 [illegible]
武康縣志、武康县志	嘉靖 庚戌 八		駱文盛 千頃	宋一
武康县志、安吉州志	嘉靖 甲午 十六 崇禎十年		伍餘福 千頃	宋一
安吉州志	八		江一麟 千頃	明史志
安吉州志	嘉靖 丁巳 八	刻本	江一麟 北平	宋一
安吉州志、孝豐縣志	六 三十六年 新志 [illegible]		唐樞 千頃	

同治湖州府志 [illegible]

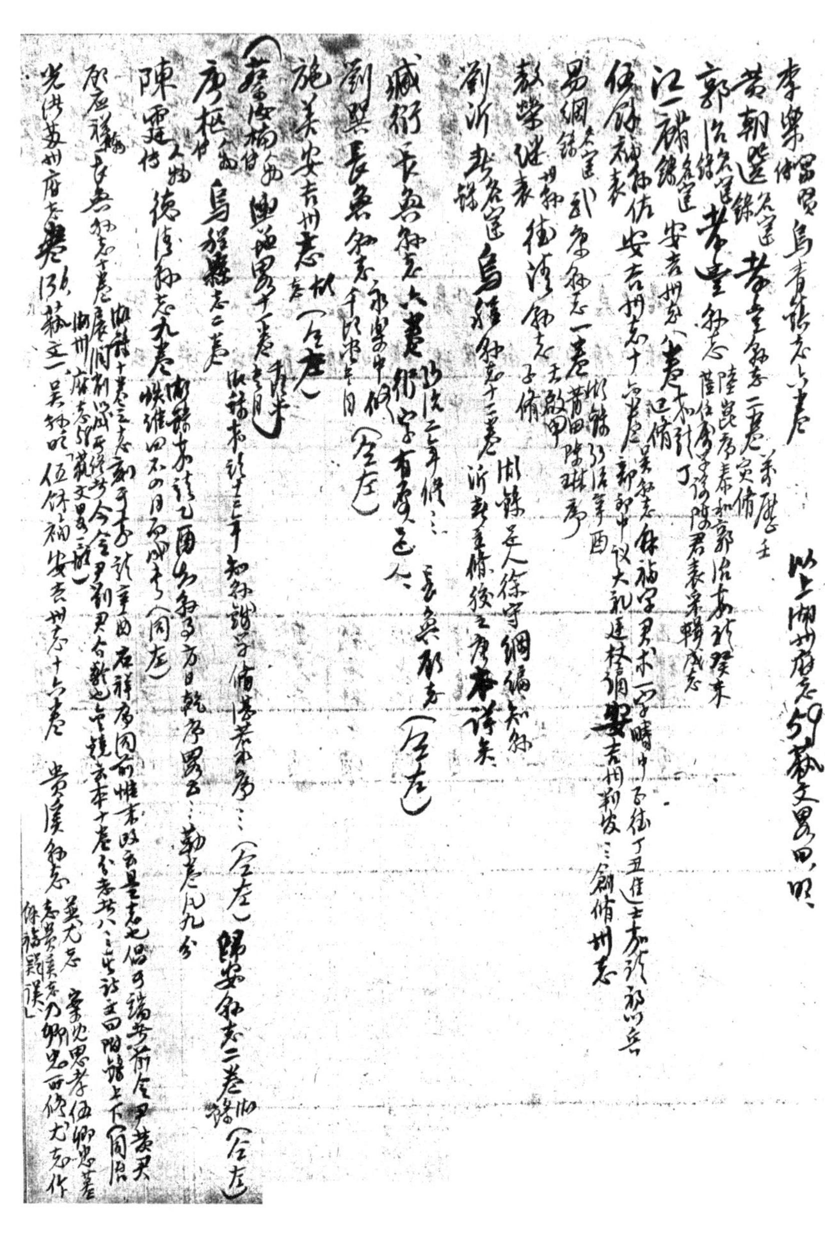

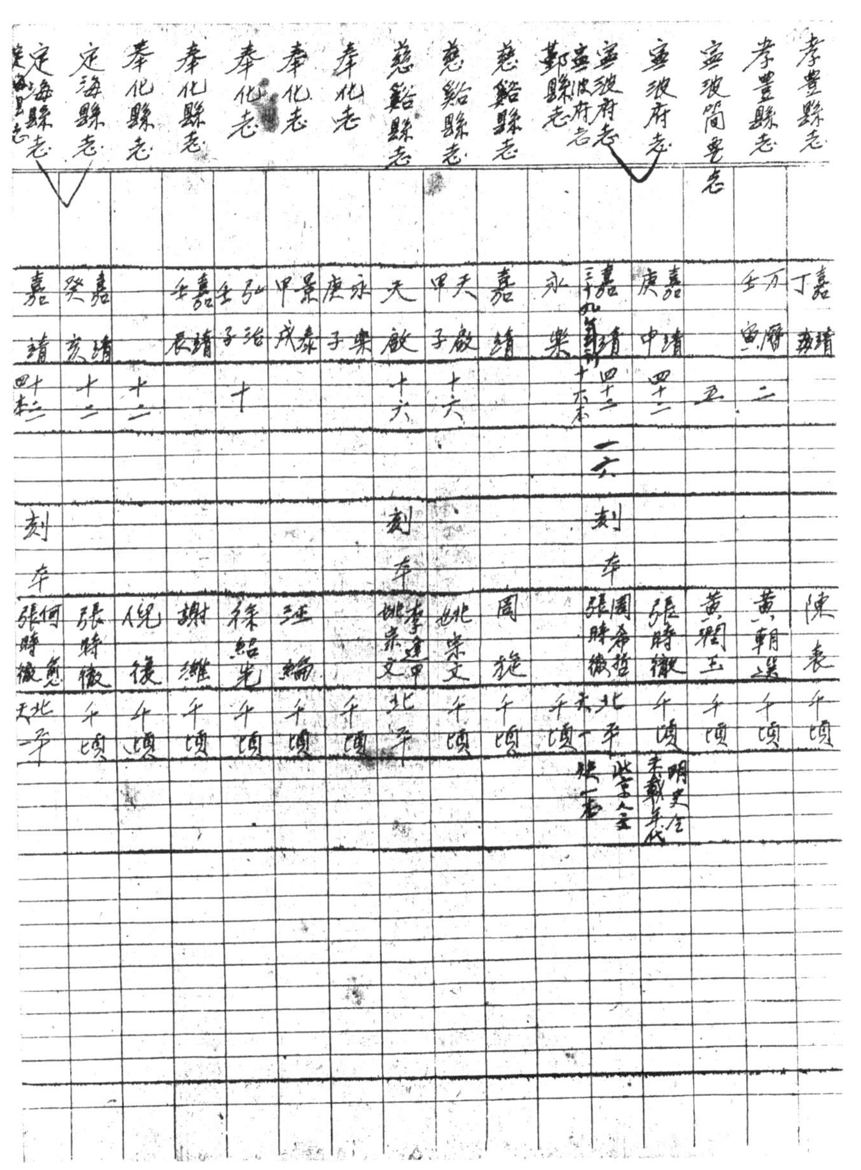

志名	年代	卷数		版本	纂修	藏	备注
孝豐縣志	嘉靖丁亥				陳表	千頃	
孝豐縣志	万曆壬寅	二			黃朝選	千頃	
寧波簡要志		五			黃潤玉	千頃	
寧波府志	嘉靖庚申	四十二			張時徹	千頃	明史全未載年代
寧波府志	嘉靖三十九年刻	四十二 十六本	一六	刻本	周希哲 張時徹	北平	宋一 北一套 此字不全
鄞縣志	永樂					千頃	
慈谿縣志	嘉靖				周旋	千頃	
慈谿縣志	天啟甲子	十六			姚宗文	千頃	
慈谿縣志	天啟	十六		刻本	李逢甲 姚宗文	北平	
奉化志	永樂庚子					千頃	
奉化志	景泰甲戌				汪綸	千頃	
奉化志	弘治壬子	十			徐絡光	千頃	
奉化縣志	嘉靖壬辰				謝繼	千頃	
奉化縣志		十二			倪復	千頃	
定海縣志	嘉靖癸亥	十二			張時徹	千頃	
定海縣志 (定海縣志)	嘉靖	四十二本		刻本	何愈 張時徹	北平 天	

未见

正德元年 昌国州志 五卷 石城王存敬撰、翁山陶恭撰 印定海 字真峰

隆庆三年修 昌国志 七卷 明全州判加马陶稹撰 字梅岑、恭之孙

天启舟山志四卷 天启间昌国参将何汝宾撰 邵辅忠校正

案昌国州志流传古少，惟鄞卢氏抱经楼、镇海姚氏藏有明刊本。朱绪曾作昌国典詠

曾借钞焉。今观典詠所引，乃出康熙志，大半本于旧志……

陆徵士闻此逸著昌国州图志，高兼跋云……（志）所列者为杨外史之成化、黄宪副之简

要，黄大司马之志请，而存列纪者为隆庆间纪历……

光绪定海厅志二九，叶一，著志

钱璠奉化县志志言（光绪苏州府志[illegible]艺文三，常熟人）

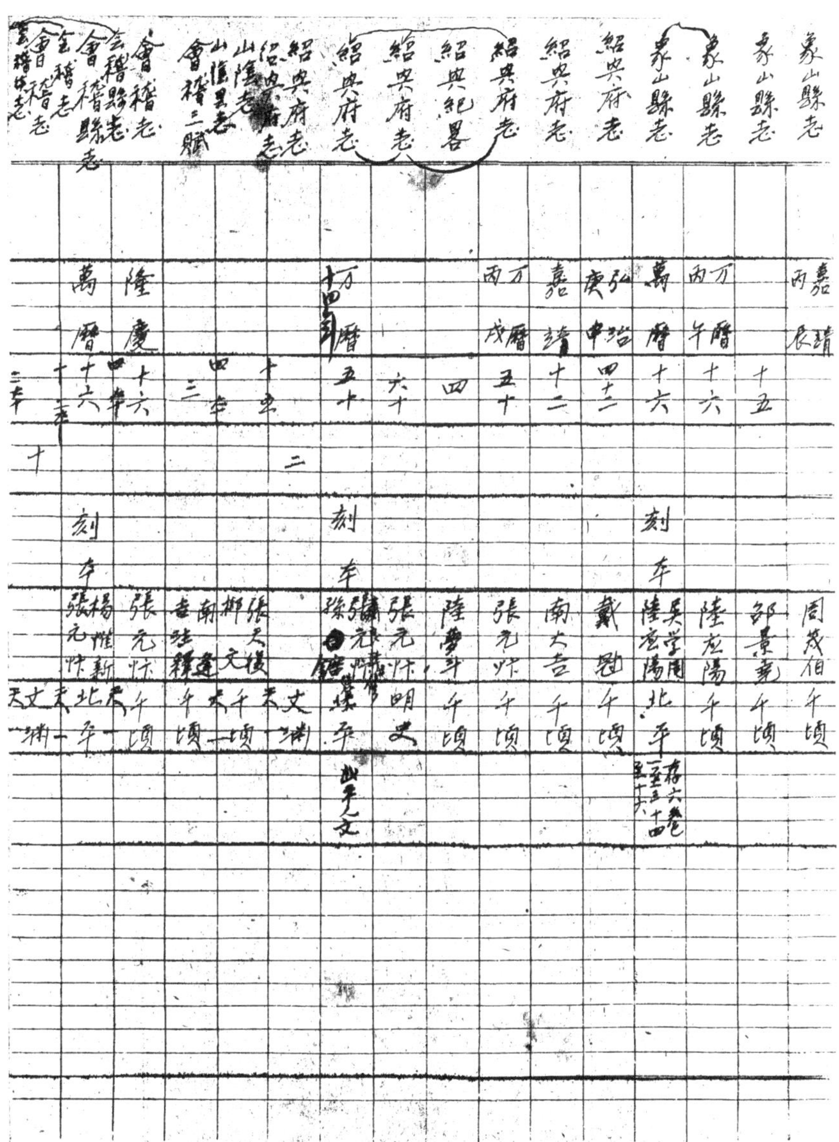

書名	年代	卷數	版本	纂修者	著錄
象山縣志	嘉靖丙辰			周茂伯	千頃
象山縣志		十五		邵景堯	千頃
象山縣志	万曆丙午	十六		陸应陽	千頃
象山縣志	萬曆	十六	刻本	吳学周 陸应陽	北平 存六卷 [illegible]
紹興府志	弘治庚申	四十二		戴冠	千頃
紹興府志	嘉靖	十二		南大吉	千頃
紹興府志	万曆丙戌	五十		張元忭	千頃
紹興紀略		四		陸夢斗	千頃
紹興府志		六十		張元忭	明史
紹興府志	万曆十四年刻	五十	刻本	孫鑛 張元忭 [illegible]	北平 [illegible]
紹興府志		十五 二			文淵
山陰縣志		四十		張天復 [illegible]	千頃
會稽三賦		三		南逢吉 注釋	千頃
會稽志	隆慶	十六		張元忭	千頃
會稽縣志	萬曆	十六	刻本	楊維新 張元忭	北平
會稽志 會稽續志		二十 十			文淵

第一卷　省志、府志、州志、县志

書名	年代	卷數	册數	纂修人	藏地	附注
蕭山縣志	永樂十年壬辰			張楊觀崇	千頃	原書蕭山縣[illegible]修[illegible]蕭山等
蕭山縣志	宣德丁未			吳陳[illegible]方	千頃	
蕭山縣志	弘治戊申			何鏞	千頃	
蕭山縣志	正德丁卯初修			田惟祐	千頃	
蕭山縣志	嘉靖壬午	六		魏堂 張燭續	千頃	
蕭山縣志	萬曆己丑十七	六		劉會 戴文明	千頃	
蕭山縣志遺補				翁文	千頃	
蕭山縣志	萬曆			王業濬	千頃	以上七種皆見民國蕭山縣志[illegible]
蕭山縣志	天啟	[illegible]	一冊	張廷醇	千頃 天一	
蕭山縣志 諸暨縣志	景泰癸酉			駱象賢	千頃	
諸暨縣志	嘉靖甲申			朱廷立	千頃	
諸暨縣志	正德庚辰			彭鑾	千頃	
諸暨縣志	嘉靖乙酉	八		徐履祥	千頃	
諸暨縣志	隆慶	二十		駱問禮	千頃	
餘姚志		十七		楊撫 蔡道 胡章	千頃	
餘姚縣志（新修）	萬曆	二十四		刻本	北平 天一	

餘姚縣志 邑刺武進葉金撰
見毘陵人品記序明（道光武陽合志[illegible]藝文）

志名	纪年	卷数		版本	纂修	藏地
上虞志	永樂戊戌	十二			袁鋒	千頃
上虞縣志	正統辛酉	十二			郭南	千頃
上虞縣志	萬曆癸未	十二			陳絳 葛摘	千頃
上虞縣志（上虞县舊志）	萬曆丙午	二十 [illegible]			徐待聘	千頃 天一
嵊縣志	成化甲午				錢悌	千頃
嵊縣志	弘治辛酉				周山 夏當	千頃
嵊縣志（嵊县志）	萬曆戊子				周汝登	千頃
新昌志	成化丁酉	十六 二		抄	吳旦	千頃 天一
新昌縣志	萬曆己卯	十二			呂光洵	千頃
新昌縣志（新昌县志）	成化	十六 [illegible]		刻本	莫旦	北圖
台州府志			五			文淵 天一
台州府志			五			文淵
台州路志			十			文淵
臨海縣志					金賁亨	千頃
臨海縣志	嘉靖己亥				余寬	千頃
臨海縣志（臨海县志）		四十六 四本			應大猷	千頃 天一

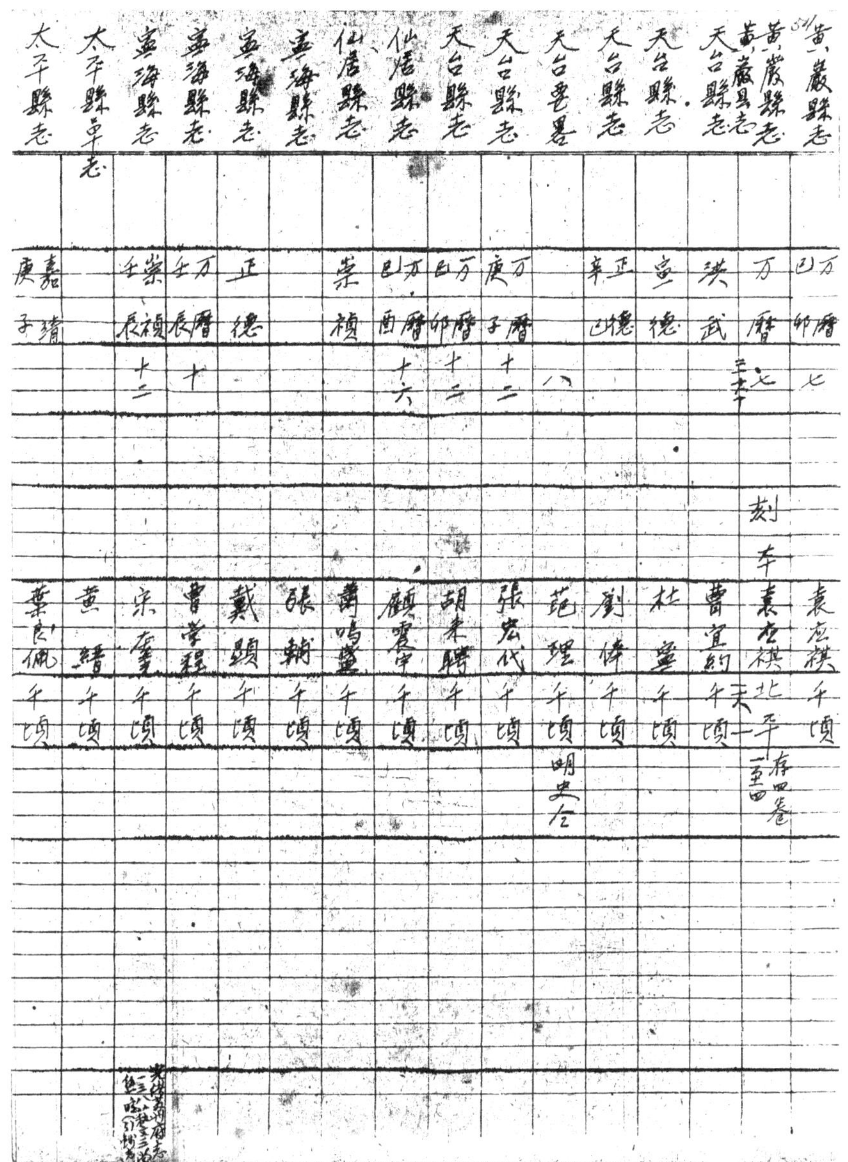

志名	年代	卷数	备注	纂修	出处
黃巖縣志	万曆己卯	七		袁應祺	千頃
黃巖縣志	万曆	七 [illegible]	刻本	袁應祺	北平 存四卷 一至四
黃巖縣志 天台縣志	洪武			曹宜約	千頃 宋一
天台縣志	宣德			杜寧	千頃
天台縣志	正德辛巳			劉倬	千頃
天台邑畧		八		范理	千頃 明史仝
天台縣志	万曆庚子	十二		張宏代	千頃
天台縣志	万曆己卯	十二		胡來聘	千頃
仙居縣志	万曆己酉	十六		顧震宇	千頃
仙居縣志	崇禎			蕭鳴盛	千頃
寧海縣志				張輔	千頃
寧海縣志	正德			戴顯	千頃
寧海縣志	万曆壬辰	十		曹學程	千頃
寧海縣志	崇禎壬辰	十二		宋奎光	千頃
太平縣草志				黃綰	千頃
太平縣志	嘉靖庚子			葉良佩	千頃

光緒台州府志 [illegible]

〃弘治（天台）赤城（山）新志　谢铎　台州丛书续编本

〃　〃　〃　辛卯稿志四卷　逸史　史卷　金小史八卷（见光绪淮安府志13艺文二，同）

隆庆吴县志卷56上艺文考一　杨循吉　嘉靖盐海州志二卷（光绪淮安府志13艺文一，吴县志同）

太平縣志（太平日志）	嘉靖八			刻本	曾才漢 葉良佩	北平
金華府志	成化庚子	二十二卷			周宗智	千頃 天一
金華府志	万曆戊寅	三十			陸鳳儀	千頃
金華雜記		一			鄭東白	千頃
金華雜識		四			楊德周	千頃
金華文獻		二十二			徐英泰	明史
金華府志			一			文淵
金華府志 金華縣志	嘉靖庚子	四六			戚雄	千頃 天一
金華縣新志	万曆二十六戊戌	十	四		胡頌	千頃 北京人文
蘭谿縣志	弘治癸丑	五			章懋 鄭錡	千頃
蘭谿縣志 蘭溪縣志	万曆乙巳	九			程子鏊	千頃
東陽縣志	成化癸卯	九			繆樗	千頃 天一
東陽縣志	隆慶壬申	九			鄭準	千頃
東陽私志					錢奎	千頃
東陽聞記					李有則	千頃
東陽志			二			文淵

志名	年代	年數	纂修	著錄
義烏縣志	正統乙丑	十四	劉伯詢	千頃
義烏縣志	隆慶壬申		鄭茂林	千頃
義烏縣志	万曆丙申	二十	周士英	千頃
義烏縣志	崇禎庚辰	二十	熊人霖	千頃
永康縣志	成化		歐陽洪 尹達任	千頃
永康縣志	正德甲戌	八	陳洄	千頃
永康縣志	嘉靖		洪垣	千頃
永康縣志		十	應廷育	千頃
永康縣志 武義縣志	正德庚辰	二十五	董遵	千頃 未一
武義縣志	嘉靖癸未		黄春	千頃
武義縣志	嘉靖甲申		熊[illegible]	千頃
武義縣志	万曆庚寅	八	陳堯言	千頃
武義縣志	万曆己酉	十	張國寵	千頃
浦江志畧	嘉靖丙戌	六	毛鳳韶	千頃
浦江縣志	万曆庚寅	十	周尚礼	千頃
浦江縣志	崇禎丁丑		吳彦台	千頃

永康縣志八卷 明胡楷纂修 抄本

（东方学教室 都十册存）

浦江縣志	万曆戊子				綠宏道	千頃	
湯谿縣志	成化				宋約	千頃	
湯谿縣志	開化				金宏訓	千頃	
湯谿縣志	万曆癸卯	八			汪文璧	千頃	
衢州府志	弘治癸亥	十五			吳夔 吾冔	千頃	
衢州府志	嘉靖				趙鏜	千頃	
衢州府志	天啟壬戌	十六	八	刊本	林應翔 葉秉敬	千頃	北京人文
衢州府志		十四			吾冔	明史	
衢州府志	嘉靖	十六		刻本	楊準 趙鏜	北平	存十五卷 一至八 十至十六
衢州府志	天啟	十六		刻本	林應翔 葉秉敬	北平	存十六卷 一至十六
衢州府志	天啟	十六		刻本	林應翔 葉秉敬	北平	存十四卷 一至十四
衢州府志			二			天一 文淵	
龍游縣志	天順	十			王瓚	千頃	
龍游縣志	弘治戊午	十四			袁文紀	千頃	
龍游縣志	万曆丙子	十			余湘 童珮	千頃	
龍游縣志	萬曆	十		刻本	萬廷謙 曹聞禮	北平	

常山縣志	成化丁亥			樊瑩	千頃
常山縣志	万曆乙酉	十五		詹萊	千頃
常山縣志	萬曆	十五	刻本	詹萊 傅良言	北平
江山縣志	正德庚辰	十		徐文溥	千頃
江山縣志	嘉靖甲辰			黃綸	千頃
江山縣志	天啟癸亥	十		徐日葵	千頃
江山縣志	天啟	十	刻本	張鳳翔 徐日葵	北平 存八卷 二至十六
開化縣志	弘治乙卯	十		方淞	千頃
開化縣志	万曆戊子	十		汪應望	千頃
開化縣志	万曆辛丑	十		徐公敘	千頃
開化縣志	崇禎辛未	十		汪慶伯	千頃
嚴州府志	景泰癸酉			錢禮	千頃
嚴州府志	万曆戊寅	二十四		徐楚	千頃
嚴州府志	万曆癸丑	二十四		俞炳然	千頃
嚴州府志		二十三		李德恢	明史
嚴州府志（續修）	万曆	二十四	刻本	呂昌期 俞炳然	北平

增補閬化州志采訪冊　明蘇克勤撰

（按克勤號太涵，豪閩人，万曆戊子舉人，官閬化州知州，歷衢州府同知）

陳伯陶東莞縣志藝文三，史部下

據

嚴州府志	成化丙申	十又十五	四		吳福	千頃 文淵
淳安縣志 嚴州府志	嘉靖甲申				姚鳴鸞	千頃
淳安縣志	萬曆戊戌				陳三槐	千頃
淳安縣志、淳安县志	嘉靖	十七 四年		刻本	姚鳴鸞 余坤	北平 天一
桐廬縣志	萬曆丁丑				李紹賢	千頃
桐廬縣志	萬曆乙酉				羅昌齡	千頃
遂安縣志	成化丁酉				陸希和 俞鑑	千頃
遂安縣志	嘉靖戊午	十			俞乾亨 俞乾貞	千頃
遂安縣志	萬曆壬子	四			毛一鷺	千頃
壽昌縣志	嘉靖辛酉	十二			洪一鼇	千頃
壽昌縣志	萬曆甲申	十二			李世芳	千頃
壽昌縣志	嘉靖	十二		刻本	李思悅 洪一鼇	北平
分水縣志	萬曆丁丑	十二			方夢龍	千頃
溫州府圖志	洪武				任傲	千頃
溫州府志	弘治癸亥	二十二			王瓚	千頃

第一卷　省志、府志、州志、县志

温州府志		万曆乙巳	十八			湯日昭	千頃
温州府志 60			八			張孚敬	千頃
温州府志			二十三			王瓚	明史
温州府志		萬曆	十八		刻本	湯日昭 王光蘊	北平
温州府志				十二			文淵
温州路志				十			文淵
温州路永寧志				八			文淵
永嘉縣志 温州府志			十 卷四	[illegible]			千頃 未
永嘉譜				十			文淵
瑞安縣志		永樂乙未					千頃
瑞安縣志		嘉靖乙酉				劉畿	千頃
瑞安縣志補遺		万曆己亥	二			秦激	千頃
樂清縣志		隆慶壬申	十三卷 七			胡用賓	千頃
平陽縣志 樂清縣志		隆慶辛未	八			侯一元	千頃 未
平陽縣志		弘治					千頃
泰順縣志		万曆癸酉	八			侯一元 侯一麟	千頃

平陽縣志 不分卷 明朱東光修 [illegible]纂
鈔明隆慶五年本 一函一冊 （北京人文）

61 泰順縣志	崇禎癸酉	八			周克優（大方）	千頃
處州志	成化壬寅				劉宣	千頃
處州府志	萬曆癸卯	八			葉志淑	千頃
處州府志	崇禎乙亥	十八			王一中	千頃
處州府志	成化	十八		刻本	郭忠 劉宣	北平 存十一卷 三至四 十 十三至十八
處州志			三			文淵
處州路志（處州府志）			八			文淵
青田縣志	成化	四八			葉佐寧	千頃
青田縣志	嘉靖甲寅				陳中州	千頃
縉雲縣志	萬曆戊寅				黃季茂	千頃
松陽縣志	隆慶					千頃
遂昌縣志	隆慶戊辰				池浴德	千頃
遂昌縣志（續）					翁學淵	千頃
遂昌縣志	崇禎壬午				韓九綸	千頃
龍泉縣志		二十			葉溥	千頃
慶元縣志	萬曆丙子				沈維龍	千頃

62

慶元縣志	万曆戊午			汪献忠	千頃
慶元縣志	崇禎壬午			楊芝端	千頃
雲和縣志	嘉靖乙酉	五		汪岠	千頃
宣平縣志	嘉靖丙午			鄭鐺	千頃
宣平縣志	嘉靖	四	刻本	蕭彥 鄭鏜	北平
景寧縣志	嘉靖丁亥			程達之	千頃
景寧縣志	万曆癸未	六		賴啓霖	千頃
景寧縣志	万曆	六	刻本	姜師閔 賴啓霖	北平

四、江西

志名	年代	卷	册	版本	纂修	書目附註	藏書者	附註
江西通志 A		三十七			林庭棉	千頃 明史仝		
江西省大志 B		八			王宗沐	千頃 明史仝		
江西省志					姜鴻緒	千頃 明史仝		
江西輿地圖説		一			趙秉忠	千頃 明史仝		
江西通志 A2	嘉靖	三十七（二十本）		刻本	林庭棉 周廣	北平 天一 存△卷 [illegible]		
江西省大志	嘉靖	七		刻本	王宗沐	北平		
南昌府志		五十 [illegible]			盧廷選	千頃 明史仝 天一		
南昌府圖志（十）	洪武十七年		二		[illegible]	文淵 天一 [illegible]		
進賢縣志	正德	十（[illegible]本）			楊二和	千頃		
進賢縣志	嘉靖	八		刻本	程光甸 汪集	北平		
靖安縣志	嘉靖	六		刻本	趙公輔 吳鏜	北平		
武寧縣志		二本	一			文淵 天一		
寧州志		四本	四			文淵 天一		
饒州府志		[illegible]	二			文淵 天一		
鄱陽圖志			十二			文淵		

藏書者：北平圖書館、天一閣、故宮、東洋其他、國內其他、國外其他

P.T.O.

雍正江西通志58名宦 林庭棉，字利瞻，闽县人，弘治进士，授兵部主事，历陈江西参政，寻洊升右布政使，擢右副都御史，巡抚保定，仕终工部尚书，平谨康毅（白本） 按陈洪谟江西通志序云江西旧无通志，嘉靖癸未秋御史中丞东吴盛公应期属林君庭棉纂辑，周君广为之，书凡二十册，又称其博大精文，要其凡言例，浮游之经弁子万象，则江西之有通志自庭棉始，功不可泯。而安志著庭棉名，特表出之（再识）。册24b—25a 参四库总目提要，史部，地理类存目二，

A1562

王世懋 饶(州)南(康)九(江)三郡图说（四库存目，A1573，作三郡图说一卷）

三一出范休宁公祖手，一出卢莆田公祖手，张联逞（棣）师序曰

前洪谟宋元年修进贤县志序云「余自戊子（万历十六年）以来观南昌府志并

卷首 同治十年 知县江璧序 谓以上五志今皆不传

崇祯元戊辰年修进贤县志序 邑人学陈良训 知县晋江进士蔡德瑗修 字武甫 著（卷十八人物，页三六）

嘉靖四十二癸亥年修进贤县志序 八卷 知县太湖进士程光甸修 学闱律 邑人翰林学士 浩 注 集梅亭同著（卷十四选举，明进士页19）

正德十三戊寅年修进贤县志序 杨二知 教授 著 济清修（卷十三职官，页八）

正德辛未年修进贤县志序 谈一凤 著 提学阁中李 节制 而修之

明成化年修进贤县志序 王一夔「成化戊子年典史维扬孙贵邦瑞所创

同治进贤县志二十四，艺文，旧序

餘干縣志		十六		鄧秀	千頃
續樂平廣記		十		洪鄒	千頃
浮梁縣志（浮梁县志）		十四　二十[illegible]		汪宗伊	千頃　天一
廣信府志		二十		江汝璧	千頃
廣信府圖經志（廣信郡志）		六本	三		文淵　天一
上饒志			一		文淵
貴谿縣志				伍餘福	千頃　P.T.O.
鉛山縣志		二本	四		文淵　天一
永豐縣志（鉛山县志）		二十四		李思敬	千頃
永豐志（永豐县志）		二本	一		文淵　天一
南康府志	正德			陳霖	千頃
南康府志	萬曆癸巳	丶		田琯	千頃
南康志			八		文淵
南康志			八		文淵
南康府舊志			一		文淵
南康府志（南康府志）		四本	二		文淵　天一

陳嗣清 傳人物 都昌縣志十卷 都昌縣志：嗣清，號澤安，縣學人。知縣了三修縣志，士民至今頌之。（同治湖州府志藝文略）

圖雅詩多結廬出郊，公卿大夫而從李三才于五里，故尤甚，人不摘之，謹遲其翔駿，諒云。

起居舍人南道刑，從中書李牧龍、瑞洪之參隆二人，袁華掃論以清，先環，杜門著書，有椒林居漫錄。

任元華，字聖超，餘福孫，初從母袁姓為長洲諸生，萬曆壬午會試，余紀老道環，又三年釋褐，授貴溪知縣。

沈思

溪知縣，丹徒楚澤志著述。

冠修文字卿，延林劍書鄉思，居卜筑共數日，所著有書於金閶事略、集長洲鄉志，隨手摘餘，任貴

呂府同知錢德遠太府琢任，惟以簡冊自娛，喜尊史，有言大水內論，可稗史，詩文工。國志：朱希子卿思，名若先，以字行，踐

今本志以列傳三任餘禎，字凡木，石孫，丁丑進士，授長垣知縣，……明試禮成，樸調，安貴知州，一再遷速。

民世吳縣志姑上林文致一。伍餘福 貴溪縣志 六卷

貴溪著卿志所修，尤志作餘福，疑誤。同治府志案云：沈思孝伍卿思墓志。

65

建昌縣志	万曆	十		刻本	潘秉杖 徐中素	北平
建昌府圖志（建昌府志）		六本	二			文渊 天一
九江郡志					何棐	千頃
九江府志		二十二			陸夢龍	千頃
九江府志						文渊
九江府志			一			文渊
九江府圖經志（九江府志）		八本	一			文渊 天一
德安縣志（德安縣志）		八 一本			劉鍾	千頃 天一
瑞昌縣志（瑞昌縣志）	嘉靖	、 二本			朱紳	千頃 天一
彭澤縣志	万曆	九		刻本	葉棠榮 戴震亨	北平
新城縣志（新城縣志）		十 六本			王材	千頃 天一
南豐縣志		七			王璽	千頃
南豐縣續志					曾思孔	千頃
南豐郡志			五			文渊
南豐郡志			三			文渊
南豐郡志			三			文渊

66

南豐郡志			二			文淵
撫州府志	弘治				黎誥	千頃
撫州府志	嘉靖	十六			徐良傅	千頃
撫州府志	崇禎				蔡邦俊	千頃
撫州府[illegible]山志（撫州府志）			四			文淵
臨川記		三十二（八本）			傅占衛	千頃 天
臨川志			四			文淵
臨川志			一			文淵
臨川志			十二			文淵
金谿縣志		四本			王經	千頃
金谿文獻考（金谿縣志）					張應雷	千頃 天一
臨江府志（[illegible]）	嘉靖 嘉靖	九（江[illegible]本）		刻本	陳德文 徐顒	北平 天一
臨江志			四			文淵
臨江志			四			文淵
臨江志（臨江府志）			四			文淵
清江縣志	崇禎	八（[illegible]本）		刻本	秦鏞（[illegible]）	北平 天一

临江府志　明隆庆　府志十四卷　旧序：“洪武志保墨于民间，缺逸过半，弘治志李士岳家多藏之，独存请
志甚完，历今且四十余禩。”　隆庆六年二月（知府）罗爱大勉序（字廿斋下）。参隆庆壬申郡人
刘松序。　同治临江府志卷二三人物传：“宦业之，刘松字世贞，新喻人，嘉靖进士，收刑部郎中，
“隆庆中郡守爱大勉聘修郡志，松别墅闲居，有罹以遗稿。”　卷十七名宦
秦镛字大音，无锡人，以进士授清江令，会邑素衔粮出会，高民为马户，及穷民入晋东中本免累，
及各民乃不令以正月来夏而给平直，民困郡矣。学精外志，太史刘同升见而叹曰：此马长班赵也。”
卷二九、卷廿六附：载其守晏临江先哲言行录序，卷之洪武己巳志，本该丙戌四月癸日

扬州府志十六卷　明黄显修　诸大伦等纂　明万历三十三年刻本　一函八册（北京人文科学研究所藏书简目，史志）

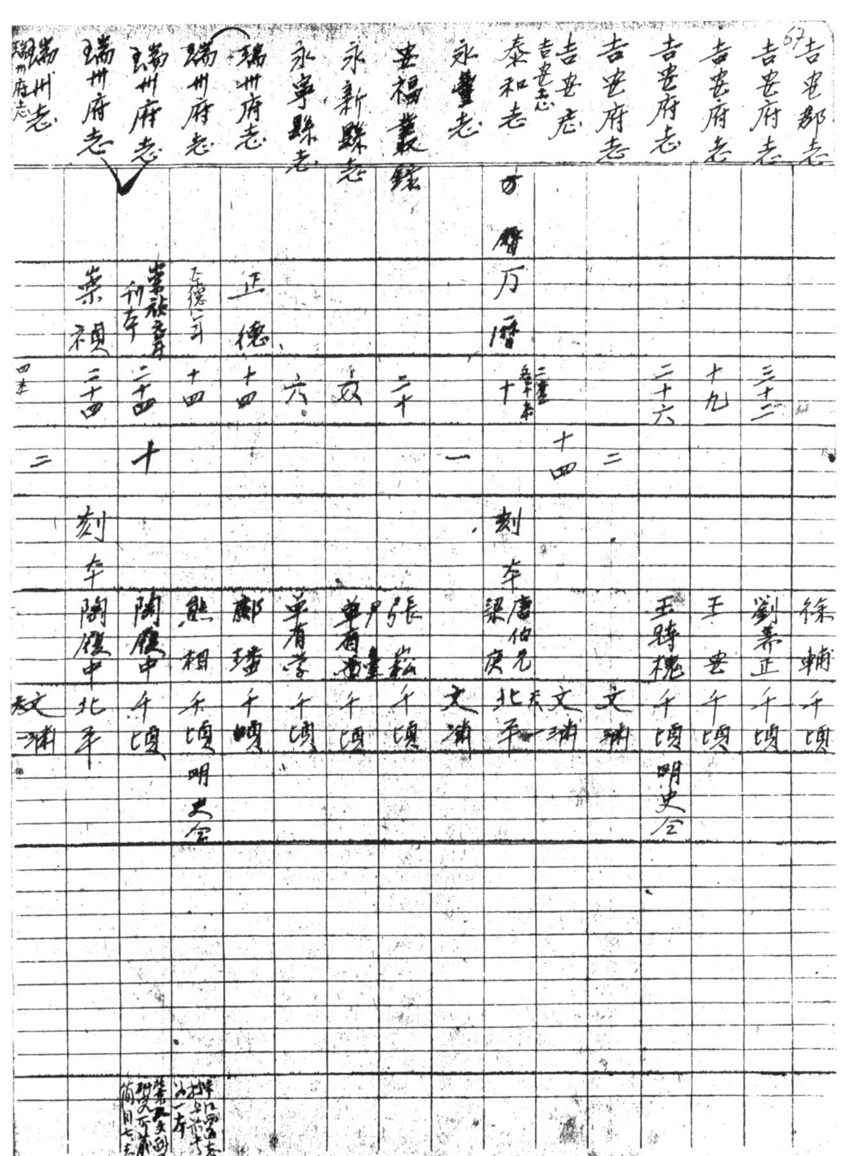

67

书名		年代	卷		版本	编者	著录	备注
吉安郡志						徐輔	千頃	
吉安府志			三十二			劉燕正	千頃	
吉安府志			十九			王安	千頃	
吉安府志			二十六			王時槐	千頃 明史全	
吉安府志				二			文淵	
吉安志（吉安志）				十四			文淵	
泰和志		万曆	十（二十卷本）		刻本	唐伯元 梁庚	北平	
永豐志				一			文淵	
安福叢錄			二十			張嵩	千頃	
永新縣志			五			單有[illegible] 尹	千頃	
永寧縣志			六			單有學	千頃	
瑞州府志		正德	十四			鄒璠	千頃	
瑞州府志		正德六年	十四			熊相	千頃 明史全	[illegible]抄本[illegible]一本
瑞州府志		崇禎五年刊本	二十四	十		陶履中	千頃	[illegible]簡目七卷
瑞州府志		崇禎	二十四		刻本	陶履中	北平	
瑞州府志（瑞州府志）			四本	二			文淵	校

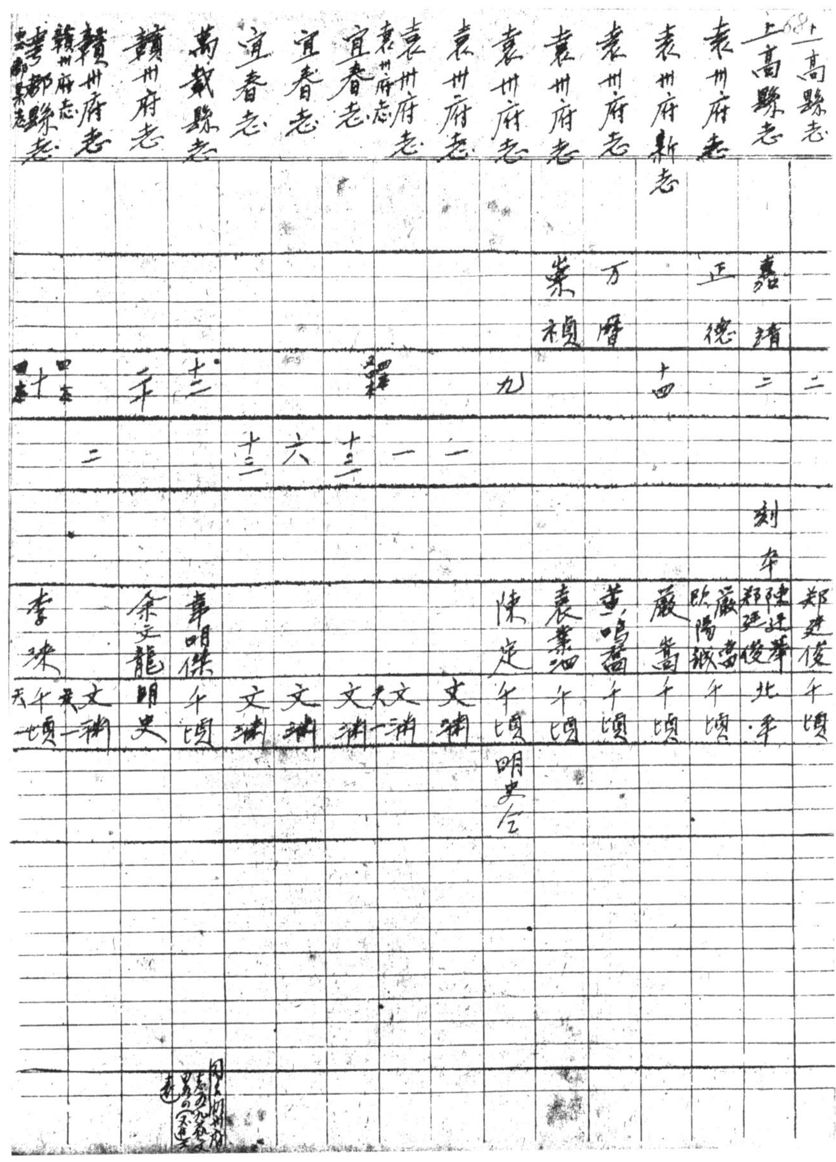

書名		年號	年	卷	版本	撰者	出處
上高縣志			二			鄭廷俊	千頃
上高縣志		嘉靖	二		刻本	陳廷華 鄭廷俊	北平
袁州府志		正德				嚴嵩 歐陽鐵	千頃
袁州府新志			十四			嚴嵩	千頃
袁州府志		萬曆				黃鳴喬	千頃
袁州府志		崇禎				袁業泗	千頃
袁州府志			九			陳定	千頃 明史合
袁州府志				一			文淵
袁州府志	袁州府志			一			文淵 天一
宜春志			五四年	十二			文淵
宜春志				六			文淵
宜春志				十三			文淵
萬載縣志			十二			華明傑	千頃
贛州府志			年			余文龍	明史
贛州府志	贛州府志		四本	二			文淵 天一
雩都縣志	雩都縣志		十 四本			李徠	千頃 天一

第一卷　省志、府志、州志、县志

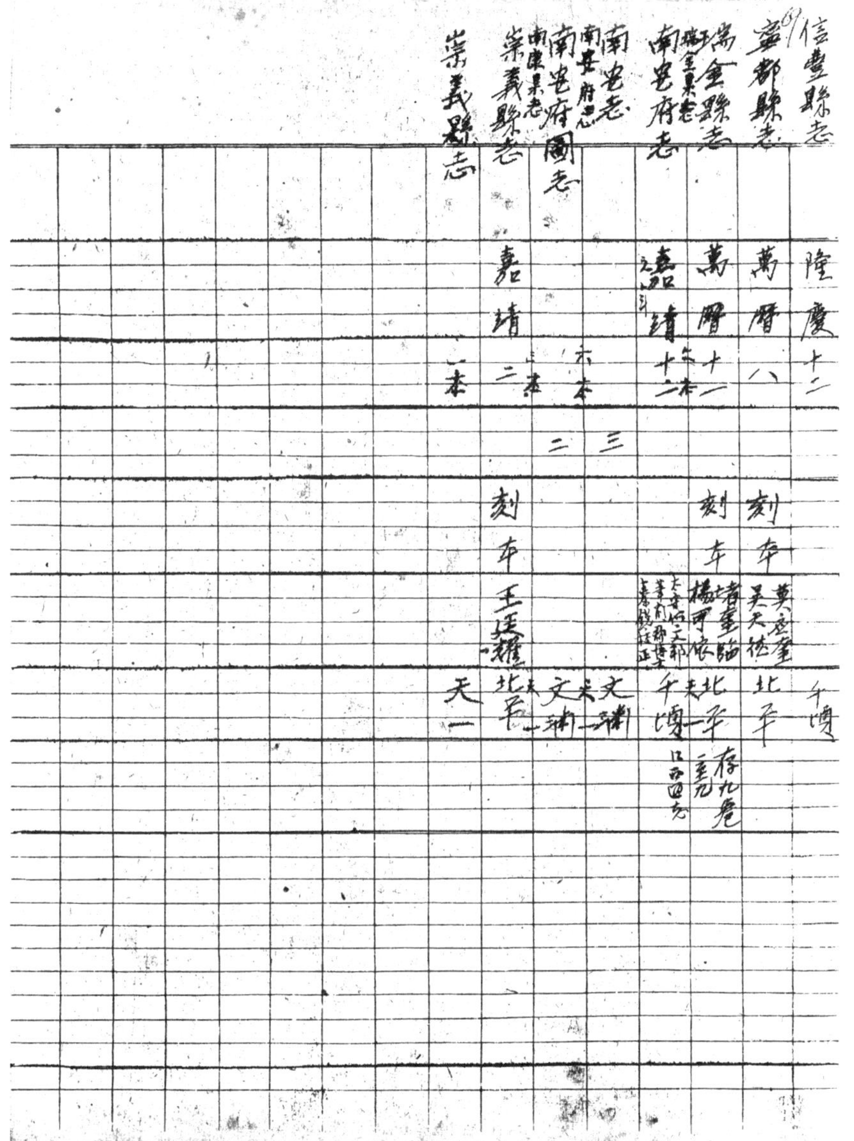

書名	年號	年	卷/本	版本	纂修	藏	附注
信豐縣志	隆慶	十二				千頃	
寧都縣志	萬曆	八		刻本	莫應奎 吳大植	北平	
瑞金縣志	萬曆	十一		刻本	堵奎臨 楊以成	北平	存九卷 [illegible]
南安府志	嘉靖	十二	一本		[illegible]	千頃	江西四志
南安志			六本 三			文淵	
南安府圖志			二			文淵	
崇義縣志	嘉靖	二		刻本	王廷耀	北平	
崇義縣志			一本			天一	

一、南昌府图志七序　熊钊　洪武十七年　郡守太原王庭使、姓贤文学刘建、丁之翰编，见于江西通志137艺文序二　页六

×龙虎山志序　孙宗韶　十卷　洪武　讲师李唐真、孙宗清（据元至正二年吴李重修）　同右　页八

×（豫章）[illegible]观志序　前人　仝右　道士甘某　页12

重修南昌府志序　胡俨　知府任甫伯雅修、胡俨纂　页17

重修广昌县志序　何文渊　宣德　何崇（文渊长子）纂（据元初县士大连仲纂）　页18

南丰县志序　何乔新　弘治　知县雷頲（子宣）修纂　页19

武宁县志序（南昌府）　杨廉　八卷首一卷　弘治间　知县四明冯琦（润卿）修，李城、杨廉纂（据永乐间教谕刘宗存）　页23

瑞州府志序　熊相（重修）　正德年　知府侍郎邝璠修，熊相、刘弘道等　页29

×修江先贤录序　黄弘　八卷　[illegible]周公役纂　页31

铅山县志序　费寀　嘉靖五年　知县姓朱鸿渐（礼嘉）修，邑人费寀纂　页34

×安福三刻县志序　邹守益　孙侯自修县，[illegible]以闻长数，[illegible]侯后改刻[illegible]，侯南荣[illegible]之，[illegible]命工刻之梓　页35

安福县志序　前人　二十卷　邑人孙山[illegible]纂（[illegible]城以前记[illegible]二十八）　页36

抚州府续序　徐良傅（十卷）（嘉靖）　邑人徐良傅纂（据前知府[illegible]作）　页38

建昌府图说序　丁继嗣（万历）　知司马李汝华纂修

吉水县志序　邹元标　十卷　嘉靖元年刻　副使九江安备大鹿周克之纂（原修成化[illegible]吉水知县[illegible]）　前志卷一三八艺文序三　页3

江西图序　桂萼　（嘉靖）　页10

二

南昌府志序 邓以赞

南昌府志序 张位

重修南昌府志序 张位

庐山纪事（自序）（桑乔） 余文献（贡生）

南安府志序 刘节

东乡县志序 万策

九江府志（自）序 叶梦龙

重修瑞州府志（自）序 陶履中（郡守）

补修袁州府志序 钟炌

袁郡文献谈序 史简

以下共同

万历十七年 太守休宁范涞 修，方来崇、张化、章潢等纂 （[illegible]）新书江西通志138 序之序二

万历三十年 知府莆田屠□ 纂修（[illegible]）

十二卷 南康桑乔 辑录（正德嘉靖）

景泰间郡人[illegible] 成化间郡守[illegible] 正德间郡守[illegible] 嘉靖[illegible]郡守何[illegible] 郡博士[illegible]校正

嘉靖四年[illegible] 万历十[illegible]年[illegible]江绪大伦[illegible] 四图、十一卷

崇祯[illegible]（[illegible]） 天启[illegible]

（崇祯元年） 袁郡[illegible]（[illegible]）

秋府博探[illegible]

东[illegible]

续修[illegible]

郡司李[illegible]

又[illegible]补梓之

△卷三十六名宦，袁州府，黄鸣乔，字启聘，莆田人，万历进士，知袁州[illegible]

页17 页18 页21 页22 页25 页26 页29 页30

THE END

五、湖广

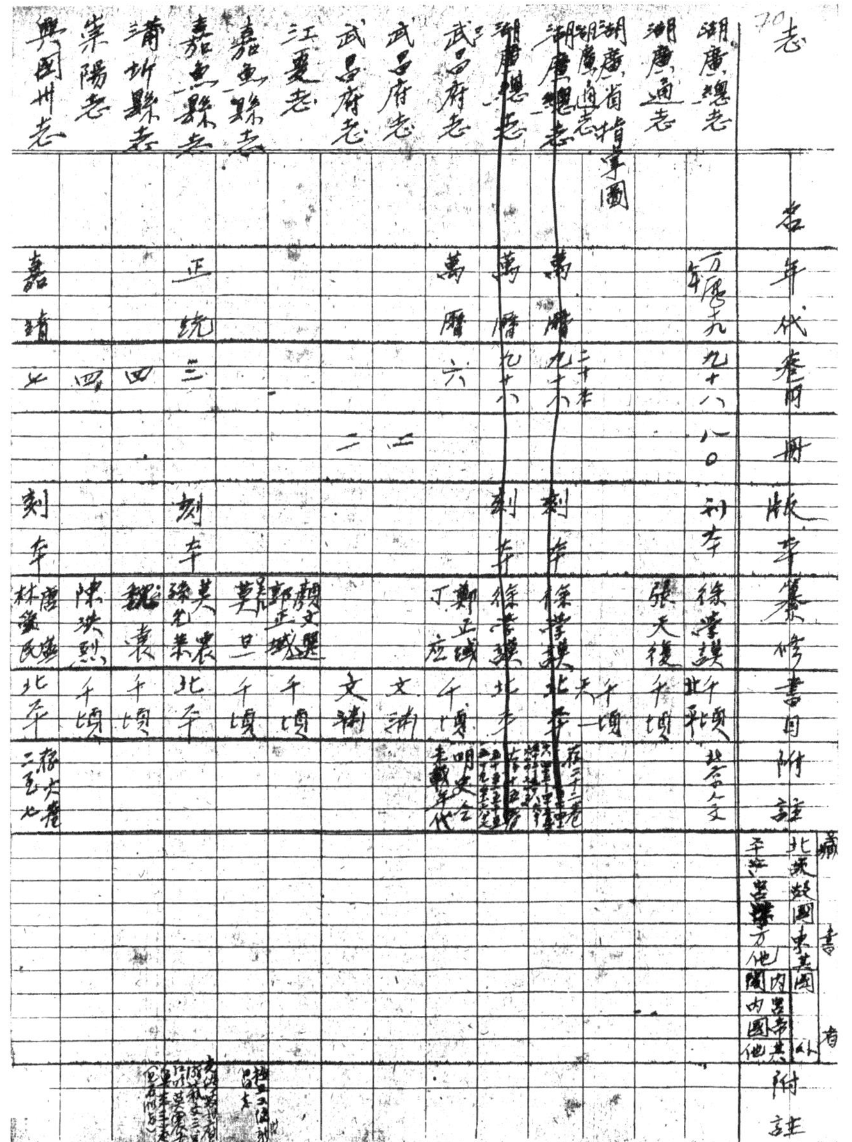

志名	年代	卷	册	版本	纂修	書目附註	藏書者	附註
湖廣總志	万曆九年	九十八	八〇	刻本	徐學謨	北平、千頃	北京人文	
湖廣通志					張天復	千頃		
湖廣省指掌圖		二十卷				天一、千頃		
湖廣總志	萬曆	九十八		刻本	徐學謨	北平	存二十三卷 [illegible]	
湖廣總志	萬曆	九十八		刻本	徐學謨	北平	[illegible]	
武昌府志	萬曆	六			鄭正域、丁应	千頃	明史全未載年代	
武昌府志			二			文淵		
武昌府志			二			文淵		
江夏志					顧文選、郭正域	千頃		
嘉魚縣志					莫[illegible]旦	千頃		據文淵閣[illegible]本
嘉魚縣志	正統	三		刻本	吳衆、孫先業	北平		[illegible]
蒲圻縣志		四			魏衷	千頃		
棗陽志		四			陳洪烈	千頃		
興國州志	嘉靖	七		刻本	唐[illegible]、林[illegible]民	北平	存卷二至七	

魏裳湖广通志九十八卷、廖道南楚纪六十卷、陈士元楚略二十卷（明史卷九七、艺文）

楚纪序：廖道南“……维皇御极二十有四载，秋八月望，道南楚纪成……窃自揣。

湖北辑略九卷行世……”（雍正湖广通志卷一〇二，艺文，序跋）

湖广总志序，徐学谟“……成化甲辰督学薛纲始一举修通志，粗有梗概，及四纪，嘉靖壬午

都御史廷举以予役乡土[illegible]，又越四纪，代嬗时易，故志传存者十三……岁辛酉，督学

副使夫后侗慨然志振，檄黄州同知[illegible]城人前进士士元纂拾旧文，析为纪表志

传[illegible]而册[illegible]。[illegible]甲子都御史[illegible]御史有檄督

学佥事[illegible]以安陆人前侍郎[illegible]督学[illegible]依[illegible]

吉阳山中。壬申都御史[illegible]御史[illegible]檄督学副使[illegible]谟以[illegible]

家[illegible]陆[illegible]以二氏志草[illegible]后[illegible]都御史[illegible]时[illegible]代[illegible]任

[illegible]

子[illegible]

[illegible]

责以谋之御史[illegible]则以其檄令左布政使徐学谟[illegible]申檄督学佥事[illegible]以[illegible]

弗竟已二十年矣……既[illegible]未有[illegible]又十[illegible]学谟[illegible]于[illegible]

咸命择行之，而以布政司[illegible]武昌府同知[illegible]司校[illegible]

始可於万历甲戌冬十有一月，以丙子夏四月朔告竣……（同上）

（湖广通志二百[illegible]（光绪[illegible]）[illegible]艺文[illegible]）

重修汉阳府志序，吴[illegible]“……郡[illegible]万历三年乙丑[illegible]

司府[illegible]言[illegible]不难刻[illegible]（前书一〇三，艺文，序，清）

志名	年代	卷數	冊數	纂修者	著錄	著錄
興國州志			一		文淵	
興國州志		四十	一		文淵	
承天大志（興都志）	嘉靖三十五年	三四卷	二十	徐階	千頃	抄本 [illegible] 北京人文 [illegible] 十六（十六冊）
承天府志		二十		張居正	千頃	興都志 [illegible]
京山縣志	嘉靖			王格	千頃	
京山縣志	崇禎			章聚奎	千頃	
潛江縣志				呂枏	千頃	
潛江縣志				劉[illegible]	千頃	
沔陽縣志		十八		童承敘	千頃	
沔陽志（沔陽縣志）		四卷	二		文淵 天一	
景陵縣志				北[illegible]	千頃	明史全
景陵縣志				袁福徵	千頃	
荊門州志		十		林烑	千頃	明史全
荊門州志				劉春	千頃	
襄陽府志		二十		曹璘	千頃	明史全
襄陽府志		十六		王復善	千頃	

[illegible]

襄陽府志	萬曆	四十二			胡價	千頃	
襄陽志		四			高夔	千頃	
襄陽府志	萬曆	五十一		刻本	吳道邇	北平	存四十二卷 一至九 十九至五十一
襄陽府志		五年	一			文淵	
宜城縣志		二			米鴻儒	千頃 天一	
光化縣志 光化縣志		二年			曹璘	千頃 天一	
均州志		八			謝繼	千頃	明史同
均州志		小			謝璡	明史	
鄖陽府志	萬曆	二十一			周紹稷	千頃	
房縣志		六			陶鑒	千頃	
上津縣志						千頃	
德安府志	万曆				陳士元	千頃	
德安州志 德安府志			三			文淵	
安陸府志		四年	二			天一	
隨州志		二			顏木	千頃	
隨州志 德郡志		又三年	二			文淵 天一	由一本抄

[illegible]

P.两、以上两条皆见同治房县志卷首旧志原序（乾隆五十三年汪魁儒序）

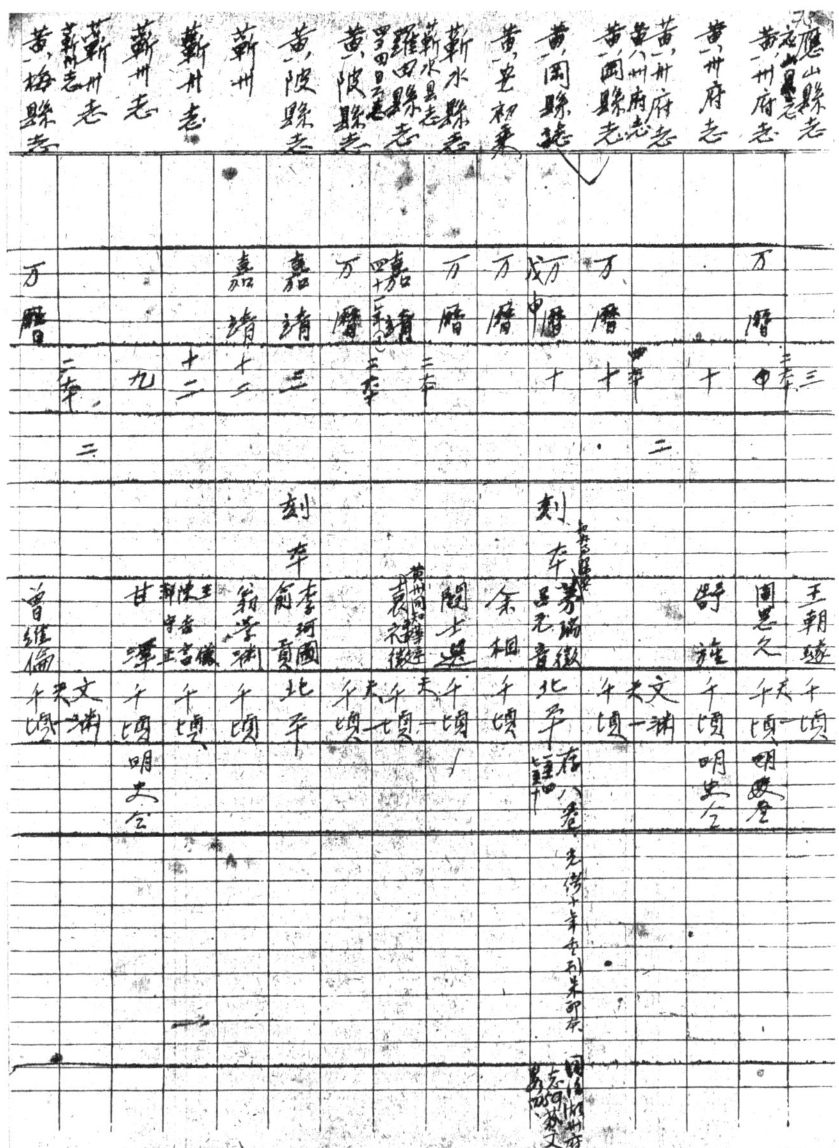

志名	年号	年	卷	版本	纂修	著录	备注
應山縣志（黃州府志）		三			王朝璲	千頃	
黃州府志	万曆	中 二十年			周思久	天一 千頃 明史藝	
黃州府志		十			舒旌	千頃 明史志	
黃州府志（八州府志）		四十年	二			文淵	
黃岡縣志	万曆	十				天一 千頃	
黃岡縣志	戊申 万曆	十		刻本	茅瑞徵 吕元音	北平 存八卷 七至四 七至十	光緒十年重刊朱印本 同治湖州府志藝文志
黃安初稟	万曆				余桐	千頃	
蘄水縣志	万曆	二十年			闕士琦	千頃	
羅田縣志	四十二年 嘉靖	二十年			袁□徵（黃州同知）	天一 千頃	
黃陂縣志	万曆					天一 千頃	
黃陂縣志	嘉靖	三		刻本	李珂國 俞貢	北平	
蘄州	嘉靖	十六			翁學淵	千頃	
蘄州志		十二			陳吉徵 郭字正	千頃	
蘄州志		九			甘澤	千頃 明史志	
蘄州志		二十年	二			文淵 天一	
黃梅縣志	万曆				曾維倫	千頃	

以上俱見已入王葆心據影天一閣藏本羅田各志見後及附錄

羅田縣續志　崇禎十一二年知縣江津白乃忠（宣統湖北通志藝文外編）

羅田縣志　嘉靖四十五年（？）黃州同知袁福徵纂，（千頃卷七）　按此書成即為祝志，袁為加入序一篇即行耳。

羅田縣志　八卷　附錄一卷　嘉靖壬寅知縣莆田鄭祝珝輯（民國丙寅李家沅重刊）　據天一閣藏本
教諭晉江蔡元偉同蒼溪（訓導吉安人）蔣惟學同纂　原稿作天一閣只存目，祝（一）全字。

羅田縣志　初稿未刻，弘治縣令忠州周英、正德縣令崇德勞鏳、正德教諭閬縣陳瓚（莊麓）、正德謝廷佐（賓南）、正德八年癸酉舉人邑人張明道（字希雅，自號玉泉）共同編述。

荊州府志	万曆			劉学濂	千頃
荊州府志		十二		王龍□	千頃 明史今
荊州府志	嘉靖	十二	刻本	孫存	北平 存八卷（至十六）
荊州府志		六本	二		文淵
二公安志				袁宏道（中郎）	千頃
一公安志				梁善	千頃
公安縣志	成化	二	刻本	梁善 魏奇	北平
竟陵州志		十		張春	千頃 明史今
竟陵州志				俞彥	千頃
竟陵志 宜都縣志	万曆	二本		姬文	千頃 天一
宜都記				吳極台(?)	千頃
遠安縣志	成化			劉英	千頃
歸州志	嘉靖	五			天一 千頃
歸州志	万曆	四本	刻本		北平 存二卷（三至四） 天一
歸州志 巴東縣志(?)		四本(?)	一		文淵
岳州府志		十二本(?)		劉城	千頃 明史今

駱思恭以出鄉今大地志亦而甚可傳其隨州武功、雍大記、青齋、隨州編年近迁、武功叙事近簡、雍大記河山百二十二足以作其氣焉北平西文、旁引雜出、不能成一家言、由是觀之、大地志不必皆志之……」

（湖廣通志一〇二）

陳深　人物傳

秭歸州志　千頃堂書目　州志作：秭（歸）歸、州（?）歸州志

湖廣　深西歸（同治湖州府志58藝文略三）

书名	年号	年	卷数	版本	纂修人	藏处	备注
岳州府志		十八			鍾崇文	千頃	
岳州府志	隆慶				方啓參	千頃	
岳州府志	隆慶	十八		刻本	鍾崇文 方啓參	北平	存七卷 一至五 十七 二十
岳州志			一			文淵	
岳州志			一			文淵	
岳州府志						天一	
臨湘縣志	萬曆	四十六年			張明備	千頃	
華容縣志		七			孫羽侯	天一 千頃	
澧州志		六年					
澧州志	嘉靖	二年		刊本	李獻陽	天一 千頃	北京 全 存卷一
慈利縣志	萬曆						
安鄉縣志					楊繼韶	千頃	
長沙府志	嘉靖	六			張治	[illegible] 千頃	明史 全
長沙府志			卅九				
長沙府志	萬曆				吳道行	天一 千頃	
湘潭縣志		六年			李騰芳	千頃	
湘潭縣志	嘉靖	二		刻本	陳應信 蔡崇	北平	
湘潭志			二			文淵	
湘陰縣志		二			張[illegible]	千頃	
湘陰志			二			文淵	

同治年江夏志卷末附考　邑志纂修考　宋罗

明永乐间修，稿本亡，今存景泰年改

弘治辛亥修〃〃者〃惟本内多残缺，景泰出知县黄华（钦县人）（卷二五，职官志，名宦，页五下）

嘉靖辛亥修稿，成未刻，景泰书亥谈章鏊

隆庆庚午修，景泰出知县夏子谏，今残帙

崇祯乙亥修未成，景泰出知县陶孔志，崇祯庚辰取陶稿本增饰，阅雕，景泰训导王龙光（卷四一人物志，宦绩，李绍先字元阳，万历戊子举人，由黄冈教谕擢……任，云……修四年江夏志）

以下清版（略）

明　长沙府志序：“长沙志久废弗修……嘉靖戊子太守潜阳孙子惟甫乃属郎中杨子林致郡之故而纂志焉，既脱稿，孙子代去，辛卯，孟原潘子嘉年自荆州来守，得原稿以属之府佐……乃取子林所为稿而叶前之所未备……”

五湖纪十二，为卷六，凡六万言……郡邑沿革表谱第一……封建表谱第二……郡守以下历任年表谱第三……十二州邑职官历任年谱第四……选举表谱第五……建置纪第三……学校纪第四……兵防纪第六……名宦纪第八……人物纪第九……人物纪第十……方外纪第十一……杂纪第十二。

潘镒，婺源人，正德戊辰进士，由郎中知长沙府……（《明代郡志》……，名宦，《长沙府志》）

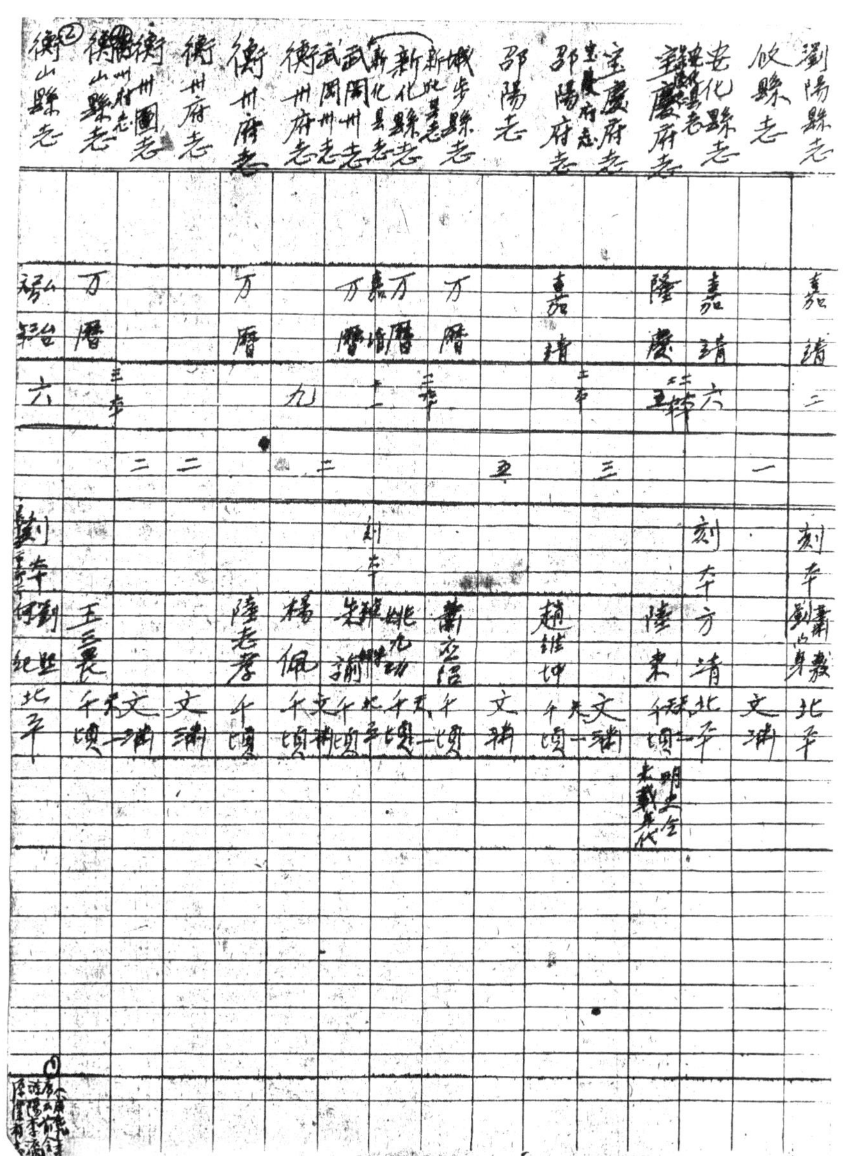

志名	年号	年	卷	版本	纂修者	藏处	备注
瀏陽縣志	嘉靖	二		刻本	劉[illegible] 蕭[illegible]	北平	
攸縣志			一			文津	
安化縣志	嘉靖	六		刻本	方清	北平	
安化縣志 寶慶府志	隆慶	五 二十年			陸來	千頃 北平	明史全 未載其代
寶慶府志			三			文津	
寶慶府志 邵陽府志	嘉靖	十年			趙繼坤	千頃	
邵陽志			五			文津	
城步縣志	万曆				蕭[illegible]	千頃	
新化縣志	万曆	二十年			姚允功	千頃 北平	
新化县志	嘉靖				[illegible]	千頃	
武岡州志	万曆	二		刻本	[illegible]	千頃 文津	
武岡州志			二		楊佩	千頃	
衡州府志		九				千頃	
衡州府志	万曆				陸[illegible]	千頃	
衡州府志			二			文津	
衡州圖志			二			文津	
衡州府志		三十年				千頃	
衡山縣志	万曆				王[illegible]	千頃	
衡山縣志	弘治	六		刻本	劉[illegible]	北平	

第一卷 省志、府志、州志、县志

③ 衡山县志　嘉靖四年　知县彭簪

民国十三年印　若虚和声　序

衡岳志后序（眉批）「余读前令彭君簪所为岳志，心慨慕焉。二十年而姚君若问乃中所载，若孙海史修同庭诸君乃大于本之疆八宿言，余且怪其，今余张君宣续刻志，又因太学生阳续问序于余，遂论次自髯以下图附已见其此……」（张云卿序已卯〈一〇一、艺文〉）

重修衡岳志序　郑云霄　万历甲午孟秋望日（同书一〇二艺文）

新宁县志序　顾起元「云间沈君任新宁之七年……为邑志既成，乃走使上都问序于余。……望首前志矣……君与余同年……宦」（同上）

耒陽縣志遺記				胡文璧 千頃	
耒陽縣志	萬曆			黃九達 千頃	
常寧縣志	萬曆			曾喬 千頃	
安仁縣志	萬曆			賴霖 千頃	
郴縣志	嘉靖			易宗周 千頃	
桂陽州志	萬曆			郭槃 千頃	
常德府志	嘉靖			陳洪謨 千頃	
常德府志		二		朱麟 千頃	明史仝
常德府志		二十		王儼 千頃	
常德府志			一	文淵	
常德府志 常德府志		六卷	一	宋文淵	
武陵圖志			六	文淵	
桃源縣志		六		李徵 千頃	
桃源縣志	萬曆			李春熙 千頃	
桃源縣志				袁宏道 千頃	
龍陽縣志	萬曆			黃師表 千頃	

第一卷 省志、府志、州志、县志

志名		年号	年	卷	版本	纂修	来源	备注
辰州府志		成化				易天爵	千顷	
辰州府志		万历	八		刻本	马协 吴瑞登	北平 一函六 存七卷	见僧显三楼書目明初尊武通吴瑞登撰（通志武阳谷名孙，艺文）宪洪武阳谷志孙，艺文目三十帙
辰州府志				二			文渊	
沅州志			七			胡靖	千顷	
沅州府志				一			文渊	
沅州府志				二			文渊	
黔阳县志		正德					千顷	
永州府志		嘉靖	十七			史朝富	千顷	
永州府志			十			姚昺	千顷 明史	
永州野史略						易三接	千顷	
永州府志		洪武	十二		刻本	胡廣 周鑑	北平	
永州府新志			七年				天一	
永州府志		隆庆	十七		刻本	史朝富	北平	
祁阳县志（永州府志）			四年	二		鄧球	千顷 天一	
东安县志		嘉靖				吴孫岡	千顷	
道州志		嘉靖				王會	千顷	
道州志		万历				黄應元	千顷	

道州志				四			文渊
寧遠縣志		万曆				唐之儁	千頃
永明縣志							千頃
江華縣志		万曆				黄柏	千頃
江華縣志		万曆	九		刻本	杜漸 黄柏	北平	存六卷 至太
江華縣志		万曆	四		修補本	劉時徹 滕元慶	北平
靖州志		洪武	不分		抄本		北平
靖州志				二			文渊
郴州志			六			王心	千頃	明史仝
郴州志		万曆				胡漢	千頃
郴州志				二			文渊
郴州志（郴州志 桂陽志）			四年	二			文渊
桂陽志				三			文渊
桂陽志				二			文渊
（長沙府志				二十二			文渊
長沙府志				十一			文渊

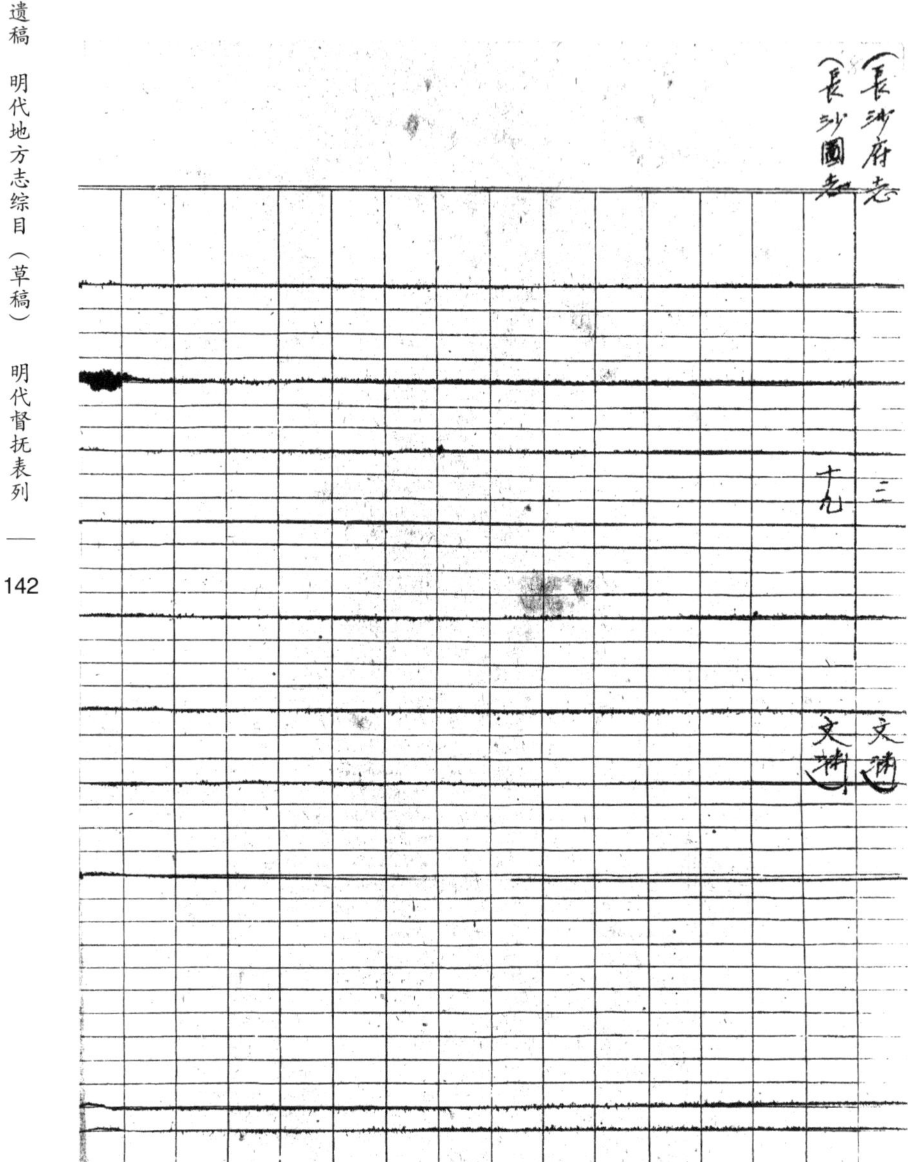
（長沙府志
（長沙圖志
三
十九
文淵
文淵

六、福建

志	年代	卷	册	版本	纂修	書目	附註	藏書者	附記
福州府志（八閩通志）	正德				林庭㭿	千頃			
福州府志	嘉靖	三十六			林燫	千頃	明史志未載年代		
福州府志		二十四			袁表	千頃			
福州府志		七十六			林材	千頃			
福州府志	萬曆	七十六		刻本	喻政 林烴	北平 千頃	一作七十五卷		
古田縣志					劉日暘	千頃			
古田志略		八			楊德周	千頃			
古田縣志	萬曆	十四		刻本	劉日暘	北平			
長樂乘		八			鄭世威	千頃			
長樂志		十一			夏允彝	千頃			
長樂縣志	弘治	八		刻本	王渙 劉則和	北平			
長樂縣圖經（長樂縣志）			一			文淵			
連江志		十卒	一			文淵			
羅源縣志		八			陳良謨	千頃			

藏書者：北平、北大、故宮、東大、其他國內、一、宮、方、內、國、其他

王世懋 闽部疏（四库存目
　　　名山游记（……

昆山 郑若曾 八闽通志八十七卷 大参谬 郑若庸（光绪苏州府志137，艺文二，昆山，明）

八闽通志八十七卷 明黄仲昭撰 明弘治四年刊（六十四册）北京人文

闽都记三十三卷首一卷 明闽王应山撰 道光间林[illegible]刊（[illegible]记卷七）

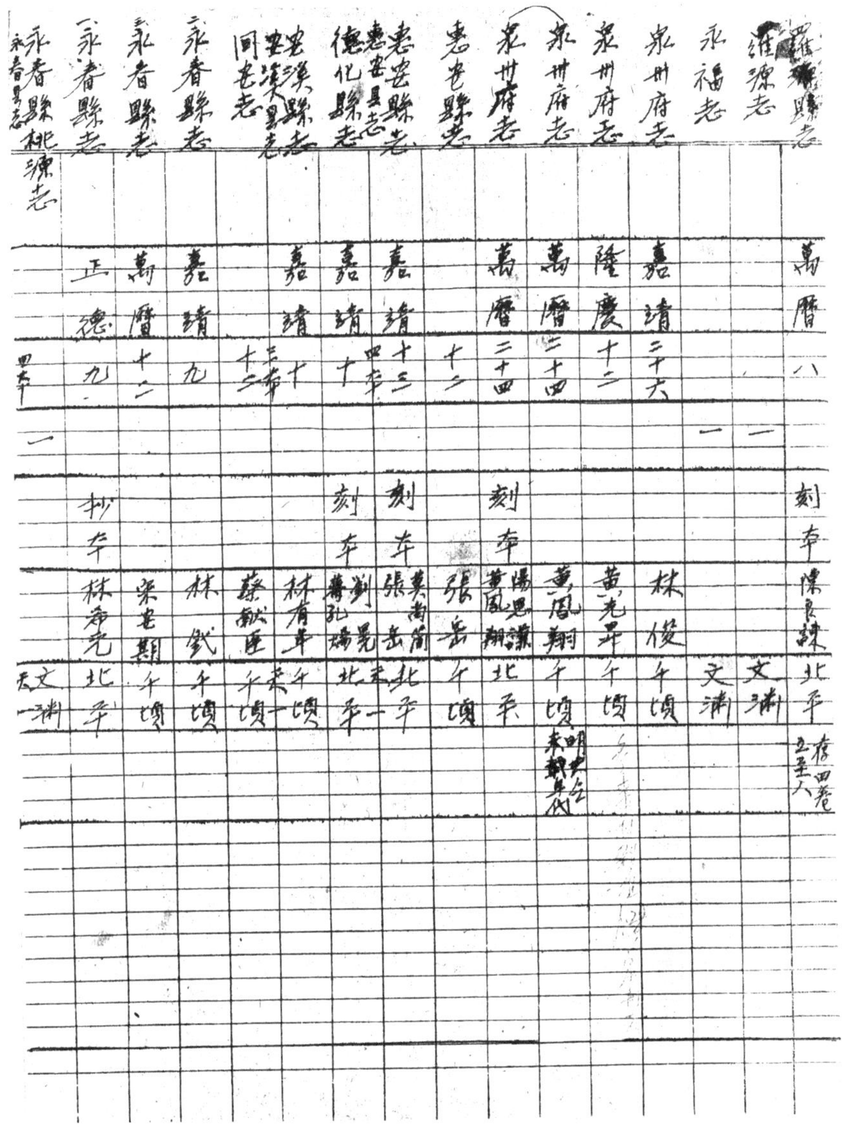

書名	年號	年	部	版本	纂修人	藏處	附註
羅源縣志	萬曆	八		刻本	陳良諫	北平	存四卷 五至八
羅源志			一			文淵	
永福志			一			文淵	
泉州府志	嘉靖	二十六			林俊	千頃	
泉州府志	隆慶	十二			黃光昇	千頃	
泉州府志	萬曆	二十四			黃鳳翔	千頃	明史志 未載[illegible]
泉州府志	萬曆	二十四		刻本	陽思謙 黃鳳翔	北平	
惠安縣志		十二			張岳	千頃	
惠安縣志	嘉靖	十三 四本		刻本	莫尚簡 張岳	北平	
惠安县志 德化縣志	嘉靖	十		刻本	劉晃 蔣孔煬	北平 宋一	
安溪縣志 安溪县志	嘉靖	十			林有年	千頃 宋一	
同安志		十二 三本			蔡獻臣	千頃	
二 永春縣志	嘉靖	九			林釴	千頃	
三 永春縣志	萬曆	十二			梁[illegible]期	千頃	
一 永春縣志	正德	九		抄本	林希元	北平	
永春縣桃源志 永春县志		四本	一			文淵 天一	

志名						
建寧府志		六十		劉璵	千頃	
建寧府志		三十一		汪鈿	千頃	
建寧府新志		四十			千頃	
建寧府志	弘治	六十 十卷		劉卒 劉璵 貴遇	北平	存二十八卷 一至二十二 十六至三十二
建寧府志 建安郡志			十八		文淵 文一	
建安郡志			五		文淵	
建安郡志			九		文淵	
建安續志			二		文淵	
建陽縣志	景泰			黄璿	千頃	
建陽縣志	弘治			區玉 劉奎	千頃	
建陽縣志	嘉靖	十六		馮繼科 朱凌	千頃	
建陽縣志	萬曆	八		陳化璋	千頃	
建陽縣志 建陽縣志		續 八		魏時應	千頃	
崇安縣志		一		鄧雲霄	千頃 天一	
崇安志			四		文淵	
崇安志			二		文淵	

吳縣府志明上藝文卷一 馮夢龍壽寧縣志二卷（光緒蘇州府志136藝文一著錄同）

志名	年号	年	卷	刻本	撰者	出处
崇安续志			一			文渊
瀋城县志	成化				胡昰	千顷
浦城县志	万历	十六	[illegible]		黎民範	千顷
浦城县志		二十五年				天一
政和县志	成化				鄭斯湛	千顷
政和县志	万历	八		刻本	東鳴時	北平
政和志			一			文渊
建安政和县志						天一
松溪县志	嘉靖	二年			朱端華	千顷
松溪县志		二十年				天一
寿宁县待志		二			馮夢龍	千顷 REO.
寿宁县志		三十年				
延平府志		三十三			游居敬	千顷
延平府新志		三十四				千顷
延平府续志		四				千顷
延平府志		二十四			游居敬	明史
延平志			二			文渊
延平续志			四			文渊
延平续志			二			文渊
南平县志		四年				天一
延平续志			二			文渊
延平府志		八年又				天一

唐世涵傳　全錄　汀州府志

福建通志世涵崇禎八年知汀州府（同治汀州府志59 藝文略四）

志名	年号	年	卷	版本	纂修人	收藏	存卷
將樂縣志	萬曆				黃仕禎	千頃	
將樂縣志	萬曆	[illegible]一		刻本	黃仕禎 黃元美	北平	
大田縣志	嘉靖	四年			謝廷訓	千頃 天一	
大田縣志		三十一			劉維謙	千頃	
大田縣志	萬曆	三十一		刻本	劉維謙	北平	
沙縣志	萬曆	十二			黃文梯	千頃	
沙縣志		十			葉聯芳	千頃	
尤溪縣志		二十年				千頃 天一	
尤溪縣志	嘉靖	七			李文兗	北平	
順昌縣志	萬曆	二十年			鍾倖	千頃 天一	
順昌縣志		十			馬性魯	千頃	
順昌志			二			文淵	
永安縣志	萬曆	四年			蕭時中	千頃 天一	
汀州府志	弘治	十七 附錄一卷		刻本	吳文度 杜觀	北平	存九卷 九至十七
汀州志			三			文淵	
寧化縣志	崇禎	十 六年		修補本	張士俊 陰維標	北平 天一	存九卷 一至九

志名	年號	年	卷	版本	纂修	藏處	備註
上杭縣志（武平縣志）		七			郭造卿	千頃	
清流縣志		二十五年			阮崇文	天一、千頃	
連城縣志（二清流縣志）	嘉靖	二十年			陶文淵	天一、千頃	
連城縣志	天啓				張大觀	千頃	
連城縣志	崇禎				陶文彥	千頃	
歸化縣志（書）	正德	十		刻本	楊縉	北平	
興化府志（重修永定縣志）	萬曆	五十四（二十年）	二四	刻本	周撤	天一、千頃	明史仝未載年代 林榮人文國以十五年季刊於弘治十六年本
興化府志	萬曆	二十六			康太和	千頃	
興化新志（興化府志）	萬曆	五十九（十三年）			林堯俞	千頃	
仙遊縣志	嘉靖				林有年	天一、千頃	
仙遊縣志					彭大治	千頃	
仙遊縣志（邵武府志）		四十八			沈鹽	千頃	
邵武府志		十五年			陳讓	天一、千頃	
邵武府新志		二十五			黃仲昭	千頃	
邵武府志	萬曆	六十四（又十四年 二十年）		刻本	韓國藩、侯國寶	北平	
光澤縣志（邵武府志）	正統				朱倫光	天一、千頃	

东鉴

闵梦得 人物传 漳州府志三十八卷 黄道周墓志云：曾倅漳大年为郡理 所治安渔薛宦，皆治扶风若是（同治湖州府志 59 艺文略四）

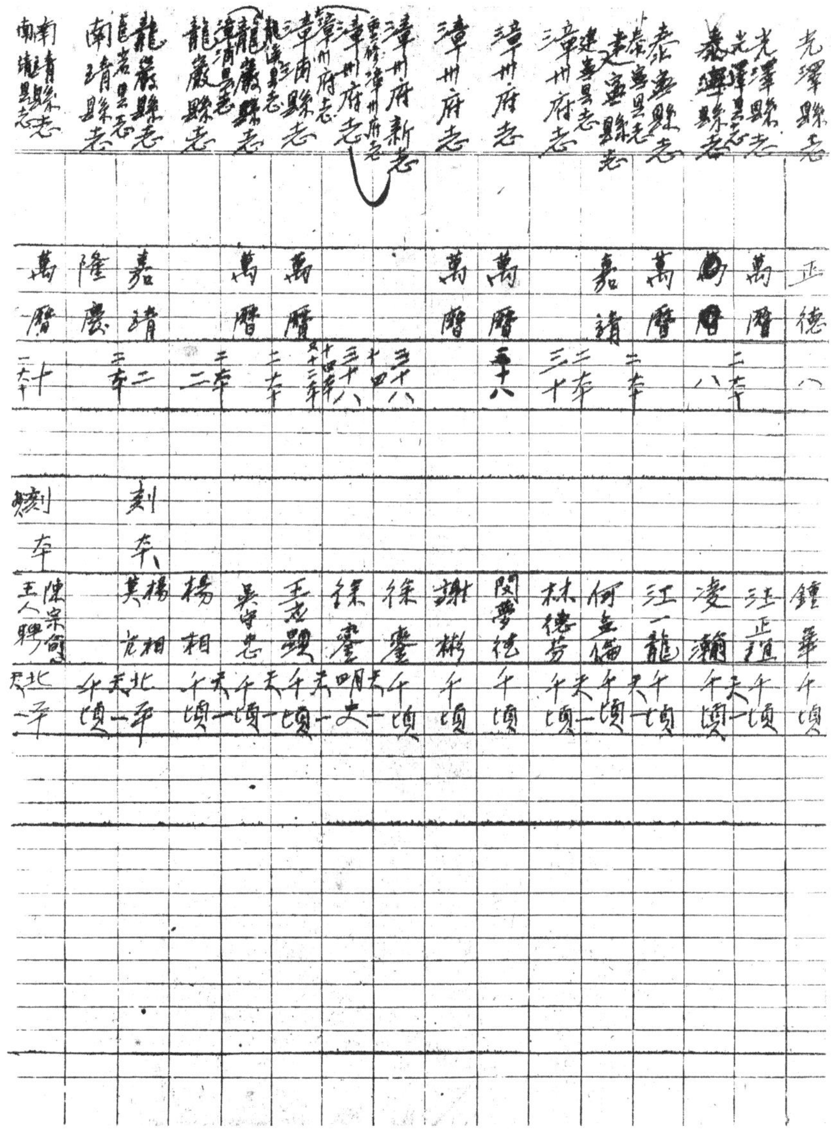

志名	年號	年	版本	纂修者	藏處
光澤縣志	正德	八		鍾華	千頃
光澤縣志	萬曆	二十年		汪正直	千頃 天一
泰寧縣志	萬曆	八		凌瀚	千頃 天一
泰寧縣志	萬曆			江一龍	千頃 天一
建寧縣志	嘉靖	二十年		何孟倫	千頃 天一
建寧縣志 漳州府志		三十二年		林德芳	千頃 天一
漳州府志	萬曆	元年 十八		閔夢得	千頃
漳州府志	萬曆			謝彬	千頃
漳州府新志		三十八		徐鑾	千頃 天一
重修漳州府志 漳州府志		三十八 四十		徐鑾	明史 天一
漳南縣志 漳州府志	萬曆	五十三年		王志道	千頃 天一
龍巖縣志 漳浦縣志	萬曆	二十年		吳守忠	千頃 天一
龍巖縣志		二十年		楊相	千頃 天一
龍巖縣志	嘉靖	二十年	刻本	楊相 莫亢	北平 天一
南靖縣志	隆慶				千頃 天一
南靖縣志	萬曆	二十六年	刻本	陳宗愈 王人聘	北平 天一

第一卷　省志、府志、州志、县志

志名	年號	年	卷	版本	纂修者	著錄
長泰縣志（長泰县志）	萬曆	二十五年 又二十二年			方應時	千頃 天一
漳平縣志（漳平县志）	萬曆	三十年			曾汝禮	千頃 天一
平和縣志（平和县志）		二十年			鄭應旂	千頃 天一
詔安縣續	萬曆					千頃
海澄縣志		二十			張燮	千頃
寧洋縣志	萬曆				宋煤	千頃
福寧州志		十			游朴	千頃
福寧州新志	萬曆	十六			張大光	千頃
福寧州志	萬曆				史起欽	千頃
福寧州志	一	十六			張大光	明史
福寧州志	萬曆	十六		刻本	朱殷之輅	北平
福寧志			一			文淵
福安縣志（福寧州志）		九畢			陸戴	千頃 天一
福安志			一			文淵
二、壽德縣志	万曆十九年	八	八	刻本	舒應元	千頃 北京人文
六、寧德縣志	萬曆	八			陳[illegible]瓚	千頃

志名	年代	年	卷	版本	纂修者	藏处
寧德縣志	嘉靖	四		刻本	閔文振	北京
寧德縣志	萬曆	八		刻本	舒應元 陳璿	北京
寧德志			一			文衡
寧德縣志		二本 又一本				天一

七、山东

志名	年代	卷	册	版本	纂修	书目	附注	藏书者（北平 北大 一 故宫 国 东方 其他 / 国内 内阁 内宫 图书 其他 / 国外）	附注
山東通志	嘉靖十年刊本	四十	十二		陸釴	千頃	明史全	×	
山東通志	嘉靖				陳沂	千頃			
山東郡縣通志勝覽		九			彭勖	千頃			
山東事蹟（作山東規風便覽）		四 八十一			呂仲古	千頃 千頃			
山東郡邑通勝覽		九			彭勖	明史			
山東通志	嘉靖	四十		刻本	陸釴	北平	文瑞樓書目卷二		
山東山川險要圖		十二卷又 十二卷	一			文淵			
濟南府圖志（山東通志）			八			天一 文淵			
章丘縣志		四			楊循吉	千頃			
章邱縣志	萬曆	三十四 二十本		刻本	董復亨	北平 天一			
淄川縣志（章丘縣志、淄川県志）	萬曆	三十七 二十本		刻本	朱萬春 王教	北平 天一	存三十四卷 一至三十四 三十七		
新城縣志		八			胡應鳴	千頃			
齊東邑乘	正德				蕭敬諫	千頃			
齊東縣志	萬曆	二十九		刻本	劉希夔	北平	存十七卷 一至十七		

府魯通志一百卷

鐔江志

黄璘

俱仿照（江南通志例，藝文、史部、地志門）

志名	年號	年	卷	版本	纂修	著錄	備註
臨邑縣志		十六			邢侗	千頃	
青城縣志	萬曆				朱夢龍	千頃	
青城縣志	萬曆	二		刻本	王儀（王夢袞）	北平	
陵縣志（陵縣志）	嘉靖	二本			孫爲	千頃 天一	
泰安州志		十			李錦	千頃	明史仝
泰安州志	萬曆	六			任弘烈	千頃	
泰安州誌	弘治	十		刻本	胡瓚 李錦	北平	存七卷 一至七
泰安州志	萬曆	大		刻本	任弘烈 段廷謙	北平	
新泰縣志	嘉靖				孫杰之	千頃	
新泰縣志（新泰縣志）	天啟	二本 十		刻本	趙希 林世選之	北平 天一	存七卷 一至十
德州志		三			鄭瀛	千頃	
德州志	萬曆	十二		刻本	唐文華 李檣	北平	存五卷 一至五 P.T.O.
平原縣志					黃景章	千頃	
平原縣志	萬曆	二		刻本	劉思誠 高知止	北平	
武定州志		十五	三	北京大學圖書館藏鈔本	邢侗	千頃	明史仝
武定州志	崇禎	二十五				千頃	

欒禎 進士，卓錦人。（康熙《定州府志》二四，人物，義俠五六三）
王永積 武定州志（康熙《安錫縣志》二十六，著述）

（泰安府）
孫 縣志十二卷 缺卷六七 明楚州李創稿 陳林梵重修 馬三錫補編，康熙九年刊本（北京大學文科研究所藏方志目七志）
民廿二吳錫李修藝文考三，李楷 萬歷徐州志十二卷（光緒《安州府志》卷17，藝文二，長洲，明同）

志名	年代	卷数		版本	纂修人	藏地	备注	附注
武定州志	萬曆	十五（二本）		刻本	邢侗（又梁東陽）	北平、天一		
樂陵縣志（武定州志）	萬曆				朱直純	千頃		
商河縣誌	萬曆	十		刻本	曾一侗、唐文光	北平		
濱州志	萬曆	四		刻本	艾梅、毛似徐	北平		
利津縣志	萬曆				貴光大	千頃		
霑化縣志	萬曆				石豐	千頃		
新修霑化縣志	萬曆			刻本	段[illegible]、丁懋遜	北平		
蒲臺縣志	萬曆				王汝彥	千頃		
蒲臺縣志	萬曆	十二		刻本	李時芳、王果彥	北平		
兗州志	洪武				盧熊	千頃		據民國[illegible]州志卷二五藝文載有（洪武）[illegible]兗州志
兗州府志（兗州府志）		五十二（二十本）			于慎行	千頃	明史（缺二本）	
滋陽縣圖志			一			大、文淵		
曲阜縣志	崇禎	六		刻本	孔弘毅	北平	存四卷（一至四）	
寧陽縣志	萬曆			刻本		北平	存二卷（五、二）	
鄒縣志		四			蔡續	千頃		
鄒縣地理誌（鄒縣志）	嘉靖	四（四本）		刻本	戴光、胡秉秀	北平、天一		

（兖州府）泗水县志十二卷 明尤应鲁修 秀允修纂 万历二十四年刊本（北京人文科学研究所）

康熙兖州府志（光绪兖州府志）卷13艺文二、山东山、明）

志名	年号	年	卷	版本	纂修	收藏	备注
單縣志	隆慶	二		刻本	葉維藩 周衢陽	北平	
曹縣志					陳棐	千頃	
濟寧州志		十三			黃驄	千頃	
兗州府圖志			四		周詔	文淵	蘇志…（見傅…府志139藝文三 長洲[illegible]同）
嘉祥縣志 / 東平州志			一			文淵	
汶上縣志		八			栗可仕	千頃	
汶上縣志 / 東阿縣志	萬曆 三十六年	八		刻本	栗可仕 任[illegible]	北平 千頃	
沂州志		四四			[illegible]祥	千頃	明史 北京人文科學研究所藏
沂州志		四			何樹	千頃	
沂州志	萬曆	十 四本		刻本	徐[illegible]冀	北平 天一	存九卷 一至八 十
沂州志 / 東昌府志		九			李鉞	千頃	明史
東昌府志		二十二			王命爵	千頃	
東昌府志	萬曆	二十二		刻本	王命爵 王[illegible]訓	北平 天一	
東昌府圖志 / [illegible]縣志			四			文淵 天一	
冠縣志 / [illegible]縣志	萬曆	六 二本		刻本	譚[illegible]省 杜[illegible]先	北平 天一	
臨清州志 / 臨清志		十 四本			周禧	千頃 天一	明史

見傅…府志139藝文三 吳[illegible] 見傅…志 蘇[illegible]文…[illegible] 莫[illegible]

鄺敦濮州志十卷志、大（光绪苏州府志138艺文三，常熟斜，明）

志名	年代	卷數		版本	撰者	藏處	備註
丘縣志	萬曆	二		刻本	侯國安　楊時中	北平	上 存一卷
新修館陶縣誌	萬曆	四		刻本	李沖奎　趙邦治	北平	三 存一卷
高唐州志					金[illegible]	千頃	
高唐州志（高唐州志）		二 二本			王大化	千頃　天一	
高唐州志（高唐州圖志）	嘉靖	七	一	刻本	金江	北平　文淵	
恩縣志（恩縣志）	萬曆二十七年	六 二本		刻本（天一閣亦有）	孫居相　雷金聲	北平	北京天文科學研究所
夏津縣志		二			易時中	天一　千頃	
夏津縣志（夏津縣志）	嘉靖	二 一本		刻本	易時中　王琳	北平	下 存一卷
濮州志（濮州志、武城縣志）	嘉靖	十 二本			侯文慶	天一　千頃	
濮州志	萬曆	六			李先芳	天一　千頃	
濮州志（濮州志）		十			鄧黻	千頃	明史志
朝城縣志（朝城志）		六 二本			謝鏈	天一　千頃	
萊州府志（萊州府志、濮縣志）		八 二本			胡杞忠	天一　千頃	明史志
萊州府志	萬曆三十二年	八		刻本	龍文明　趙耀	天一　北平	北京天文科學研究所有一部刊本
萊州府志	萬曆	八		抄本	龍文明　趙耀	北平	
萊州府圖志（萊州志）		三本	二			天一　文淵	

（青州府）安丘县志二十八卷 明熊元修 马文炜纂 万历十七年刊本（京大人文科学研究所）

平度州志		二		[illegible]	鄭維洲	千頃	明史仝
濰縣志	萬曆	十		刻本	劉廷錫	北平	
即墨志	萬曆	十		刻本	許鋌 杜為棟	北平	
青州風土記					鍾羽正	千頃	
青州府志		十八			馮惟訥	千頃	明史仝
青州風土記		四			鍾羽正	明史	
青州府志	萬曆	二十		刻本	王寳 鍾羽正	北平	
青州府圖志		、	一			文瀾	
青州府圖志（青州府志）			四			文瀾	
益都縣誌	萬曆	九（十二本）		刻本	田仰	北平 天一	存五卷 五至九
高苑縣志		六			萬臣	千頃	
昌樂縣志		二本			王家士	天一	
臨朐縣志	嘉靖	四		刻本	祝文	北平	存二卷 一至二
臨朐縣志		二本			王之臣	天一	
諸城縣志	萬曆	十二		刻本	陳華	北平	存六卷 七至十二
樂安縣志		二			李舜臣	千頃	
莒州志		六			任順	千頃	
日照縣志	萬曆				杜一岸	千頃	

登州府志

登州府圖志		十二		潘滋	千頃 明史全
登州府志 蓬萊地圖說		一 五本			文補 天一 千頃
黄縣地圖說		一			千頃
福山地圖說		一			千頃
福山縣志	萬曆	八	刻本	宋大奎 郭如壺	北平 存四卷 至四
棲霞地圖說		一			千頃
招遠地圖說		一			千頃
萊陽地圖說		一			千頃

金毓黻辽海丛书卷五 地方志乘

一、辽东志九卷　正统八年（癸亥）　未见

辽东都指挥佥事毕恭　右二府都督佥事王祥修

康熙宁志佚　闽东省志佚（卷之）（大明一统志引二五）

闽东省志（大明一统志引九）

明史艺文志毕恭辽东志九卷

千顷堂书目六　王祥毕恭辽东志九卷　正统间修

薛氏天一阁见存书目　辽东志九卷　全叶

正统八年任□□监修

二、辽东志　弘治元年　未见

辽东副总兵韩斌巡按御史陈宽修，自在州知州陈瑄纂，有弘治元年宁都董越序，又陈宽后序。

千顷堂书目六　陈宽韩斌辽东志　弘治间修

阮氏天一阁书目　辽东志九卷　本刊　明陈瑄修　董越序

三、辽东志　嘉靖八年　未见

巡按潘珍修、太常寺徐文华、御史刘琦、太常程启充纂

• 千顷堂书目六　徐文华刘琦程启充潘珍全辽志

四、辽东志九卷　嘉靖十六年　天一阁本，日本前田和马尊经阁本，又大正元年重刊活字本。辽海丛书本。

右佥都御史任洛、工部侍郎中薛廷宠……徐文华、刘琦、程启充纂。

地理部典九百五十　常昌校集六合郡国数（全存）

山海图记　舒锦邹乎之（《辽东通志》引，艺文，史部，明）

全辽图说　辽事类钞　明万历己卯举人常熟顾□著（道光苏州府志经籍九）

全辽志六卷　明毕恭原本　李辅修　陈绛纂　嘉靖四十五年刊　二百六册（北京人文研目）附录一卷　天

铁岭辽志（光绪苏州府志138艺文三　常熟徐仰明）

五、全辽志六卷　嘉靖四十五年，北平图书馆本，又旧钞本、天一阁本、日本旧钞本、内阁文库本、浦阳王氏，明刊本，辽海丛书本。

明史艺文志　李辅全辽志六十二卷

千顷堂书目六　任洛全辽志　刊

徐氏红雨楼书目　辽东志六卷　本刊　明毕恭修

薛氏天一阁见存书目　全辽志

明万历十六年任洛等修。

八、山西

志名	年代	卷	冊	版本	纂修	書目	附註	藏書者（國內：北平 大一 故宮 國際 東方 其他；國外：內閣 宮內 東國 其他）	附註
山西通志	成化	十七			胡謐	千頃			
山西通志	嘉靖	三十二			周斯盛	千頃			
山西通志		三十三			周斯盛	明史			
山西通誌	成化	十七		刻本	李侃 胡謐	北平			
山西通志（嘉靖通志）	嘉靖	三十二 十二本		刻本	楊宗氣 周斯盛	北平 大一	存二十七卷 一至五 十一至三十二		
山西五州圖志（山西山川關隘）			一			文淵 文淵			
太原府志	萬曆	二十六		刻本	關廷訪 張慎言	北平			
太原府志	萬曆	二十六		刻本	關廷訪 張慎言	北平			
太原府續志	順治（[illegible]作崇禎十七年）	四	不著修纂人名氏	刻本	關廷訪 張慎言	北平			
太原府志			己			文淵			
太原府志（太原志）		二本	己			文淵 大一			
陽曲縣志	萬曆				鮑獻書	千頃			
太原縣志	嘉靖	六			高汝行	千頃			
榆次縣志		十			閻樸	千頃			

邠州志　华亭孙丕显（见本志五卷艺文志）

摘次录存史记事类　先福卿　渭南（见于陕西通志卷七十五经籍一）

榆次縣志	萬曆	十		刻本	張鶴騰 褚鈇	北平
太谷縣事蹟	萬曆				趙宗周	千頃
祁縣志	萬曆				張壺峯	千頃
徐溝縣志					劉鳳	千頃
清源縣志						千頃
交城縣志	萬曆				張文璧	千頃
文水縣志	嘉靖	八			樊從簡	千頃
壽陽縣志	萬曆				侯封華	千頃
臨縣志	嘉靖				武思仁	千頃
盂縣志	嘉靖				張叔蕃	千頃
静樂縣志						千頃
河曲縣志	嘉靖				王鏸	千頃
平定州事蹟	萬曆				周魁	千頃
樂平縣志	嘉靖				喬永固	千頃
忻州志	嘉靖				黨承志	千頃
忻州志	萬曆	四		刻本	楊維嶽	北平
定襄縣志	萬曆				傅納誨	千頃

代州志	萬曆	二			周宏禴	千頃	明史仝 未載年代
代州志書	萬曆	二		刻本	周宏禴	北平	
五臺縣事蹟紀略	萬曆				盛晉揚	千頃	
繁峙縣志	萬曆				高文登	千頃	
崞縣志	嘉靖				尹際可	千頃	
崞縣志	嘉靖	八		刻本	尹際可 徐麟趾	北平	
岢嵐州志	萬曆				宋桂華	千頃	
嵐縣志	萬曆					千頃	
興縣志	萬曆				儀純	千頃	
興縣誌	萬曆	二		刻本	朱学介 張純	北平	
保德州志	正德				周山	千頃	
寧鄉縣志	萬曆				王文輝	千頃	
平陽府志	正德				閔懷	千頃	
平陽府志	萬曆	十		刻本	傅淑訓	北平	
平陽府志			四			文淵	
平陽府志			四			文淵	
平陽府志 平陽府志		十二本	二			又文淵	

（四）沃史二十六卷 明赵彦复纂修 万历四十年刊本 北京人文科学研究所藏书简目史志、

志名	年代	卷數		版本	纂修人	藏處
臨汾縣志	萬曆				邢雲路	千頃
臨汾縣志	萬曆	九		刻本	邢雲路 王棐諮	北平
襄陵縣志	隆慶				呂調元	千頃
襄陵縣志	隆慶	十二		刻本	呂調元 秦之韓	北平
襄陵縣志		十九			李浩	千頃
洪洞縣志	萬曆				晉朝臣	千頃
洪洞縣志		八			韓廷偉	千頃
浮山縣志	嘉靖				杜綬	千頃
浮山縣志	嘉靖	不分		刻本	許安	北平
趙城縣志	嘉靖				竇經	千頃
太平縣志	嘉靖				李養經	千頃
岳陽縣志	萬曆				王協夢	千頃
曲沃縣志	嘉靖				劉魯生	千頃
翼城縣志（曲沃縣志）	嘉靖	二本			劉岸	千頃 天一
翼城縣志（翼城縣志）		六			楊洪江	千頃 天一
汾西縣志	嘉靖	一本			王鼐	千頃

蒲州志		十			韓、竹	千頃	
蒲州志	嘉靖			刻本	邊象	千頃	
蒲州志	嘉靖	三			朝鳳儀	北平	
臨晉縣志（蒲州志）	萬曆	二本			董邦輔	千頃 天一	
榮河縣志	嘉靖				宋綱	千頃	
萬泉縣志	萬曆				吳汝蘭	千頃	
河津縣志	嘉靖				張汝乾	千頃	
解州志	嘉靖				吳柟	千頃	
解州志	弘治	四			呂柟	明史	卷凡二十二篇（呂柟自序）
安邑縣志略						千頃	
夏縣志		二			馬巒	千頃	
聞喜縣志	萬曆				李汝寬	千頃	
平陸縣志	隆慶				崔汝孝	千頃	
芮城縣志	隆慶				劉良臣	千頃	
絳州志	正德				王文鳴	千頃	
絳州志	萬曆				趙相	千頃	

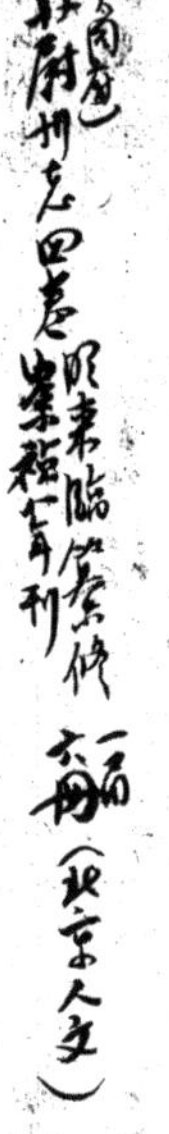
（大同府）朔州志四卷　明宋临纂修　崇祯七年刊　一函六册（北京人文）

稷山縣志	正德				梁文瑞	千頃
絳縣志	嘉靖				吉大來	千頃
垣曲縣志	嘉靖				朱衮	千頃
霍州志	嘉靖				劉煦	千頃
靈石縣志（靈石縣志）	萬曆（万曆）	四		刻本	路一麟	千頃 北平
吉州志	萬曆				丁世謙	千頃
鄉寧縣志	萬曆				焦守已	千頃
大寧縣志記	萬曆				吳應台	千頃
永和縣志	隆慶				張守禮	千頃
大同府志		十八			張欽	千頃 明史会
大同府志	萬曆	二十二			汪承爵	千頃
大同府志			四			文淵
大同府圖志			一			文淵 天一
懷仁縣志（大同府志）	萬曆 二十八年	二 二本		刻本	楊守介	北平 子 北平人文科
渾源州志（渾源州志）	萬曆	二 十二本		刻本	趙之韓 王瀚	北平 天一 一 存卷
左州志	萬曆	六		刻本	王有容 田蕙	北平

汾州府志十六卷　明王道一修　王景符等纂　万历三十七年刊本（北京人文科学研究所）

介休志　光禄卿渭南　史记事撰　√（载于晚明邑志附录卷一）

朔州志		六			侯樹屏	千頃	
馬邑縣志	萬曆	二		刻本	李子賢 王继文	北平	
潞安府志	嘉靖	十二			梁雲麟	千頃	明大全未載年代
長治縣志	萬曆				張壬敬	千頃	
長子縣志	萬曆				何出圖	千頃	
屯留縣志	嘉靖	六			任華	千頃	
襄垣縣志	隆慶				姚九功	千頃	
潞城縣志	萬曆				馮惟賢	千頃	
黎城縣志	隆慶				靳惟精	千頃	
汾州志		八			孔天胤	千頃	
汾州府志	萬曆				王緒	千頃	
汾州圖志			二			文淵	
孝義縣志	嘉靖				張光	千頃	
平遥縣志	萬曆	十二			楊廷謨	千頃	
平遥縣志	隆慶				崔[illegible]	千頃	一
介休縣志	隆慶				李升	千頃	

163

三关图说　明康丕扬撰　万历三十五年刊　均见人文科学研究所藏书目七、志、山西

三关志　明廖希颜撰　嘉靖二十四年刊本

清宁武府
偏关志二卷　明卢承业等原纂　清马振文等增修　王有宗校订（北京人文）
民国四年铅印　道光本

遼州志	正德				楊惠	千頃
			二			文淵
和順縣志	萬曆				李繼元	千頃
沁州志	萬曆				楊大可	千頃
沁州志			二			文淵
武鄉縣志	萬曆				黃元會	千頃
澤州志	隆慶				張守	千頃
澤州志	萬曆三十七年	十八		刻本	傅淑訓 顧期壽	北平子 [illegible]
澤州圖志			二			文淵
高平縣志	嘉靖				郝壇	千頃
高平縣志		十五			劉彥台	千頃
楊城縣志	萬曆				栗魁圖	千頃
陵川縣志	嘉靖				趙孟魁	千頃
沁水縣志	萬曆				陳嘉猷	千頃

古今广事府志三十卷　两镇边关图说二卷（光绪苏州府志136艺文一、吴县、明、同）

民二十二吴县志卷五十六艺文考一、集部　刘昌　中州名贤文表内集三十卷、河南志、中都志十卷尤名

九、河南

志名	年代	卷	册	版本	纂修	书目附注	藏者（北大故國東其／平一圖際方他；國外：内宮帝其／閣内國他）
河南總志	成化二十二年	十九			胡謐	千頃　明史仝	
河南通志		四十五			李濂	千頃	
河南通志	嘉靖三十四年乙卯	四十五			鄒守愚	千頃　明史仝	
河南志	天順				劉昌	千頃　P.印	
河南總志	成化	十九		刻本	胡謐	北平	
河南通志	嘉靖	四十五		刻本	李濂	北平	
河南郡志		十二本				天一	
河南志			二			文淵	
河南通志		十二本				天一	
河南志			五			文淵	
河南通志		十二本				天一　缺三本	
開封府志	萬曆	八			朱睦㮮	千頃　明史仝　未載年代	
開封府志	萬曆	二十四		刻本	朱睦㮮	北平　序十卷　十三至十六　十五至二十四	
祥符縣志		四			王惟儉　朱勤美	千頃	
祥符縣志		四			李天麟	千頃	
祥符文獻志		十七			李濂	千頃	
杞乘		四十八			馬應龍	千頃	

附注：楼二本缺五　一本，见李濂（龍溪）西[illegible]　[illegible]本（明代）　[illegible]　[illegible]（见李本）

（河南許州）

潁川志　明陳璉撰

黄通志

（陳伯陶東莞縣志卷85藝文略三，史部下）卷五五，人物略二，明一，本傳：「永樂元年，以名

試在優等，擢知許州」。事明史[illegible]

志名	年代	卷数		刻本	纂修者	著録	備考
杞縣志（杞県志）		八 二本			王顥	千頃	
太康縣志（太康県志）	嘉靖	の本			宅部	天一 千頃	
洧川縣志	萬曆				范守己	天一 千頃	
扶溝縣志		五			嚴崑	千頃	
陽武縣志（陽武県志）	萬曆	八 一本		刻本	王時泰 王東魯	北平	
封丘縣志（封丘県志）	萬曆	二本			胡以祚	天一 千頃	
封丘縣志（滎陽県志）		四 の本			梁繒	天一 千頃	
新鄭縣志		五			高才	天一 千頃	
新鄭縣志		五			劉槃	千頃	
陳州志（陳州志）		四 二本			馮相	千頃 天一	明史仝
西華縣志	萬曆	七			董第	千頃	
項城縣志	萬曆				王都	千頃	
項城縣志	萬曆	十		刻本	王欽誥	北平	
沈丘縣志（沈丘県志）	萬曆甲午	一本 鈔			劉世光	千頃 天一	
許州志（許州志）		三 三本			邵寶（係鄉人）	千頃 天一	RKo. 以上同！
臨潁縣志（許州志）		八 四本			杜柟	千頃 天	

臨潁縣續錄		十			杜柟	千頃	
臨潁志（臨潁縣志）	嘉靖	八（二本）		刻本	杜柟	北平（天一）	
襄城縣志（襄城縣志）	嘉靖	（二本）			林鸞	千頃（天一）	
郾城縣志（郾城縣志）		十二（四本）			趙應式	千頃（天一）	
長葛縣志	萬曆				黎塾	千頃	
長葛縣志（長葛縣志）		六			李旋	千頃（天一）	
禹州志	萬曆	十	自叙本		徐衍祚	千頃	明史仝
密縣新志	萬曆				蕭文元	千頃	
鄭州志	嘉靖				徐恕	千頃	
鄭州志（鄭州志）		六（四本）			吳三樂	千頃（天一）	明史仝
滎陽縣志	萬曆				朱統𨨏	千頃	
滎陽縣志	嘉靖	二		抄本		北平	
汜水縣志（汜水縣志）	嘉靖	六（二本）		抄本（抄）	蕭珮	北平（天一）	
通許縣志（通許縣志）	嘉靖	（二本）			韓玉	千頃（天一）	
尉氏縣志	嘉靖	（二本）			汪心	千頃	
尉氏縣志（尉氏縣志）	嘉靖	五（五本）		刻本	汪心	北平（天一）	

書名	年號	年	卷	版本	纂修人	藏所	備註
鄢陵縣志	嘉靖				劉訒	千頃	
鄢陵县志 中牟縣志		七 二本			韓思忠	天一 千頃	
中牟縣志	正德	七		刻本	韓思忠	北平	
中牟縣志	正德	七		刻本	韓思忠	北平	
中牟县志		二本			段耀然	天一	
中牟县志	天啟	五		刻本	張民表	北平	
原武縣志	萬曆	二年			張梓	天一 千頃	
原武縣志	萬曆	二		刻本	張祥 閻邦寧	北平	
延津縣志	隆慶				宋守正	千頃	
延津縣志		三			黃載	千頃	
儀封縣志	萬曆				張鹵	千頃	
儀封縣志		八			曾維芳	千頃	
儀封縣志	萬曆	四 四本		刻本	張鹵	北平 天一	
儀封县志 歸德府志	嘉靖				陳洪範	千頃	
歸德府志		八			李嵩	千頃	
歸德府志 歸德州志	嘉靖	八 一年		刻本	李嵩	北平 天一	存六卷 三至八
商丘縣志	萬曆		四		宋體 沈鯉	千頃	

（未详）秦汝楠修 人物　乌程县志 千顷堂书目　万历新志 八卷 天一阁书目（同治湖州府志58艺文略三）

寧陵縣志　寧陵縣志　鹿邑縣志　鹿邑縣括地志　鹿邑縣志　夏邑縣志　夏邑縣志　夏邑縣志　永城縣志　永城縣志　睢州志　虞城縣志　睢州志　睢州志、　睢州志　考城縣志　柘城縣志　柘城縣志　彰德府志　彰德府舊志　彰德府續志　彰德府志　臨漳縣志　臨漳縣志　林縣志

隆慶　嘉靖　萬曆　嘉靖　嘉靖　嘉靖　弘治　萬曆　嘉靖　嘉靖　萬曆　正德　萬曆

十二　十二　二本　八　二本　二本　七　二本　一　九　二十卷　十　二本　八　の本　三　四本　一本　八

抄　刻本　抄　抄本　抄本　刻本

徐□　呂坤　王堯日　張朝瑞　高奎　鄭相　黃虎臣　鄭禮　程應登　李孟暘　李孟暘　杜志梅　許□　羅銑　鄭朴　景芳　鄭持

千頃　千頃　千頃　千頃　天一　千頃　北平　天一　千頃　天一　千頃　天一　千頃　北平　天一　千頃　北平　天一　千頃　天一　千頃　天一　千頃　天一　北平

明史全 未載年代　明史全　明史全 未載年代　明史全 未載年代　存六卷 三至八

189

磁州志	嘉靖				羅潮	千頃	
磁州志		四			劉湜	千頃	明史全
磁州志	萬曆	八		刻本	趙範 諸鎬	北平	存六卷 一至五
磁州附誌 磁州志				刻本	趙範 諸鎬	北平	
武安縣志	嘉靖	三一年		刻本	陳瑋	天一 千頃	
衛輝府志 武安縣志		七 二十年	敕		李[illegible]春	天一 千頃	明史全
衛輝府志	萬曆	十六 三十年		刻本		北平 天一	
胙城縣志 衛輝府志	萬曆	八 二十年		刻本	楊嘉言	北平 天一	存五卷 一至五
獲嘉縣志 新鄉縣志	萬曆	十		刻本 抄	張縉道 陳尚謨	北平	存六卷 三至二十
淇縣志 淇縣志	嘉靖	十 二年		刻本	劉鉦	北平 天一	劉伯暐 重修訂
輝縣志 輝縣志	天啟	八 二十六年		刻本	王廷諫	北平 天一	存四卷 五至八
懷慶府志		十二			何瑭	千頃	
懷慶府志 [illegible]府志	嘉靖	十二 六年		刻本	孟重 劉涇	北平 天一	
修武縣志		六			冷崇元	千頃	
武陟縣志	萬曆	七		刻本	桑之英 趙王臣	北平	
孟縣志			一			文淵	

110

溫縣志	萬曆	二		刻本	張第	北平
河南郡志		四十二			喬縉	千頃 明史今
河南郡志	弘治		十二		陳宣	千頃
洛陽縣志	嘉靖				路直	千頃
洛陽志（洛陽県志）			十三			文淵
偃師縣志（偃師県志）	嘉靖	の本			高良棟	天一 千頃
鞏縣志（鞏県志）	嘉靖	二本		抄	周洄	天一 千頃
登封縣志	萬曆	二本			周大元	天一 千頃
登封縣志		十			張瞳	千頃
登封縣志	隆慶	十		刻本	鄧南金 李明通	北平
登封縣志（登封県志）		二本蛀	一			文淵
永寧縣志	萬曆				田子堅	天一 千頃
新安縣志	嘉靖				王訓	千頃
盧氏縣志	弘治				劉繼	千頃
陝州志（盧氏県志）	萬曆				王永蕙	千頃
陝州志		十			程緒	千頃 明史今

[illegible]縣志		二本			菖泌安	千頃 天一
南陽府志	中	十四			葉珠	千頃 天一
南陽府志		二十本 十			葉珠	明史
南陽府志	正統元	十二		刻本	康[illegible]金福	北平 存八卷 一至四 九至十二
南陽府志	萬曆	十八		刻本	李廷龍	北平 存十四卷 一至六 十一至十八
南陽縣志	萬曆五年	十三卷			程[illegible]	千頃 天一
南陽府鎮平縣志	萬曆				翁金堂	千頃
唐縣志	正德				譚[illegible]	千頃
泌陽縣志		二			李鵬	千頃
泌陽縣志				一		天一 文淵
桐柏縣志	萬曆	一本			萬登[illegible]	千頃
南召縣志	隆慶				李[illegible]	千頃
鄧州志		六			張仙	千頃 天一 明史
鄧州志	嘉靖	九本			潘廷楠	千頃 天一
內鄉縣志	成化	六 二十本		刻本	胡匡	北平
新野縣志		六			汪宗元	千頃

補修南陽府志序：「南陽郡志，先郡伯侗岡楊公（應奎）於嘉靖戊子（七年）始修創之，以备郡史，以示後人者也。迄今二十有餘載，板之存者半，遺者半矣。嘉靖庚戌（二十九年）郡伯寧野朱公（尚文）……下車之初……乃命邑侯曹（寫）君集而聚之而補之，功將就而適内艱之行，繼而成之者謝侯寵也。輯而紫以梓之者，余儕蘭瑞與史英訓也。筆而錄之者，余庠生張霈也……珠目其書之成者也，故不述其自……」嘉靖辛亥（卅年）由郝貢生士郡人葉珠序。

案明史藝文志葉珠南陽府志十卷，今十二卷，前有知府楊應奎序，本舊志修刊后，知府尚朱文命將霈補遺，朱為作序，兼其，珠據也。

明嘉靖南陽府志校注十二卷 民國張中孚校注，民卅二年刊成

志名	年号	年	刊本	纂修	著录	备注
新野縣志	萬曆			傅[illegible]鵬	千頃	
淅川縣志	萬曆			林邦桂	千頃	
裕州志	萬曆			浦志衡	千頃	
裕州志		六		牛孟耕	千頃	明史仝
裕州志	嘉靖	二十六	刻本	牛孟耕	北平、天一	
葉縣志（裕州志、舞陽志）	萬曆	二十二		高文登	千頃、天一	
葉縣志（魯山縣志）	嘉靖	二十四	刻本	邸[illegible]、牛鳳	北平、天一	
泌陽府志		八		陳[illegible]	千頃	明史仝
汝陽縣志	嘉靖			焦希程	千頃	
汝陽縣志（上蔡縣志）		四		李宗延	千頃	
新蔡縣志	萬曆	八年	刻本	史恩、劉大恩	北平、天一	存五卷 二至五
西平縣志（確山縣志）		四（二十年又）		王介	千頃、天一	
信陽州志				孫貴信	千頃	
信陽州志	萬曆	八		楊若梓	千頃	
信陽州志		二		江貴信	明史	
光州志		十		張輝	千頃	

115.

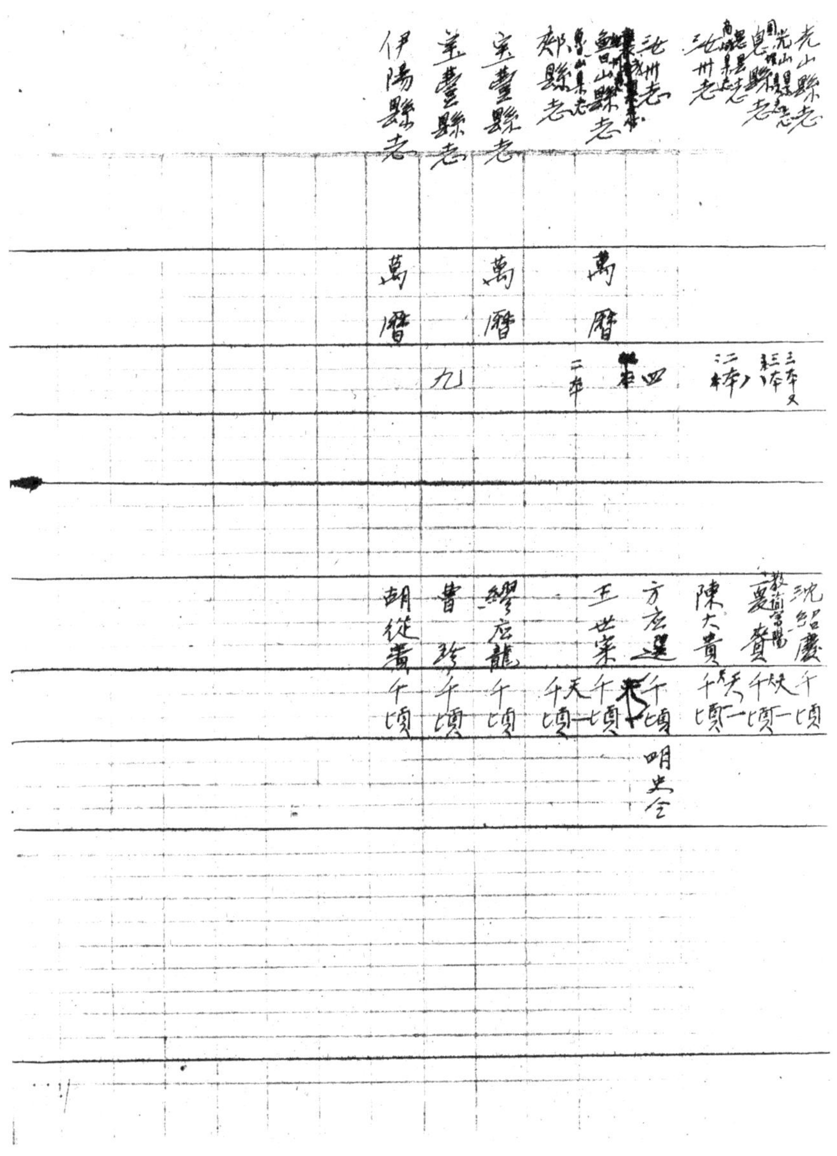

光山縣志		三年又	沈紹慶	千頃	
光山 息縣志		十三年八	教諭常暢 夏贊	千頃	
商城 息縣志 三汝州志		二十二年	陳大貴	千頃	
三汝州志		四	方應選	千頃	明史今
魯山縣志	萬曆	二年	王世業	千頃	
郟縣志				千頃	
寶豐縣志	萬曆		繆應龍	千頃	
葉豐縣志		九	曹𤣱	千頃	
伊陽縣志	萬曆		胡從善	千頃	

十、陝西

志名	年代	卷	册	版本	纂修	書目	附註	藏書者（北平、天一、故宮、國際、東方、其他；內閣、宮內、帝國、其他）	附註
一 陝西通志	成化	三十五			伍福	千頃	明史全		
二 陝西通志	嘉靖	四十	十六		馬理	千頃	明史全	×	
三 陝西通志	萬曆三十九年刊	三十五（十七本）	首卷		汪道亨、馮從吾	千頃		×	
陝西通志	嘉靖	四十		刻本	趙廷瑞、馬理	北平一、天一			
長安縣志	萬曆	十七本			李燁然	千頃			
長安志			十			文淵			
長安志			二			文淵			
類編長安志			五			文淵			
長安圖志			二			文淵			
長安城南記（長安志）			二			文淵			
咸陽志	洪武初	四十卷			殷奎	千頃、天一			
咸陽縣志	萬曆				張應詔	千頃			
臨潼縣志	嘉靖				樊玠	千頃			
涇陽縣志	嘉靖				魏學曾	千頃			

P.T.O.

咸寧縣志 供主郭尚書 咸寧王紹徽撰

西安府志

雍大記三十六卷 明何景明纂修，明嘉靖元年刻本（北平圖書館書目卷二）北京人文科學書目同

明陸鏊（道光蘇州府志卷九十五人物，作林）咸陽志、關中大勝集、關陝圖經 一作陝西（卷十六人物二本傳，洪武四年調咸陽）

乾隆太倉州志卷二五，藝文（光緒蘇州府志卷一百三十六藝文二 也吳門明同）

志名	年代	卷數	版本	纂修	藏處	附注
涇陽縣志	中一	十二		李錦	千頃	
涇陽縣志	嘉靖	十二	刻本	連廷魁 李錦	北平	
鄠縣志	嘉靖			王九思	千頃	
盩厔縣志	嘉靖			王三聘 （僉事盩厔）	千頃	
醴泉縣志	嘉靖	四		史璉	千頃	
醴泉縣志	嘉靖	四	刻本	史璉	北平	
醴泉縣志		三本			天一	
興平縣志	嘉靖	一		章平	千頃	
興平縣誌志	嘉靖	一		章平	千頃	
興平藝文志	嘉靖	一		章平	千頃	
高陵縣志	嘉靖 辛年刊	七	刻本	呂柟	北平	存五卷 一至五　北京人文科學研究所藏 光緒十年重刊本附刻本
藍田縣志	隆慶			李東	千頃	
藍田縣志	隆慶	二	刻本	李進思	北平	
重修三原志	成化	十六	刻本	朱昱（武進）	北平	道光郃陽縣志孔毓文作十六卷見の序例目
重修三原志	嘉靖	十六	刻本	張信	北平	
三原縣志（三原县志）	成化	二十		朱昱	千頃	
渭南縣志	嘉靖二十年	十八 の本		南大吉	千頃 天一	園……
（續）渭南志（渭南渠志）	萬曆庚寅	十二 四本		南軒	千頃 天一	

雍勝略（宣府巡撫三原任浚撰）

輞川志
藍田志
俱御史藍田[illegible]華撰

大荔志
遺人物列傳
俱西[illegible]名宦集刊韓元春撰

渭南志二十五卷
增訂關中文獻志八十卷
俱右參李渭南南師仲撰

關中文獻志五十卷 南軒撰

雍石陝西通志[illegible]一史類 A53

志名	年代	卷數		版本	纂修人	藏處	附注
鎮安縣志	嘉靖				蕭廷傑	千頃	
鎮安縣志		一			黃時選	千頃	
洛南縣志（商州志）	嘉靖				劉仲	千頃	
二商南縣志	萬曆				方本靖	千頃	
一商略商南縣集	嘉靖	八		刻本	任慶雲	北平	
同州志	嘉靖				胡玢	千頃	
同州志	天啟五年	十八		刻本	馬樸	北平	北京人文[illegible]
朝邑縣志		二			韓邦靖	千頃	北京人文科學所藏道光[illegible]刊本 又嘉慶元年[illegible]乾隆[illegible]本
續朝邑縣志	萬曆				王學謨	千頃	
續朝邑縣志	萬曆十二年	八		刻本	郭實 王學謨	北平	北京人文
二郃陽縣志	萬曆	七			葉夢熊	千頃	
一郃陽縣志	嘉靖	二		刻本	王礼 蕭世賢	北平	
澄城縣志	嘉靖				石道立	千頃	
白水縣志					莊韓	千頃	
白水縣志	萬曆	六		刻本	劉夢陽	北平	存四卷 至[illegible]
韓城縣志	嘉靖				全文	千頃	

17

韓城縣志	萬曆三十五年	八	四	刻本	張士佩	北平		北京人文科学研究所目載蘇進修 張士佩撰
華州志	隆慶六年	廿四			李可久	千頃		
華州志					張光孝	千頃		
華州志	隆慶	二十四		刻本	李可久 張光孝	北平	北京人文	藏光緒八年重刊隆慶本
華陰志					趙儒	千頃		
華陰縣志	萬曆四十二年	九		刻本	王九疇 張毓翰	北平	北京人文	作張毓翰纂
蒲城縣志	嘉靖				徐孝賢	千頃		
耀州志	嘉靖三十六年	十一	三		李廷寶 喬世寧	千頃	明史今未載年代	北京人文科学研究所藏後印本
耀州志	嘉靖	十一 一本		刻本	喬世寧	北平		
同官縣志	萬曆				楊光溥	千頃 失一		
同官縣志	萬曆	十		刻本	劉澤遠 寇慎	北平		
富平縣志	萬曆甲申	十			孫丕揚	千頃		
富平縣志	萬曆十二年	十	二	刻本	劉兗 孫丕揚	北平	北京人文科学研究所	乾隆四十三年重刊万歷本 書目作劉兗修
乾州志	嘉靖	二			宋廷佐	千頃	明史今未載年代	
乾州新志	崇禎	二			楊殿元	千頃		
乾州志	崇禎	二		刻本	楊殿元	北平		

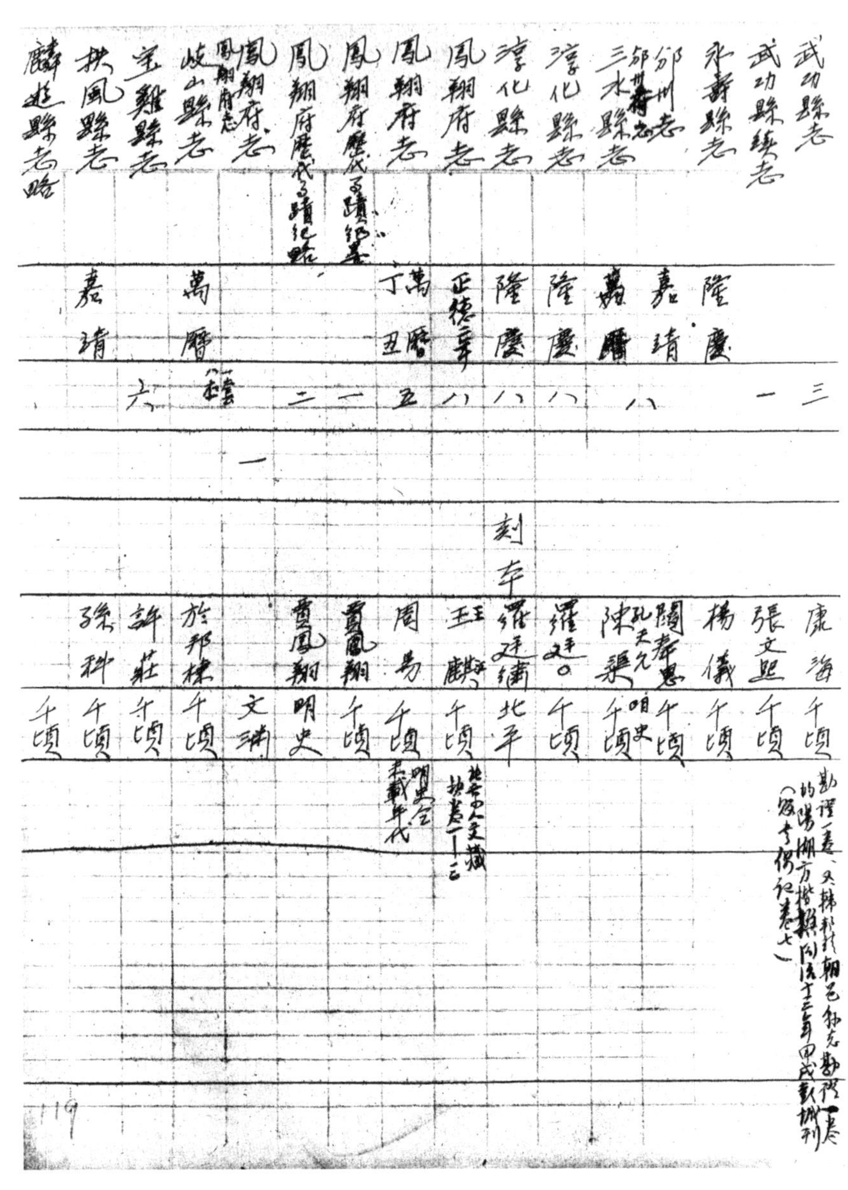

志名	年代	卷		版本	纂修	出处	附注
武功縣志		三			康海	千頃	勘理一卷、又韩邦靖朝邑縣志勘理一卷 [illegible]陽湖方[illegible]輯 同治十三年甲戌[illegible]城刊（[illegible]記卷七）
武功縣續志	隆慶	一			張文熙	千頃	
永壽縣志	隆慶				楊儀	千頃	
邠州志	嘉靖	八			閻奉恩	千頃	
三水縣志（邠州府志）	萬曆				陳梁（孔夫允）	千頃　明史	
淳化縣志	隆慶	八			羅廷[illegible]。	千頃	
淳化縣志	隆慶	八		刻本	羅廷繡	北平	
鳳翔府志	正德辛巳	八			王[illegible]麟	千頃	[illegible]藏 缺卷一一二
鳳翔府志	萬曆丁丑	五			周易	千頃	明史全未載年代
鳳翔府歷代名蹟紀要		一			曹鳳翔	千頃	
鳳翔府歷代名蹟紀略		二			曹鳳翔	明史	
鳳翔府志（鳳翔府志）			一			文淵	
岐山縣志	萬曆	[illegible]			於邦棟	千頃	
寶雞縣志		六			許莊	千頃	
扶風縣志	嘉靖				孫科	千頃	
麟遊縣志略						千頃	

119

新修隴州志	嘉靖	二本			吉天恩	千頃 天一
汧陽縣志略 隴州白氏山志						千頃
漢中府志	嘉靖				張幼耆	千頃
漢中府志		十			胡纘	明史頃 明史仝
漢中府志		八			雷有晴	千頃
漢中府志	嘉靖	十		刻本	張良知	北平
漢中志 漢中府志		四本	一			[illegible]
褒城縣志					張棟	千頃
城固縣志	嘉靖	、			胡璉	千頃
城固縣志	嘉靖	六		刻本	胡璉 楊守正	北平
洋縣志	隆慶				薛選	千頃
鳳縣志	嘉靖				余塘	千頃
漢陰縣志	萬曆				袁一輔	千頃
寧羌州志	嘉靖				王一鳴	千頃
畧陽縣志	嘉靖				李遇	千頃
興安州志	嘉靖				鄭琦	千頃

志名	年代	卷		刊本	督撫	所見	備註
興安州志		六			李正芳	千頃	
平利縣志	萬曆				羅憲祖	千頃	
洵陽縣志	萬曆				沈本細	千頃	
白河縣志	成化				晉鄭	千頃	
平涼府志	三十 嘉靖	十三	十	刊本	趙時春 鄭大賓	千頃	明史今未載年代 北京人文書目
平涼府志	嘉靖	十三		刻本	趙時春	北平	
鎮原縣志	萬曆				李樂	千頃	
鎮原縣志		四			徐用和	千頃	
固原州志					張老道	千頃	
固原州志					楊嵩	千頃	
固原州志		二			楊嵩	明史	
明固原州志	嘉靖	二		刻本	楊經	北平	
固原州志	萬曆	二		刻本	劉敏寬	北平	
靈臺縣志					張鳳池	千頃	
莊浪縣志	嘉靖	八		刻本	室文	千頃	
					李作舟	北平	
莊浪叢記 鞏昌府新志		二十八			劉文琦	千頃	

121

平凉府志			一			文渊	
安定县志（新修安定县志）	万历	七		刻本	华应翼	千顷	
秦州志	嘉靖十四年	三十	二	刊本	胡缵宗	千顷 北平	北京人文藏书目载（四）元世英修、缵宗纂、九卷
秦安志		三			胡缵宗	千顷	
秦安志	嘉靖	九		刻本	胡缵宗	北平	
临洮府志		十			熊爵	千顷	明史今
兰州志		十二（三本）			李泰	千顷	明史今
庆阳府志（兰州志）		十			韩鼎	千顷	明史今
重修庆阳府志	嘉靖				王禧等	千顷	
宁州志	万历				马彦卿	千顷	
延安府志	弘治	六			王彦奇	千顷	
延安府志	弘治	八		刻本	杨怀、李宗仁	北平	
延安府志		四本	一			文渊 天一	
安塞县志（延安志）	万历				方孟夫	千顷	
甘泉县志略						千顷	
新修安定县志	万历	七		刻本	华应翼、魏嘉宇	北平	存二卷 一至二

关中旧志三种　明布政司刊（陕西）　二百八册（全唐志、郭、丛书、页92）

朔方新志四卷　明杨寿等纂修　万历四十五年刊（一函四册）（北京人文简目七、志、宁夏、页85下）

書名	年代	卷數			纂修	出處
保安縣志						千頃
宜川縣志		十			張倫	千頃
鄜州志	萬曆				王邦俊	千頃
中部縣志	嘉靖				劉儒	千頃
中部縣志		五			張仁	千頃
綏德州志	萬曆				趙世勳	千頃
米脂縣志	萬曆				張可立	千頃
葭州志	嘉靖				紫希高	千頃
吳堡縣志	萬曆				王邦麟	千頃
神木縣志	嘉靖				崔廷槐	千頃

123

十一、四川

志名	年代	卷	册	版本	纂修	書目	附註	藏書者（北大 故國 東其 平一 國際 方他／國外：內宮帝其 閣內國他）	附註
四川統志		八十			王元正	千頃	明史仝		
四川志		三十七			熊相	千頃			
四川通志	萬曆	三十六			郭棐	千頃	明史仝		
四川總志	嘉靖	八十		刻本	王元正 楊慎	北平			
四川總志	萬曆	三十四		刻本	虞懷忠 郭棐	北平			
四川總志	萬曆	二十七		刻本	吳之皞 杜應芳	北平			
四川險易圖			一			文淵			
四川眉州圖志（重修四川眉州志）		二十卷	一			文淵			
成都志		二十五			彭韶	千頃	明史仝		
成都志			十八			文淵 P.T.O.			
成都府圖志			十			文淵			
華陽國志			三			文淵			
新繁縣志	萬曆				陳學等	千頃			
新都縣志	嘉靖				楊慎	千頃			

月經籍志成、四成都志、從十八卷之（據何陶東先生通志卷53藝文略三、史部下）

成都志十八卷 明陳璉撰 自序云：永樂甲辰予叨為四川按察使，重加纂輯，其類系撮要，凡六閱

楚通志

仁壽縣志	萬曆			羅從素	千頃
井研縣志	萬曆			杜如桂	千頃
郫縣志				萬宗亮	千頃
資縣志	萬曆	四	四	冷逢震	千頃
灌縣志	萬曆			周啓謨	千頃
內江縣志	萬曆			高寀	千頃
樂至縣志				武蹇	千頃
資陽縣志	嘉靖			熊[illegible]日	千頃
簡縣志	萬曆			駱秉韶	千頃
什邡縣志	嘉靖			唐文洲	千頃
綿竹縣志	隆慶			陶弼	千頃
德陽縣志	萬曆			羅世家	千頃
綿州志	嘉靖			蘇民望	千頃
[illegible]明志			二	文洲	
羅江縣志	萬曆	七		丁澤	千頃
茂州志	萬曆			李承	千頃

125

書名	年號	年	卷	版本	纂修	收藏
威州保縣志			一			文淵
保寧府志	嘉靖	十四			楊思震	千頃
保寧府圖志	嘉靖	十四	二	刻本	楊思震	北平 文淵
南部縣志						千頃
廣元縣志			一			文淵
巴州志	嘉靖				何道衢	千頃
通江縣志	萬曆				向闇	千頃
劍州志	萬曆				萬國欽	千頃
劍州圖志			一			文淵
梓潼縣志	萬曆				寸居敬	千頃
順慶府圖志			三			文淵
南充縣志（蓬州府志）		二十年			韓士英	大 千頃
營山县志						
廣安州志	萬曆	二十年			戈一龍	大 千頃
渠縣志	嘉靖				葉松	千頃
大竹縣	萬曆				江宗禁	千頃

126

第一卷 省志、府志、州志、县志

夔府志　明樊山巍撰，山巍字松泉，鹤庆人，嘉靖甲午举人，官辰溪知县，改夔州府教授，鹤庆州志，

光绪续云南通志稿168艺文志

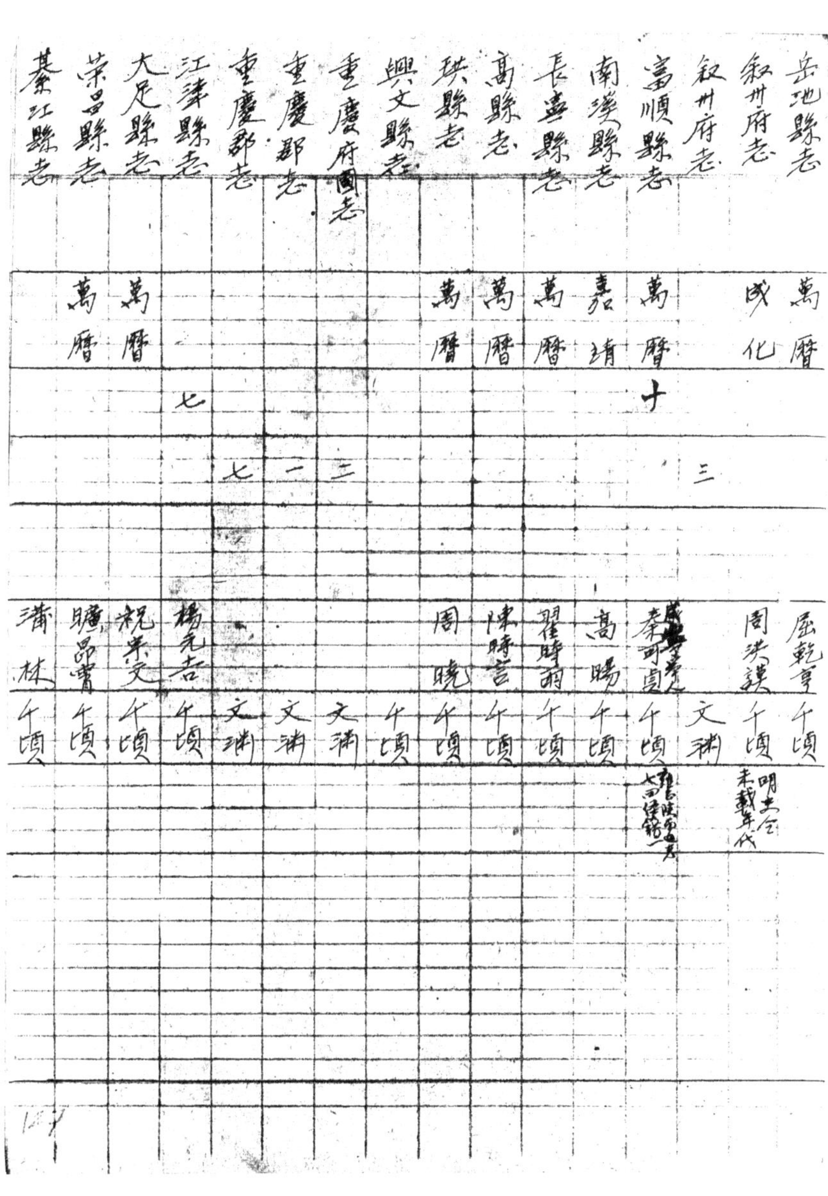

岳池縣志	萬曆			屈乾亨	千頃	
敘州府志	成化			周洪謨	千頃	明史仝 未載年代
敘州府志			三		文淵	
富順縣志	萬曆	十		秦可大 [illegible]	千頃	[illegible]
南溪縣志	嘉靖			高暘	千頃	
長寧縣志	萬曆			瞿時雨	千頃	
高縣志	萬曆			陳時言	千頃	
珙縣志	萬曆			周曉	千頃	
興文縣志					千頃	
重慶府圖志			二		文淵	
重慶郡志			一		文淵	
重慶郡志			七		文淵	
江津縣志		七		楊先吉	千頃	
大足縣志	萬曆			祝崇文	千頃	
榮昌縣志	萬曆			瞻昂霄	千頃	
綦江縣志				潘林	千頃	

志名	年号	年		纂修人	著录
南川縣事蹟	萬曆			阮上卿	千頃
銅梁縣志	萬曆	二十一年		高啓愚	千頃 天一
銅梁縣志 忠州圖經					千頃
忠州志				舒容	千頃
酆都志				楊孟瑛	千頃
墊江志			四		文淵
涪州志		二		金光	千頃 明史合
武隆縣志	萬曆			陳策	千頃
彭水縣志	萬曆				千頃
夔州府志	萬曆	十二		郭棐	千頃
夔州府志		十二		吳潮	千頃 明史
夔州府志		十二	一	郭棐	文淵
夔州府志 大昌縣志		十年	一		文淵
開縣志	嘉靖			鄧孟新	千頃
東鄉縣志	萬曆			雷大壯	千頃
馬湖府志	嘉靖			余承勳	千頃

128

書名	年號	年	卷	撰者	著錄
馬湖府圖志			三		文淵 天一
龍安府志（馬湖府志）	萬曆	二年		葉伯新	千頃
潼川州志	萬曆			陳中川	千頃
潼川志			十四		文淵
射洪縣志	隆慶			李獻	千頃
鹽亭縣志	弘治			潘繢	千頃
中江縣志	萬曆			史正孝	千頃
中江縣志			一		文淵
蓬溪縣圖志			一		文淵
眉郡縣志	嘉靖			宋勤西承	千頃
眉郡縣志		十		宋勤西承	明史
彭山縣志（青神縣志）	萬曆	二年		余比衍	千頃 天一
嘉定州志				任有齡	千頃
嘉定州志		十		陳嘉言	千頃 明史仝
嘉定州圖志			二		文淵
峨嵋縣志	萬曆			李龍	千頃

志名	年號	年	卷		纂修人	著錄
峨嵋縣志	萬曆				李應霖	千頃
洪雅縣志	嘉靖	二年			張可述	千頃
洪雅縣志						天一
夾江縣志	正德				宿進	千頃
夾江縣志		九			何堅	千頃
犍為縣志	萬曆				袁世隆	千頃
榮縣志	萬曆				石磐	千頃
瀘郡全志	隆慶				章懋	千頃
瀘州圖志			十三			文淵
江安縣志	隆慶				單光先	千頃
雅州志	萬曆				劉璧	千頃
雅州圖志			三			文淵
名山縣志	萬曆				施電	千頃
蘆山縣志略					喻嘉兆	千頃
播州宣慰司志			二			文淵
永寧宣撫司圖志						文淵

130

十二、广东

志名	年代	卷	册	版本	纂修	書目附錄	藏書者	附註
廣州府志（廣東通志）(?)		二十二 [illegible]			黄佐	天一 千頃 明史 今(?)		
廣州府志		二十二			王文鳳	千頃		
廣州府志	成化	三十二		刻本	王鳳文	北平 存九卷 [illegible]		
廣州府圖志			二			文淵		
廣州府山陽縣志			二			文淵		
南海縣志	萬曆	十三		刻本	劉廷元 王學曾	北平 存八卷 一至四 十至十三(?)		
南海志			八			文淵		
南海志			六			文淵		
順德縣志	弘治庚戌	十二			李承箕(?)	千頃		
順德縣志					葉春及	千頃		
順德新志	嘉靖戊午	十			鄧炳 鍾華(?)	千頃		
順德縣志	萬曆乙酉	十		刻本	葉春及	北平		
東莞志	弘治七年	十五			劉存業	千頃		
東莞縣志					李懋卿	千頃		

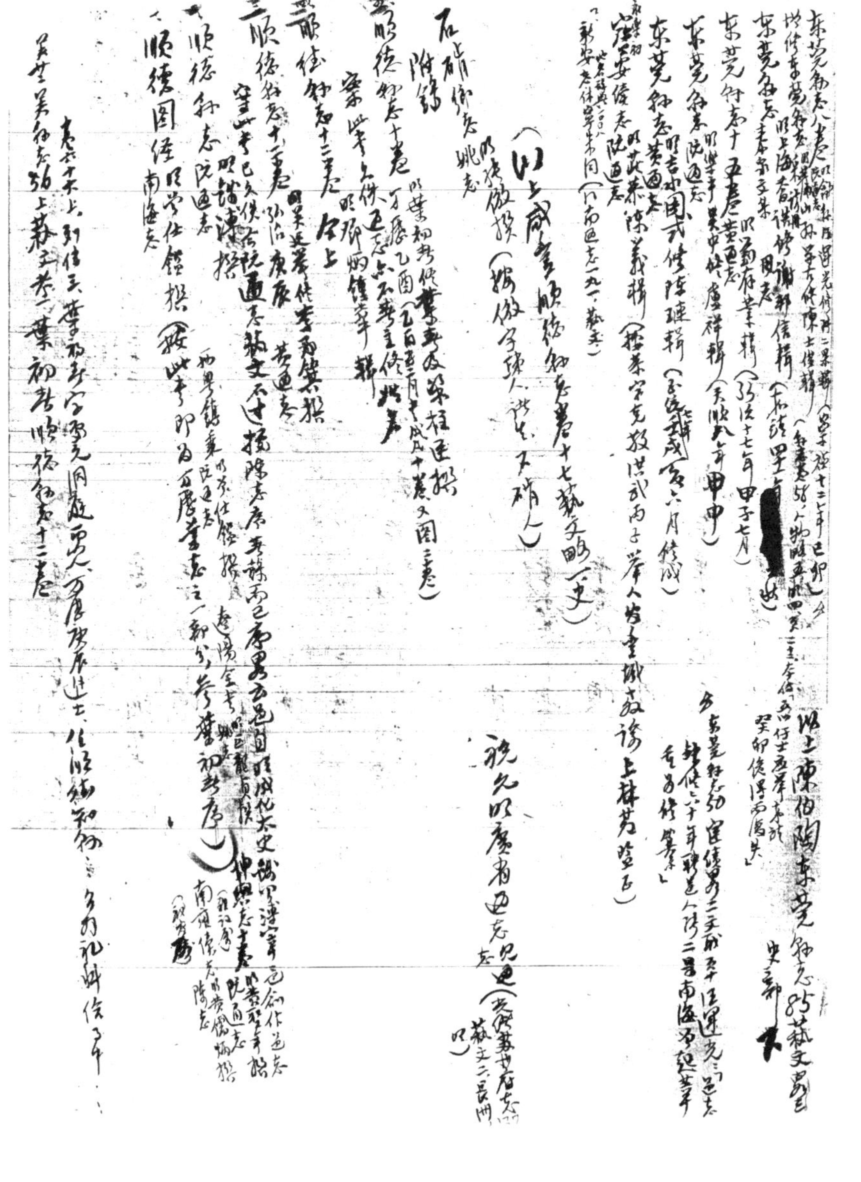

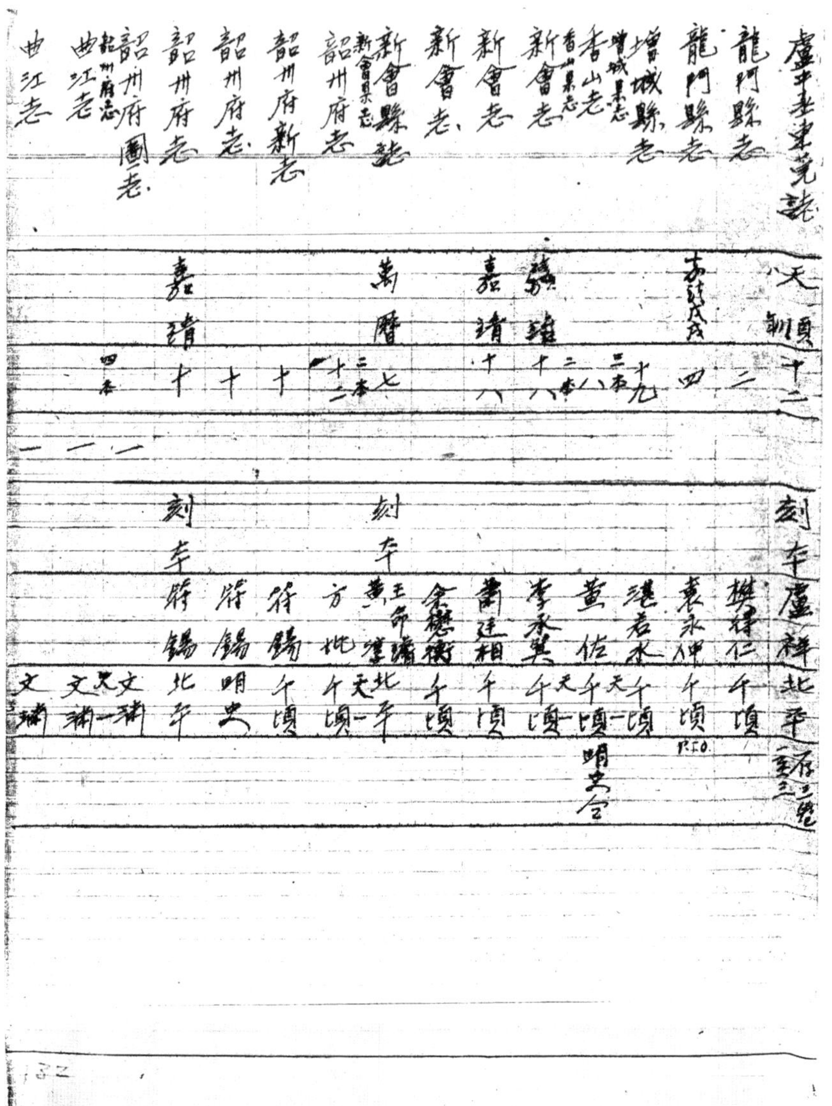

志名	年代	卷數		版本	纂修人	藏處
盧中丞東莞志	天[illegible]	十二		刻本	盧祥	北平 存三至三卷
龍門縣志		二			樊得仁	千頃
龍門縣志	嘉靖戊戌	四			袁永坤	千頃 P.S.O.
增城縣志（增城県志）		十九 三本			湛若水	千頃 天一
香山志（香山県志）		八 二本			黃佐	千頃 天一 明史合
新會志	嘉靖	十八			李承箕	千頃 天一
新會志	嘉靖	十八			黃廷相	千頃
新會志					余懋衡	千頃
新會縣志（新會県志）	萬曆	七 二本		刻本	王命璿 黃淳	北平
韶州府志		十二			方兆	千頃 天一
韶州府新志		十			符錫	千頃
韶州府志		十			符錫	明史
韶州府志	嘉靖	十		刻本	符錫	北平
韶州府圖志（韶州府志）		四本	一			文瑞 天一
曲江志			一			文瑞 天一
曲江志			一			文瑞

132

（补充）

崖山志 十八卷 弘治十七年 南海张诩撰（道光广东通志艺文略）存

按阮通志称袁刊十四卷 有崖山集一卷 [illegible]

崖山志小叶 明黄椒撰（府志、未见）

崖山志 五卷 万历三十五年丁未 新会黄淳撰（万历八年进士） 钞本（中国文史第十六期 朱侠《钞本崖山志跋》）

中央日报 廿七年五月二日 副刊

新宁县志 阮通志 明袁昌祚撰（按新宁修志全会缮熊文华仁和 朱郁文修 昌祚撰 成于万历丁巳）合左

龙门县志 明袁永伸撰 黄通志（按永伸字道夫，万历庚子举人，以宁保龙门 全宫铭吴宗元修 永伸辑 成于万历戊戌） 陈伯陶东莞县志

85 蕉天歌三、史部下

志名	年號	年數	卷數	版本	纂修	著錄	存藏
仁化縣志	萬曆	二		刻本	司馬韓	北平	上存一卷
英德志（名…縣志；英德縣志）		二本			琵廷韶	千頃、天一	
南雄府志		十八　三本			譚大初	千頃、天一	
南雄路志			一			文淵	
南雄郡志			二			文淵	
南雄府圖志		二本	一			文淵	
保昌志（南雄府志）		八			楊彥為	千頃、天	
保昌志（始興縣志）		二本殘	一			文淵	
惠州志	永樂				古龔、賓賀	千頃	
惠州志	景泰				鄧璉	千頃	
惠州志	天順				蘇潤	千頃	
惠州志	嘉靖				史之謨	千頃	
惠州志	嘉靖	十二			李杞、劉梧	千頃	
惠州志	嘉靖	十六			楊載鳴	千頃	
惠州志	萬曆	二十一		刻本	程有守、楊起元	千頃	龍國禎書時增修（北平圖藏）
惠州志	崇禎				鄭△△	千頃	

惠州府志	萬曆二十二		刻本	程有守 楊起元	北平	北圖存 萬曆增修
惠州府圖志					文淵	
惠州府惠陽志					文淵 天一	
永安縣志（惠州府新志）	萬曆三（舍二十八 大本）	一	刻本	葉春及 鄧之濬	北平	
永安縣志	萬曆三	一	刻本	鄧之濬 葉春及	北平	
海豐志				梁善	千頃	
長樂縣志	十二			張大光	千頃	
長樂縣志（長樂県志）	五			陳杯	千頃	
興寧志	五年			祝允明	千頃 天一	P.T.A.
興寧縣志（興寧県志）	六			李正芳	千頃 天	
潮州志	永樂			盧春	千頃	
潮州志	正統			王源	千頃	
潮州志	景泰			沈聲	千頃	
潮州志	天順				千頃	
潮州志	弘治五			東彷	千頃	
潮州府志	嘉靖八		刻本	郭春震	千頃	明史全 未載年代 北京人文所存卷一

乌宁乡志六卷 见傅是楼书目 明武（道光武陵县志32，艺文）光绪武陵县志28艺文，注"佚"

出刘忠烈遗补撰

民廿二吴县志51艺文考三 祝允明 广西通志 见通志

乌石再录志五卷（同）光绪苏州府志137艺文六，长洲人，明

潮州府志		十二			吴颖	千顷
潮州府志			一			文渊
潮州图志			二			文渊
潮州府三阳志			二			文渊
潮州三阳志（潮州府志）			二			文渊
潮阳县志	永乐	四本		抄	陈时哥	千顷
潮阳县志	景泰				何晟	千顷
潮阳县志	成化				吴毅	千顷
潮阳县志	弘治				王鏊	千顷
潮阳县志	隆庆				林大春	千顷
潮阳县志（潮阳县志）	隆庆	十五（三四本抄本）		刻本	黄士龙 林大春	北平
揭阳县志		五			王凤	千顷
程乡县志	嘉靖	七			陈应奎	千顷
程乡县志	万历				周中象	千顷
饶平县志	嘉靖	六			罗胤凯	千顷
惠来志	嘉靖	五			林春秀	千顷

惠來縣志	萬曆				游之光	千頃
大埔志（大埔縣志）	嘉靖	九（二本）			吳思立	千頃 天一
普寧縣志略	萬曆	十			阮以臨	千頃
普寧縣志略	萬曆	十		抄本	阮以臨 萬秉中	北平 存卷二至十
平遠志	嘉靖				劉胤祚	千頃
肇慶府志		十七			盧璘	千頃
肇慶府志		五十			陸鏊	千頃
肇慶府志		二十二			葉春及	千頃
肇慶府志		二十			葉春及	明史
肇慶府圖志			一			文淵
肇慶府崧臺志			二			文淵
新興志		七			林播	千頃
陽江志		五			俞崇圖	千頃
陽江志		七			吳煥章	千頃
陽江恩平志			一			文淵
德慶州志	弘治		一		梁晉	文淵

P.T.O.

大埔縣志（大埔志）昭忠亭表贊（成圭明往縣志卷十七，藝文畧（一）史）

德慶州志	成化	—			彭原	千頃
德慶州志、	嘉靖	六			陸舜臣	千頃
德慶州志、德慶州志	永樂				梁晉	千頃 天一
高州志、	宣德	七 四本 缺		P.T.O.	知府 寧敬	千頃
又高州圖志、			一			文淵
又高州志、高州府志			一			文淵 天一
化州郡志、		四本	一			文淵
廉州府志		六	[illegible]		何御	千頃
廉州合浦郡志、		四本	一		本	文淵 天一
欽州志、康州府志、欽州志			二			文淵 天一
雷州府志、		十五 二本			方獻夫	千頃
雷州府圖志			二			文淵
雷州志、			二			文淵
瓊州府圖志			一			文淵
瓊州府瓊郡志、瓊州府志			二			文淵 天一
樂會志		八 存三 十一卷 [illegible]			魯彭	千頃

国朝康熙年间凡两修，雍正年间又修，乾隆乙卯年又修，自雍正以前之志皆佚，惟乙卯一志仅存云」

五卷，郡学撰，六君高淳志，明则宣德年间知府戴修之，万历年间知府曹志遇修之，

道光七年高州府志知府海寿序：「夫高州之有志由来久矣，宋时有高凉图经、新图经二卷，新图经

茅一桂 表 举人 万州志 琼州府志：一桂，归安人，万历中知万州，以俸修州志（同治湖州府志59艺文略四）

琼山府山海图说二卷 久佚（光绪归安县志39艺文·书目·明）

崖州志略	四			鍾芳	千頃
西寧縣志		萬曆十	刻本	林致礼 米[illegible]	北平

十三、广西

廣西省立圖書館所藏明代廣西方志目錄

廣西通志 明嘉靖四年黄佐等修，民國抄本十八册。

南寧府志 明嘉靖四十三年，方瑜等修，民國影印日本内閣存本，六册。

賓州志 明郭棐等修，萬曆十三年，民國影印日本内閣存本四册。

梧州府志 明崇禎四年，謝君惠等修，民國二十四年省立圖書館鈔本，六册。

桂林郡志 明景泰元年 陳璉修，宋惠增補，民國抄本十册。

志名	年代	卷册	版本	纂修者	附注	藏书者（北大、故宫、北图、东方、科学院、其他国内、国外、其他）	附注
廣西通志	弘治	六十		周璡	千頃		
廣西通志		六十		黃佐	千頃		
廣西通志		四十二		蘇濬	千頃		
廣西通志				張鳴鳳	千頃		
廣西通志	萬曆			楊芳	千頃		
廣西附志		五			千頃		
廣西名勝志		十		曹學佺	千頃		
廣西通志		六十		周孟中	明史		
廣西通志	嘉靖	六十 八本	刻本	林富 黃佐	北大 北平		
桂林府志（廣西通志）	洪武中	三十		陳璉	千頃 明史		
桂林府志	萬曆			傅時亨	千頃		
桂林編				黃堂	千頃		
桂林續志				王臺	千頃		
桂林郡志	宣德	三十二	刻本	陳璉	北平（存十二卷 九至二十二）；八卷		

P.T.O.

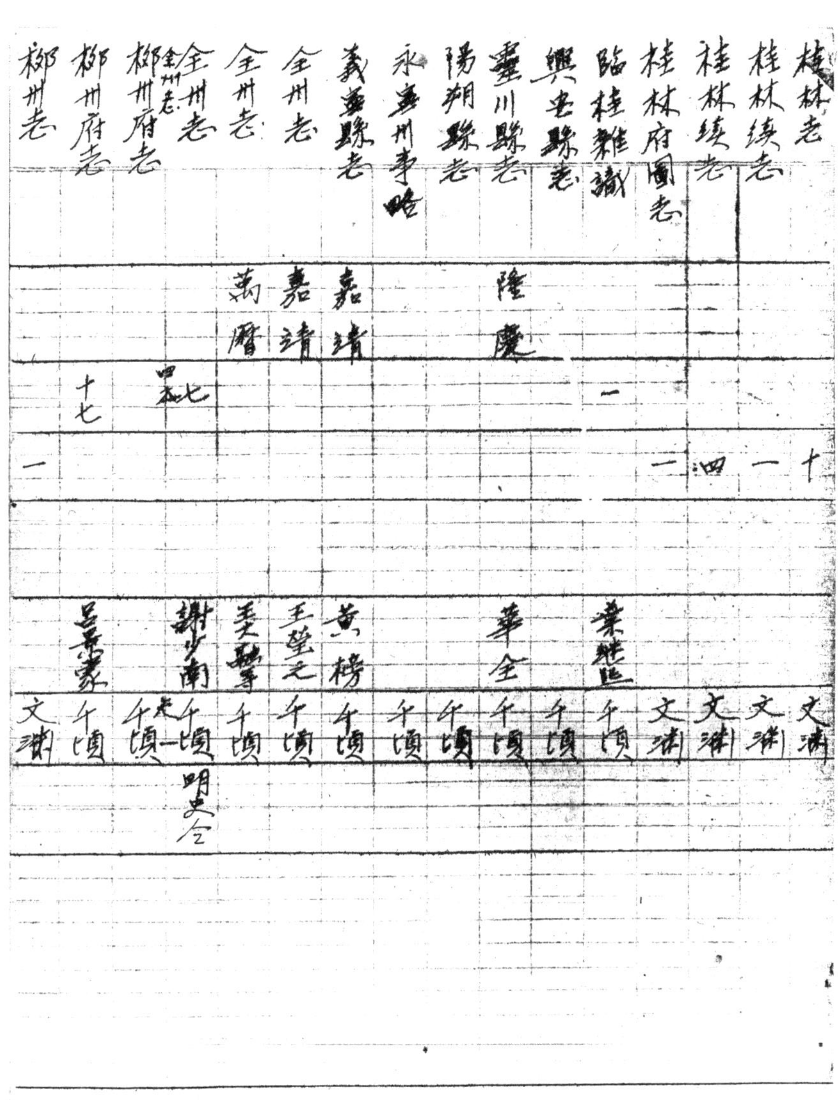

書名	年代				撰者	出處	
桂林志			十			文淵	
桂林续志			一			文淵	
桂林续志			四			文淵	
桂林府圖志			一			文淵	
臨桂雜識		一			葉盛	千頃	
興安縣志						千頃	
靈川縣志	隆慶				華全	千頃	
陽朔縣志						千頃	
永寧州事略						千頃	
義寧縣志	嘉靖				黃榜	千頃	
全州志	嘉靖				王塾之	千頃	
全州志	萬曆				姜[illegible]	千頃	
全州志（全州志）		四本七			謝少南	千頃	明史仝
柳州府志						千頃 未一	
柳州府志		十七			呂景蒙	千頃	
柳州志			一			文淵	

志名	年代	卷數	纂修人	出處
[illegible]志	萬曆		[illegible]	千頃
賓州志	萬曆		郭棐	千頃
上林縣志	萬曆		平順	千頃
慶遠府志	萬曆		王文炳	千頃
慶遠志		二		文淵
平樂府志	萬曆		王文炳	千頃
恭城縣志	萬曆		曾二捷	千頃
富川縣志	萬曆		周篤棐	千頃
賀縣志	萬曆		朱應辰	千頃
荔浦縣志	萬曆		呂文峰	千頃
永安州志	萬曆		廖惠	千頃
梧州府志	萬曆十二		陳熙 陳鑑 林[illegible]楠	千頃
梧州府志	崇禎二十		謝君惠	千頃
蒼梧志			薛誠之	千頃
蒼梧雜志			胡瑾	千頃
蒼梧郡志		一		文淵

蒼梧郡志			二		文淵
				徐[illegible]中	千頃
藤縣志		四		王好善	千頃
容縣志	萬曆			鄭儒	千頃
岑縣志（岑县志）				彭靖	千頃
懷集縣志	萬曆	四十		林春茂	千頃 天一
鬱林州志				周希孫等	千頃
鬱林郡志			二		文淵
陸川縣志	萬曆			彭[illegible]祖	千頃
興業縣志	嘉靖			胃詩[illegible]	千頃
潯州府志					千頃
潯州府志		十			千頃
平南縣志	萬曆			張楷	千頃
南寧府志	嘉靖	十一		方瑜	千頃
南寧府志（南寧府志）		四本	一		文淵 天一
隆安縣志	萬曆			袁[illegible]	千頃

P.T.O.

~~第一种 同 [illegible] 县 [illegible] 卷 [illegible]（[illegible] 府 [illegible] 同）~~

怀集县志　明区罡修　广西通志（咸丰顺德县志卷十七，艺文略六，史）

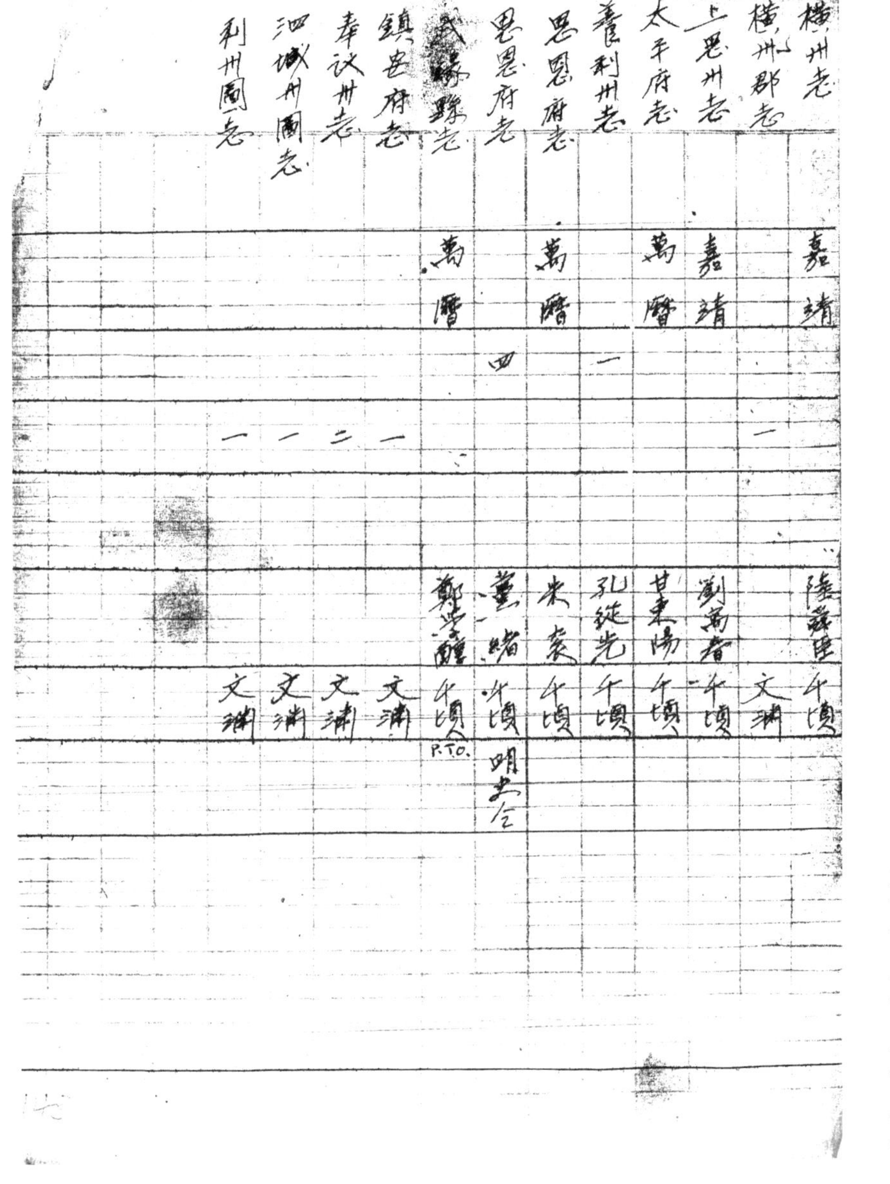

横州志	嘉靖			陸舜臣	千頃	
横州郡志			一		文淵	
上思州志	嘉靖			劉萬春	千頃	
太平府志	萬曆			甘東陽	千頃	
養利州志		一		孔從光	千頃	
思恩府志	萬曆			朱袞	千頃	
思恩府志		四		董緒	千頃	明史仝
武緣縣志	萬曆			鄭學醇	千頃 P.T.O.	
鎮安府志			一		文淵	
奉議州志			二		文淵	
泗城州圖志			一		文淵	
利州圖志			一		文淵	

一七

永乐大典485
东泉（镇）志四卷（明史稿 名王龙）长洲皇甫冲（道光苏州府志一二三，艺文二）

武缘县志 明郭子醇修（咸丰顺德县志卷十七，艺文略一，史）
内阁书目

十四、云南

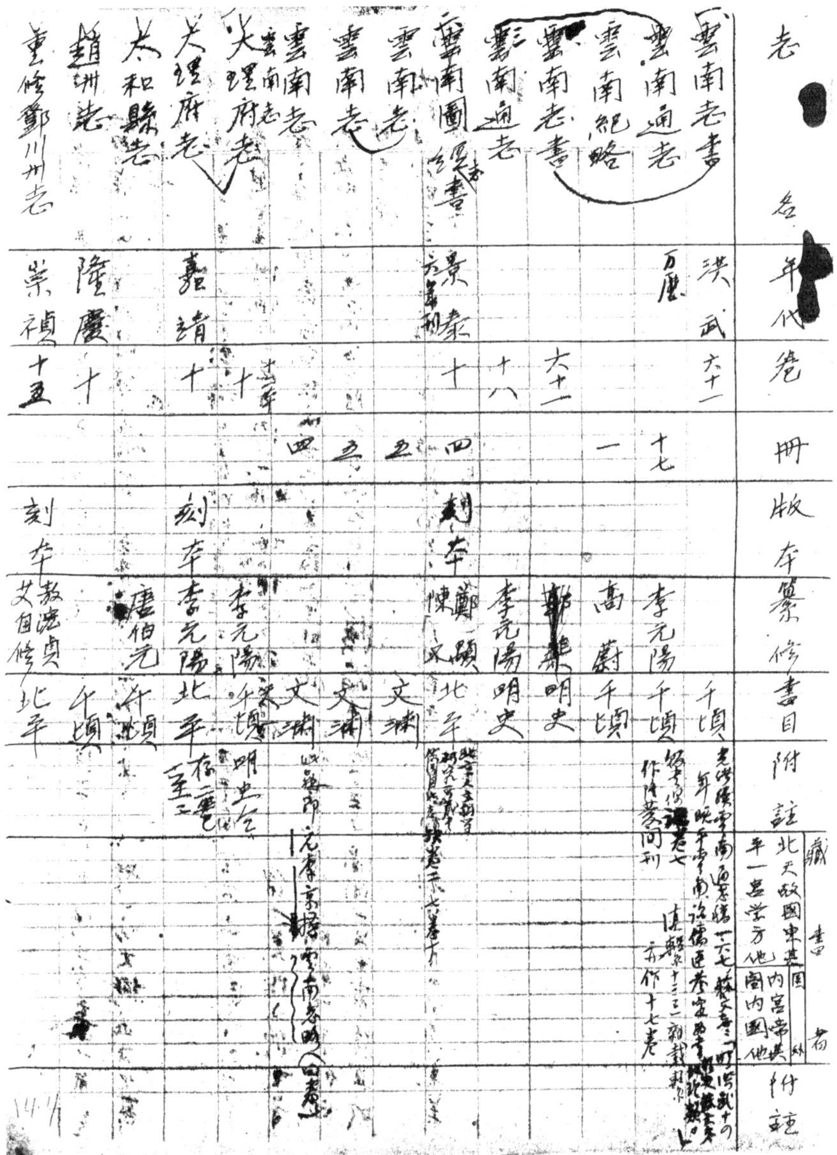

志名	年代	卷	册	版本	纂修	書目	附註	藏者	附註
雲南志書	洪武	六十一				千頃	[illegible]		
雲南通志	万曆		十七		李元陽	千頃	[illegible] 亦作十七卷		
雲南紀略			一		高蔚	千頃			
雲南志書		六十一			[illegible]	明史			
雲南通志		十八			李元陽	明史			
雲南圖經志書	景泰六年刻	十	四	刻本	鄭顒、陳文	北平	[illegible]		
雲南志			五			文淵			
雲南志			五			文淵			
雲南志			四			文淵	此書即元李京撰雲南志略（四卷）		
大理府志（雲南志）		十			李元陽	千頃	明史		
大理府志	嘉靖	十		刻本	李元陽	北平	存一至二卷		
太和縣志					唐伯元	千頃			
趙州志	隆慶	十				千頃			
重修鄧川州志	崇禎	十五		刻本	艾自修、敖浤貞	北平			

志名	年代	年	纂修者	出处
楚雄府志	隆慶		張澤等	千頃
順寧府志	嘉靖		青猛惠	千頃
姚安府志	嘉靖		陳其備	千頃
元謀縣志	萬曆		韓錦	千頃
祿勸州志	萬曆		何守拙	千頃
尋甸府志	嘉靖		王尚用	千頃
尋甸府志		十二年		天一
永昌府志	嘉靖		廣衍	千頃

145

云南图经志书 明洪武二十九年八月王景常序，称西平侯沐英命王景常撰，上分[illegible]文，下其[illegible]
书贡赋祀典礼祀疆场食货艺文，王景常撰不无缺略者之万一，然一方大概亦可见其
什之七云。今图书集成

云南志十卷 明王毅撰。景泰时都指挥（佚钱）进士王公毅至云南，合方岳僚选修之，得十
卷。纂其事类，仿一统志图之。陈（按）撰云南历官传作云南志十卷，陈文修，文书
序云：省云南右布政使云云，王毅实始修，而陈文为名，所谓方岳僚也
即其人。陈字安简，庐陵人，正统元年进士，授编修，官至文渊阁大学士，事迹具明
史本传。

大理府志三卷 明赵良贵撰。郡人，洪武间良贵宦通判，始创为之，良贵字叔基，吴
县举人。大理府志
以上见阮修云南通志稿，艺文志，俱载滇云考上。

滇志 卷数未详 郡人刘文徵（万历[illegible]十年举人）进士（道光戴炯孙昆明县志8，艺文志第13、）按其后所有慧丽本

包见捷志（滇南）二十卷（师范纪滇系十二之一，杂载辑）

广西府志 萧以裕撰（同治临江府志十四，艺文，史部）
萧以裕字宁宏，清江人，由都贡之，（万历中）摄滇中广西府，宋手创郡志。

大理志 孙[illegible] 滇南新语 程旦 钦编（江南通志191艺文，史部，地理，明）

阎洪学 进士 滇南志（同治湖州府志卷[illegible] 艺文略四）

晋宁州志　明朱克瀛撰　曾有详汉以来耆旧录

〃〃〃〃　〃王日昌撰　〃〃〃〃〃〃〃〃〃

腾司志稿　〃蜀翼之撰

邓大礼一卷　明杨士云撰　〃〃〃〃〃〃〃〃〃

叶榆檀林志八卷　明吴懋撰　明史艺文志　懋字德樊，太和人，嘉靖庚子举人，安王府判

大理府志

腾越州志二卷　明吴宗尧撰　曾有详汉以来耆旧录

云南通志十八卷　明李元阳撰　〃〃〃〃〃〃〃　自为序云　嘉靖间前巡

按周弘祖云南志有三，一曰隆庆六年阁西兰谷邹公闻府南中　范某

陈蔓问云南巡按邹应龙以昆明人谢阳岳宗师右田庐孝廉暨首地理

次建置、继役、兵食、学校、科贡、宦贤、人物、祠记、寺观、艺文、杂志，以十二类为十七卷　旧志

大理府志十卷　明李元阳撰，先是嘉靖丙戌（五年）太和杨士云与元阳同修，至是

元阳重修为十卷，于万历丁丑（五年）成书

浪穹县志八卷　明何邦渐撰

寻甸府志二卷 明尚川辑、郡内无志，嘉靖二十八年尚川知府事，始创辑之，尚川

安福举人、

宜良县志二卷 明罗伍振、伍璋，迤州举人，万历间官宜良知县、

晋宁州志 明许伯衡修、伯衡，崑山举人，万历间安晋宁州知州、

北胜州志 明罗好仁修、好仁，清源举人，知北胜州事，书成于万历辛丑（二十九年）永北府志

安宁州志 明钟万璋纂、万璋字九源，汝源人，贤选贡生，崇祯辛未（四年）官安宁州知

州，辑落籍由新志，凡八门，（八卷）文成书。

（以上光绪续云南通志稿167艺文志）

王煌洱州志序：「煌於道光庚寅由元江迁俸教满，迁补是邦教职，莅任後，访求府志得

前明太守李公成材及郡人陶公珽所修刻本一卷，藏残简断，十存五六，继又得钞本府

志一部，半多脱讹……」（仝左，九，艺文志五，页十九）

按光绪志五职官志知府李成材，仅有李姓廿二人，成材殆万历卯了

陶珽洱州志 佚 集己卷 年卷

陶珽姚安府志 佚 集己卷 年卷

仝左，八，艺文志一，书目，页三、

陶拱、珽兄弟，天启辛酉（元年）举人，……楚雄府知府……珽，……修（姚安）府志

光绪姚州志七，人物志，乡贤，八页

赵寿良 修 大理府志要 云南通志：理寿良字明善，瑞安人，洪武十七年（同治湖州府志68艺文略四）为大理府通判，刚介有为，修大理志要

武定州志（地名大辞典页五四四） 王一乘续（光绪六年钞本通志39艺文，艺文志）

通志州　以上見捷技　舊志詳漢以來者目錄

滇志　明劉文徵撰　〃〃〃〃〃

陽城紀勝　明朱化孚撰　〃〃〃〃〃

趙州志　郡志稱輯于明萬曆十五年知州莊誠

雲南州志　郡相傳修於明州守，康熙五十一年知州□□建脩，輯為四卷

雲南縣志　邑舊無志，先是知縣□□諸聖編始創輯之，乾隆丁卯知縣李應保同修為四卷

浪穹縣志　郡志稱輯于明郡諸生九之衣同

易門縣志　前輯于明邑人歐□

賓　石屏州志　先是知州□宣□許州志為八卷

大姚縣志　舊輯於康熙二□間知縣□□武未及付梓

景東直隸廳志　舊輯于康熙十二年丁固知向極，僅志略一卷

鄧川州志　舊輯于明大(?)□間郡人楊南金、崇禎間郡人艾自修重纂三，闕家□成

昆明縣志稿　舊無縣志，道光邑人御史戴絅孫始為創輯，成稿未刊

以上見倪續雲南通志稿卷169藝文志滇人著述書上

楊松年，字金城，州北门人，嘉靖戊午（三十七年）举人。……修州志。……（光绪续修嘉应州志七，人物志略）

云南府志 纂辑于明万历癸酉（元年）

临安府志 明郡志纂于郡人杨修之议摸、经兵燹散失、（康熙时之知府

楚雄府志 纂辑于明隆庆丁卯（元年）知府事张泽

澂江府志 纂辑于明弘治甲寅（七年）修于嘉靖辛亥（三十年），俱不著撰人名氏，隆庆戊辰（二年）知府事苏勤德同郡人董雨汉修、

广南府志 纂辑于康熙四十六年，知府事单光国修为四卷，未刻、

顺宁府志 ——壬戌知府事刘芳声（江西人）刻、

鹤庆府志 纂于明嘉靖初，知府事林应马卿编为二卷，崇祯间郡人张莘怀生秉佺重修、

普洱府志 ~~[illegible]~~修，郡志自道光二十年始，府属西郑绍谦纂辑、

东川府志 郡志略纂辑于雍正初邾友授赵宸，未竟其事、乙卯知府事崔乃镛修为一十卷

蒙化府志 纂于明嘉靖间蒙化府通判赵维垣，康熙朱光霁纂辑、

永北府志 始（？）于雍正丁未年

广西州志 郡志纂辑于明嘉靖间，知府事翁一德，修于万历间知府事萧以裕

元江州志 纂修于康熙甲午知府事章履成

云南县志 始于明嘉靖间年志先生（缺脱年）知县谢圣伦始纂辑之、

浪穹县志 康熙二十九年知县事赵珙就明志续修、

云龙州志 郡志纂辑于明天启间，知州事周宪章。

石屏州志 纂辑于明万历间知州事萧廷对，凡十三卷，崇祯戊辰（元年）知州事顾庆恩修，增为四卷、

河西縣志稿輯于明万曆間邑紳張一鶴

嵩明縣志 邑有明志，久佚（康熙間）

嶍峨縣志，初修于明邑举人馮豫，万曆中邑人尹廷俊重修，子詔奉增訂

定遠縣志 舊志向係鈔本，康熙四十一年漢軍張其紳始纂刻成書

新興州志 州舊志止傳鈔數頁，康熙五十三年知州事任中宜始纂成十卷

尋甸州志 郡志創于明知州事張棟，同郡紳陳瑞麟、瑞鳳輯爲七卷，始於隆慶之年，修成于康熙二十四年

宣威州志 郡舊无志，康熙五十九年郡人吴承伯纂撰志草二卷

陸涼州志 先是明嘉靖中官輯州志，未刻

他郎厂志 舊无志，道光七年屋東陸遂举人李恆謙纂編

騰越州志 稿輯明永樂間騰衝司指揮使徐廣，康熙中紳士易召箕廿雨修司志

于萬曆間改爲州，隆慶初知州事沈祖學始纂州志，其書未刻，州人吴宗堯（河南舊刊）生

易氏司志，万曆四十二年（補）知州事李之仁，康熙州人張邦彥，廿後沈

志稿遂亡（乾隆五十五年知州屠述濂序，光緒州志卷首）

鎮雄州志稿輯于雍正十年知州事李至

彌勒州志稿輯于雍正九年知州事秦仁乾

元謀縣志 | 康熙中知縣事莫舜鼐

新平縣志 | 〃〃五十一年知縣事張雲翮修志

恩樂〃〃 | 雍正九年署知縣事楊擇撰，止志稿二冊

以上光緒續雲南通志稿一六八藝文志所載滇事書下

」陶庸祝司筹时为近仲士两修司志，今之存者犹其遗书」仝上，卷十五，郡秩。

一舟于聪余间，於其本地始最详，其留心吏治者……」卷六，职官，文职，页二下。

「沈祖学字时叙，号山樵，余姚举人，隆庆元年任（知州），为修州志，于田赋最为详核，吴楷为谭氏赋，本志职秩，其所因者微，而其实犹之朋也。」

后序又云：「乾隆三十五年吴君楷调滕牧，将慨其作滕越志，编于明隆间谭沈两田

十五、贵州

志名	年代	卷	册	版本	纂修	書目附註	藏書（北大 故圖 東洋 其他／平一 宮 学方 他／内閣 内宮 圖 市 他 其外）	附註
貴州通志		十二			胡禾同	千頃		
貴州新志	弘治	十七			趙瓚（雲南…人）	千頃 明史会	の庫（五一五七の）目主史部地理類府目三	
貴州圖經新志	弘治	十七		刻本	趙瓚	北平 天一		
貴州府志		廿三 嘉靖			王佐	天一		
貴陽圖志		二十六			謝東山	千頃 明史会		
思南府志					田秋	千頃		
思南府志		二年 八			田秋	明史		
石阡志	成化末	三年 十			祁順	天一 千頃 明史会		陳仰陶 莫友芝 …人物 …
鎮遠府志						天一		
黎平府志		三年 九			袁表	千頃 P.T.K.		
普安志					蔣杰	天一 千頃		
普安州志		二年 五						
永寧州志略					馬光	千頃		
貴州通志	嘉靖三十四年刊本	十二	十二		謝東山修 張道纂	北京人文科學研究所藏本 七志部		

146

袁表字景从，闽县人，嘉靖戊午举人，万历初擢中书舍人，终□部郎，陞东平知府，致仕归。（民国福建文苑传六，页廿八，引道光旧志，以表为闽人，非吴人也。）

光绪苏州府志138艺文三：袁袠，明。庐翊　都江志二卷（中国古今地名大辞典页948）

民廿二吴县志56上艺文考一：袁表　东平府志九卷　河西闽志六卷（光绪苏州府志136艺文一：吴县，明，闽，[illegible]……及三子[illegible]……相倡和。）

黄梨洲天一阁藏书记
「丙午，余与书贾入山翻阅
三昼夜，……宋元文集已亡
存者……宋元在州学者
诸本亦有存者，为之太息也。」

孙殿起 贩书偶记 卷七 地理类 总志之属

地图综要内篇一卷外篇一卷 明天都吴学俨撰 朱绍本朗润堂崇祯间刊

地理纂要无卷数 明钱塘朱[illegible]撰 〃〃〃〃〃〃〃〃〃

今古舆地图三卷 明山阴吴国辅撰 崇祯间硃墨套印本

广舆记补廿四卷 明钱塘陆敏树撰 原刻本

第二卷　总志、镇志、山志、岭志、图志

第二卷　总志、镇、山、岭、图志目录

一、《千顷堂书目》所收书目

大明志書　洪武三年儒士魏俊民、黄篪、劉儼、丁鳳、鄭思先、鄭權等編（光緒蘇州府志139藝文四：陳原、魏俊民大明地理志 洪武三年奉敕編）

大明清類天文分野書二十四卷　洪武十七年閏十月書成 1135頁 [illegible]

寰宇通衢書一卷　洪武二十七年九月書成 翰林儒臣[illegible]編

寰宇通志一百十九卷　景泰七年陳循等修

大明一統志九十卷　天順五年四月吏部尚書李賢學士彭時呂原等同修

大明寰宇記一卷

桂萼歷代地理指掌四卷又大明輿地指掌圖一卷　嘉靖六年十二月進呈

廖世昭大明一統志略十六卷

蔡汝楠輿地略十一卷

吳龍郡縣地里沿革十五卷

盧傳印職方考鏡六卷

張天復皇輿考十二卷（光緒蘇州府志137藝文二：昆山人，張天復廣皇輿考十二卷）

蔡文職方鈔十卷

何鏜修攘通考六卷

郭子章郡縣釋名二十六卷又古今郡國名類三卷

項篤壽考定輿地圖十卷

徐樞寰宇分合志八卷　一作盛樞

曹學佺一統名勝志一百九十八卷

陸應陽廣輿記二十四卷

陳組綬皇明職方地圖三卷

張元陽方隅武備十六冊 一作方隅武備考郭子章黃會徐引斛序此字本[illegible]

陸化熙營小輯四卷

龐迪我海外輿圖全說二卷

南京至北京驛道方向一冊

一統水陸路程八卷

寰中一覽三冊

伊秉郡邑纂類

胡槐郡邑沿革

沈元華輿地圖考二十卷

許聞造地理纂要

屠焯輿圖考

王士性廣志繹二卷

胡文煥皇圖要覽四冊卷

唐景亮職方紀要

沈位郡邑便覽

柯寔卿地理日鈔

馮如京方輿勝覽

程百一方輿勝覽

江芳度方輿勝略十八卷

黃省曾輿地經一卷

梁彝卿秦漢圖記十二卷

夏元吉天下郡縣志一百卷
直省路程考二卷
京城至水馬驛程一卷
路程圖六卷
六路水陸地里記一卷
吳〇〇古今輿地圖二卷
許重熙輿地分合指掌圖
羅洪先廣輿地圖四卷
羅欽順廣輿圖二卷
朱思本廣輿圖二卷
袁中道輿圖考一卷
李默天下輿地圖一卷
吳學儼地圖綜要三卷
喻時古今形勝圖
劉崧北平八府志三十卷又北平事迹一帙
北平八府圖總目一卷
北平志四卷
北平府圖志一册
郭造卿燕史一百二十卷又蝸吾叢談八卷
陸深金臺紀聞一卷
徐昌祚燕山叢錄二十二卷 字伯昌常熟人官太僕寺卿時作
皇明京都叢八卷
周公建北都叢記

3

孫國敉燕都游覽志四十卷

蔣一葵長安客話八卷

劉侗于奕正帝京景物略八卷

陸啟浤客燕雜記三卷又長安歲時記一卷

張爵五城坊巷衚衕集

沈榜宛署雜記二十卷 萬曆壬辰沈榜為宛平知縣修

李懿吳川志 萬曆間修

宋納東郡志十六冊

廣州懷遠二衛志 萬曆間修

馬中錫宣府鎮志十卷

孫世芳宣府鎮志四十二卷 嘉靖間修

宣鎮圖一卷

王祥畢恭遼東志九卷 正統間修

陳寬韓斌遼東志 弘治間修

徐文華劉琦程啟充潘珍全遼志 嘉靖間修

任洛等全遼志 嘉靖間修

龔主本全遼圖說

麻承訓薊鎮東路圖冊一卷

薊東圖說一卷

遼東全鎮圖

洪武京城圖志一卷 述都城山川地里封域之沿革宮闕門觀之制度以及壇廟寺宇街市橋梁之建置更為洪武二十八年編

陳沂南畿志六十四卷又金陵世紀四卷又金陵古今圖考一卷

留都錄五卷

焦竑金陵舊事十卷

楊循吉金陵雜志

王可立建康風俗記

顧起元客座贅語十卷

王兆雲烏衣佳話八卷

周暉金陵瑣事四卷又續瑣事二卷又再續瑣事二卷又瑣事賸錄八卷

史學棣黔文獻集

方繼學江南文獻集

柳英中都志十卷

崔維嶽宿志二十六卷 萬曆甲午修

盧熊吳郡廣記五十卷

張洪琴川新志八卷

陳三恪海虞別乘

都穆練川圖記二卷

曾曾練川志 洪熙間修

蒲象杲練川志

李樂烏青志

謝應芳毘陵續志十卷 洪武丁巳修

謝林延陵通紀
王俣毘陵志四十卷 成化十八年修
朱昱毘陵續志八卷
馮善錫山續志
沈敕荆溪外紀二十五卷
趙鶴維揚郡乘
盛儀維揚志三十八卷 嘉靖間修
李文瀚黄瓚鑾江志二十四卷 正德間修
潘鐘廬陽志三十卷
楊循吉廬陽客記一卷
朱同重編新安志十卷 洪武間修
方信新安志補
程敏政新安文獻志一百卷
續新安文獻志〇〇卷
程一枝鄣大事記

陳善外志一卷 又武林風俗略一卷

吴瓚武林紀事八卷

孫景時武林文獻錄

馮廷槐武林往事雜記

邵重生武林内外志

趙惟寰寧邑備考十卷

談遷海昌外志八卷

宋士英海寧衛乘十卷

王文祿海寧衛志

吴堂富春志六卷 正統四年修

王之献重修富春志十二卷

鄭振先嘉禾事紀二卷

王樵槜李記一卷

岳元聲三錄纂槜李圖說

徐獻忠吴興掌故集十七卷

宋雷西吴里語四卷

謝肇淛西吴枝乘二卷

董斯張閔元衢吴興備志

楊寔四明郡志十卷 成化四年修

戴鯨四明志徵

鄭真四明文獻

黃潤玉四明文獻錄

李孝謙四明文獻錄

李堂四明文獻志十卷

李俊瑞甬東軼事

諸萬里於越新編四十五卷 萬曆戊午刊

王啟赤城會通記

李浙三台文獻志二十三卷

謝鐸赤城新志二十三卷 弘治丁巳刊

胡融土風記志

項喬甌東私錄六卷

鄭岳栝蒼郡志補遺

樓云瑞栝蒼志補遺四卷

陳孝積栝蒼遺物志

何鏜栝蒼彙紀十五卷 萬曆己卯刊

千頃

廖道南楚紀六十卷

魏裳楚史七十六卷

陳士元楚故略二十卷又楚絕書二卷

高世泰楚寶四十五卷

朱衣漢陽府志十卷嘉靖間修

董之奇漢東新志

盛祥舂陵志正統間修

張四知漢東郡志

顧璘興都志二十四卷

陳梁郴縣外志

陳貴科臨武縣志萬曆間修

任夢榛當陽縣志萬曆間修

唐胄江閩湖廣都臺記

（黃仲昭八閩通志八十七卷）

王應山閩大記五十五卷又閩都記三十二卷又全閩大記略八卷

何喬遠閩書一百五十四卷

王世懋閩部疏一卷

陳鳴鶴閩中考一卷

千頃

郭子章豫章大記一百六十卷又注豫章古今記一卷又撰豫章新記八卷又撰豫章災祥記六卷

董模續豫章志

趙迎山續豫章志十二卷

陸深豫章漫鈔四卷

徐必達豫章全書

王世懋饒南九三府圖說一卷

李賢豐乘十卷

笪繼良鉛書八卷

趙師尚邑乘紺珠

郭子章吉志補二十卷

楊寅冬西昌存古錄

羊可立瑞陽日記

虞守愚虔臺志十二卷

談愷續虔臺志五卷

李汝華虔臺輿圖管覽六卷

李堂虔臺接屬地圖一卷

10

千頃

閩海叢書四卷
八閩風物賦一卷
八閩風物賦附問一卷
徐𤊹榕陰新檢八卷
湛登吾榕城隨筆一卷
陳鳴鶴晉安逸志三卷
謝肇淛晉安藝文志三卷
萬慶泉部志二十二卷
黃体勤林春乾莆陽志二十卷
彭韶莆陽志十卷
宋端儀莆陽遺事又莆陽書畫偶錄
鄭岳莆陽文獻志七十五卷
柯維騏續莆陽文獻志二十四卷
周瑛漳志

千頃

黄瓚濟甯通志一百卷

李時鵬少陽集二十卷

陳現衛輝年紀略二卷

楊循吉寧海州志二卷

寧海地圖說一卷

文登地圖說一卷

朱睦㮮中州文獻志四十卷

程文獻中州墊記

張四知中州考

李濂汴京遺蹟志二十四卷

李曾生梓符縣纂修吳録劄記四卷

湯儲歸德州志二卷

黄古愚歸德州新志一卷

崔銑鄴乘十卷 嘉靖間修

任餘福全昌事纂

蒲世昌澠池縣志 隆慶間修

李袞淅蹟五卷

呂景蒙潁川志二十卷

何景明雍大記三十六卷 周朱化峻成

李景祥雍勝略二十四卷

湛若水雍語

12

千顷

殷奎关中名胜志

南轩皇明关中文献志五十卷

南师仲增定关中文献志八十卷

长安京城图　一卷

任庆云商略八卷

范文光豳风考略三卷

胡缵宗华郡記二十卷

董尚志延安县志　万历间修

洛川县志

胡汝砺宁夏镇志八卷　弘治间修

管律宁夏新志　嘉靖间修

石茂华宁夏志四卷　万历间修

李职洮州卫志五卷

张最岷州卫志一卷

郭伸甘州卫志十卷

孟秋凉州卫志十卷

包节陕西行都司志十二卷

杨慎全蜀艺文志六十四卷

杜应芳续补蜀艺文志五十四卷

郭棐观蜀鉴录　即蜀人志

张潮川德志十卷

13

千頃

陸深蜀都雜鈔一卷

李寔蜀語一卷

汪立岐蜀語

曹学佺蜀中名勝記三十卷又蜀漢地理補二卷又蜀郡縣古今通釋四卷又蜀中風土記四卷又蜀中方物記十二卷

曾省吾西事紀略八冊 萬曆時之據 平蠻時稗

14

二、《文渊阁书目》所收书目

濟南陵縣志 一册
壽張縣圖志 一册
齊乘 五册
相臺志 六册
相臺志節 一册
江陽譜 八册
江陽續譜 二册
龍州志 三册
天全六番圖志 一册
武定志 八册
鄴郡志 一册
齊乘 六册
魯國志 十五册
續相臺志 十册
潁川志 一册
江陽列集 四册
臨邛記 七册
歸州秭歸縣志 二册
彰明志 一册
潞州志 二册

文瀾

連桂州志 三冊

南越志 一冊

三陽志 一冊

潯陽志 二冊

奉議州志 二冊

古藤郡志 二冊

龍川郡志 二冊

賓陽志 二冊

容州志 二冊

郴江志 一冊

明陽志 一冊

利州圖志 一冊

宜州志 一冊

新昌圖志 一冊

晉康志 二冊

循陽志 一冊

象臺志 一冊

建武志 二冊

潯江志 二冊

玉融志 二冊

昭潭志 二冊

慶遠志 二冊

邕州志 一冊

鎮安府志 一冊

泗城州圖志 一冊

千頃

陳价夫海南雜事一卷

陳懋仁粵事鈔

黃鳴建立城池記一卷

鄭敬甫粵大記六卷

徐𤊹等粵紀聞一卷

郭子章潮中雜紀十二卷又四粵潮語四卷

葉均禎高涼志又郡邑 洪武間修

唐胄瓊臺志二十卷 正德間修

王佐瓊臺外紀五卷又珠崖錄

顧玠海槎餘錄一卷

張翊崖州新志十八卷

姚虞嶺海輿圖一卷

劉崧嶺南錄

嚴爾珪嶺東記

蔡汝賢嶺海異聞一卷又續聞一卷

田汝成炎徼紀聞四卷

魏濬西事珥八卷又嶠南瑣記二卷

朱袞西南紀事三冊

李文鳳月山叢談四卷

千頃

鄺露赤雅

張鳴鳳桂故集八卷 桂勝集十六卷

應檟蒼梧軍門志二十四卷

郭棐粵大記三十卷 一作十二卷

府江道路考一卷 [illegible]

王濟君子堂日詢手鏡一卷

董時明永寧縣志八卷

楊慎滇程記一卷

彭汝寔六詔紀聞一卷

謝肇淛滇略八卷

王啟撰滇翰華錄

顧應祥南詔事略一卷

陳善滇南類編十卷

許伯衡滇南雜志二卷

楊士雲郡大記一卷

吳懋葉榆檀林志八卷

楊士雲黑水集證一卷

郭子章黔記六十卷又黔小志一卷

周瑛興隆衛志二卷

二、[illegible]

豫章志 二冊

豫章志 三冊

豫章志 四冊

豫章續志 六冊

吉安屬縣志 三冊

豐水志 三冊

饒州德興志 一冊

千越志 一冊

盱江後志 五冊

章貢志 六冊

吉州志 十四冊

桂陽府志 二冊

都梁志 六

道州舂陵志 二冊

湘國封內志 一冊

歸州郡志 一冊

濂江志 一冊

清湘志 二冊

豫章志 六冊

豫章志 十一冊

豫章志 十四冊

廬山志 五冊

吉永州志 三冊

瑞陽郡志 三冊

尋陽續志 一冊

盱江前志 六冊

章貢志 八冊

江州圖經 十二冊

吉州志 十一冊

峽山路來陵志 三冊

岳陽志 六冊

舂陵圖志

湘中志 一冊

長州紹慶府志 三冊

古沔志 一冊

清湘志 一冊

三、《北平图书馆》所藏书目

全辽志六卷 明李辅、陈绛纂修 明嘉靖刻本

颍川郡志十七卷 明陈[illegible]纂修 明永乐刻本 存九卷 九至十七

雍大记三十六卷 明何景明纂修 明嘉靖刻本

雍胜略二十四卷 明李应祥撰 明万历刻本

重修靖虏卫志六卷 明张啟蒙、相可用纂修 明万历刻本

朔方新志五卷 明杨寿纂修 明万历刻本

北平

楚纪六十卷　明廖道南撰　明嘉靖刻本

随志二卷　明任稷、颜木纂修　明嘉靖刻本

僊溪志十六卷　宋黄岩孙撰　明[illegible]修　明弘治刻本
存十卷　一至十

北平

大明一統志九十卷 明李賢纂修 明天順刻本

大明一統志九十卷 明李賢等纂修 明天順刻本

大明一統志九十卷 明李賢等纂修 明天順刻本

大明一統志九十卷 明李賢等纂修 明刻本

大明一統名勝志二百八卷 明曹學佺撰 明崇禎刻本

職方考鏡六卷 明董傳印撰 明萬曆刻本

皇明職方兩京十三省地圖表二卷 明陳組綬撰 明崇禎刻本

石渠閣精訂天涯不問九卷 明[illegible]撰 明末刻本

中都志十卷 明柳瑛纂修 明弘治刻本

中都志十卷 明柳瑛纂修 明弘治刻本

嘉靖惟揚志三十八卷 明朱懷幹盛儀纂修 抄本

金山衛志六卷 明張奎夏有文纂修 明正德刻本

新安志補八卷 明方信撰 明嘉靖刻本

重修富春志七卷 明吴堂纂修 明正德刻本

啟禎兩朝實錄四卷 清沈純祐纂修 抄本

赤城新志二十三卷 明陳相謝鐸纂修 明弘治刻本

四、《天一阁藏楼》所藏方目

西湖遊覽志 十本 又十本
西菴志 二本
京口三山續志 二本
武陵山志 六本 缺
文選志 十本
羅浮山志 四本 又二本
太華山志 一本
清泉小志 二本 缺
衡嶽志 三本
九華山志 二本 又二本
千金堤志 二十本
龍虎山志 二本 缺
西樵志 二本 又二本
西洋國志 一本 抄
香泉志 二本
三泉志 二本 破
鄧尉山志 一本
雁山志 二本
東山志 四本
京口三山全志 五本 又三本
虎丘山志 一本
金山志 二本
宣府鎮志 二本
泰山志 四本 又一冊
全閩志 四本
茅山志 四本缺 又一部
朝鮮雜志 一本 抄
華山志 一本
遼志 一本
曾子志 一本 抄
固原志 二本
元和郡縣圖志 二十本 抄
朝鮮志 一本 抄
契丹國志 二本 抄
太岳太和山志 二本

天一

赤城志 十本

維揚志 十四本 嘉靖

中州志 五本

盧陽志 六本

南通州志 四本 又二本

金陵志 廿二本

南畿志 二十本

高郵州圖志 一本 抄

雲陽志 二本

南中志 一本

魚山県志 二本

漢陽府志 三本 殘

潞州府志 六本

寧海州志 二本

桂林廣衛鎮志 四本 破

台州志 二本

延津県志 一本 抄

滎陽県志 二本 抄

夏陽県志 二本

莊州志 四本 缺

隆慶志 三本

三才廣志 三百三十八本

山海關志 三本 殘

河西關志 四本

西海關志 三本

寧夏新志 五本 又一冊

棲霞寺志 二本 殘

石鼓書院志 二本

岳麓書院志 二本

明山書院私志 一本

衡岳書院志 三本

雪竇寺志 五本 殘

西湖書院志 二本 又二冊

重修白鹿洞書院志 新志本

兩程故里志 二本

闕里志 一冊 又一本

三仙志 四本

龍門志 二本

華蓋山志 一本

齊雲山志 二本

泰山志 一本 殘

吳城志 一本 抄

五、《明史·艺文志》所收目录

鄭敬南粵大記六卷

郭子章潮中雜記十二卷

王佐瓊臺外紀五卷

顧岕海槎餘錄一卷

張翊廣西新志十八卷

魏濬西事珥八卷又嶠南瑣記二卷

張鳴鳳桂故八卷桂勝十四卷

郭棐粵大志十二卷

楊慎滇程記一卷

彭汝寔六詔紀聞一卷

陳善滇南類編十卷

楊士雲郡大記一卷

黑水集證一卷

郭子章黔記六十卷又黔小志一卷

周瑛興隆衛志二卷

承天大志四十卷

曹嗣榮輿地一覽十七卷

孫國敉燕都游覽志四十卷

蔣一葵長安客話八卷

明史

項喬董子故里志六卷

胡文璧天津三關志十卷

畢恭遼東志九卷

李輔重修遼東志十二卷　洪武京城圖志一卷

錢國雲向通志十八卷

陳璉永陽志二十六卷

鄭汝璧延綏鎮志八卷

朱捷河州志十卷

王崇古莊浪邊記八卷

李日華檇李叢談四卷

徐獻忠吳興掌故集十七卷

吳堂富春志六卷

李漸三吳文獻志二十三卷

何炯清源文獻八卷

陳懋仁泉南雜志二卷

楊鼐南詔通記十卷

諸葛元聲滇史記十四卷

葉榆檀林志八卷

明史

黄瓚齊魯通志一百卷

李時颺少陽乘二十卷

李濂汴京遺跡志二十四卷

朱睦㮮中州文獻志四十卷

何景明雍大記三十六卷

李應祥雍勝略二十四卷

南軒關中文獻志八十卷

任慶雲商州志八卷

范文光豳風考略三卷

胡纘宗鞏郡記三十卷

胡汝礪寧夏鎮志八卷

李璣洮州衛志五卷

張最岷州衛志一卷

郭紳甘州衛志十卷

孟秋潼關衛志十卷

包節陝西行都司志十二卷

杜應芳補蜀藝文志五十四卷

郭棐夔記四卷

曹學佺蜀漢地理補二卷蜀郡縣古今通釋四卷蜀中風土記四卷方物記十二卷

明史

郭子章註豫章古今記一卷 豫章雜記八卷 廣豫章災祥記六卷

趙秉忠、王世懋饒南九三郡輿地圖說一卷

郭子章吉志補二十卷

龔守愚虔臺志十二卷

談愷虔臺續志五卷

廖道南楚紀六十卷

魏裳湖廣通志九十八卷

陳士元楚故略二十卷

朱衣漢陽府志二卷

黃仲昭八閩通志八十七卷 邵武府志二十五卷

何喬遠閩書一百五十四卷

王世懋閩部疏一卷

陳鳴鶴閩中考一卷 晉安逸志三卷

王應山閩大記五十五卷 閩都記三十二卷

鄭岳莆陽文獻志七十五卷

陳善外志一卷　武林風俗略一卷

吳瓚武林紀事一卷

李堂四明文獻志十卷

王啟赤城會通記二十卷

謝鐸赤城新志二十三卷

樓公路栝蒼志補遺四卷

何鏜栝蒼彙紀五十二卷　栝蒼彙紀十五卷

劉侗帝京景物略八卷

宋訥東郡志十六卷

馬中錫宣府鎮志十卷

陳沂南畿志六十四卷又金陵世紀四卷又金陵古今圖考一卷

顧起元客座贅語十卷

王兆云烏衣佳話八卷

周暉金陵瑣事八卷剩錄八卷留都錄五卷

柳瑛中都志十卷

盧熊吳郡廣記五十卷

楊循吉廬陽客記一卷

謝應芳毗陵續志十卷

王俁毗陵志四十卷

沈敕荊溪外紀二十五卷

潘鐘廬陽客記三十卷

朱同新安志十卷

程敏政新安文獻志一百卷

程一枝鄣大事記二卷

明代督抚表列

整理说明

1. 梁方仲先生在清华大学经济系攻读硕士研究生时（1930—1933），选定《明代田赋制度述要》为毕业论文题目，以优异成绩获得硕士学位。1934 年到中央研究院社会科学研究所工作后，仍然坚持以研究明代社会经济史为主攻方向，而且选择以明代经济的典章制度为切入点，开展各项研究课题，努力从各类史籍中收集相关资料。在这一研究过程中，他运用经济学、统计学的理论和方法编列表格（包括数据统计及历史年表等），按明代历史发展的进程，将有关历史资料的事实列入表格内，然后进行综合分析，得出自己的研究心得和结论，从而形成自己对明代某一制度或历史问题的独到见解。这种研究成果最先是 1935 年发表的《明代户口田地及田赋统计》长篇统计表论文；1936 年他发表了《一条鞭法》论文后，继续扩充和深入研究，以列表方法于 1952 年写成和发表《明代一条鞭法年表》长篇论文，成为他研究一条鞭法的总结性论著。之后他又费 10 多年时间，以列表方法编著成《中国历代户口、田地、田赋统计》的大型统计著作，成为一部研究中国社会经济发展史的基础性著作。

2. 现在整理出版的《明代督抚表列》（以下简称《表列》），也是梁方仲先生在中央研究院社会科学研究所工作时，以列表方法研究明代督抚制度的一项课题成果。《表列》将吴廷燮所著的《明督抚年表》（上、下册）的内容以年代为纵经、以督抚姓名为横纬，将明代各省、要塞、重镇的总督和巡抚的姓名、任职卸任年月开列出来，以便自己和其他的相关专业研究人员研究明代官僚制度和有关问题查阅利用，是一项富于基础性的成果，今天仍然有极强的参考使用价值。

3.《表列》依据吴廷燮所著的《明督抚年表》，编成目录如下：一、蓟辽、顺天、辽东、保定、宣大、宣府、大同、山西督抚（按《明督抚年表》卷一至卷二）；二、陕西三边、陕西、延绥、宁夏、甘肃、凤阳附淮阳、应天、山东督抚（按《明督抚年表》卷三至卷四的山东）；三、河南、浙江、江西、南赣、福建、湖广、郧阳、四川督抚（按《明督抚年表》卷四的河南至卷五的四川）；四、云南、贵州、两广、广西、河道督抚（按《明督抚年表》卷五的云南及卷六的河道）；五、登莱、偏沅、山海永平、天津、密云、安庐、昌平督抚（按《明督抚年表》卷六）。

4.《表列》各编后均有梁方仲先生的注释。注释内容为他在研究过程中在其他的史籍看到与《明督抚年表》一书所记督抚相异的人名、任期等史料，供读者利用《明督抚年表》一书时作参考，颇具参考价值。现将注释中的书目开列如下，以飨读者。

①《明史纪事本末》。

②《烈皇小识》。

③《国榷》。

④《明史》。

⑤《明季北略》。

⑥《东林列传》。

⑦《明实录》。

⑧《明大政记》。

⑨《山中见闻录》。

⑩《列卿纪》。

⑪《宣镇志》。

⑫《列卿年表》。

⑬《畿辅志》。

⑭《明纪》。

⑮《绥寇纪略》。

⑯《剥复录》。

⑰《明大臣年表》。

⑱《嘉隆闻见录》。

⑲《济宁志》。

⑳《郧阳志》。

5.《表列》所列每个督抚姓名前后的“月”栏处，记录有阿拉伯数字及“—”的符号，此是表示该督抚上任和卸任的月份。例如卷一至卷二的“辽东”栏督抚，正统七年至八年所列“11—　王翱；—8　李濬；9—　李纯”，意思是正统七年十一月王翱上任辽东提督；“—8　李濬”，意思是正统八年八月李濬卸任辽东巡抚；“9—　李纯”，意思是正统八年九月李纯上任辽东巡抚。其余类推。这种简明的线条表示方法与《明督抚年表》所记内容是一致的。不同的是在《表列》一目了然；而在《明督抚年表》则要仔细查阅内容才得知。

6.《表列》内凡督抚名字下有“〃〃”“〃〃〃”“〃〃〃〃”符号者，是表示同上一个督抚的名字的简化符号，例如卷一的正统元年辽东总督李濬以下有六个简化符号“〃〃”，即是表示正统元年至六年均是李濬任辽东巡抚。其余类推。

7.《表列》将《明督抚年表》卷六的“河道”督抚前移置于卷五的“广西”之后，此次整理不作移动，以示尊重梁方仲先生原意。

8. 今次整理《表列》，在明代的朝代年号后，用括号标注公元纪年，方便读者参考。

9. 今次整理《表列》，将《表列》所抄督抚名字与《明督抚年表》逐一校检，改正了《表列》中所抄错、漏字30多处。

一、蓟辽、顺天、辽东、保定、宣大、宣府、大同、山西督抚

年	月	蓟辽	月	顺天	月	辽东	月	保定	月	宣大	月	宣府	月	大同	月	山西
宣德一（1426）																
二（1427）																
三（1428）																
四（1429）																
五（1430）																□于　谦
六（1431）																〃　〃
七（1432）																〃　〃
八（1433）																〃　〃
九（1434）																〃　〃
十（1435）																〃　〃
正统一（1436）					11—	李　濬					4—	李　仪	4—	□李　仪		〃　〃
二（1437）						〃　〃					—2 3—	□〃　〃 □卢　睿	—2 3—	〃　〃 卢　睿		〃　〃
三（1438）						〃　〃						〃　〃		〃　〃		〃　〃
四（1439）				张　纯		〃　〃		李　畛				〃　〃		〃　〃		〃　〃

（续表）

年	月	蓟辽	月	顺天	月	辽东	月	保定	月	宣大	月	宣府	月	大同	月	山西
五（1440）				〃　〃		〃　〃		〃　〃			—4	□〃 〃 〃 罗亨信	—4	□〃 〃 〃 罗亨信		〃　〃
六（1441）						〃　〃	—3	〃　〃						〃 〃 〃		〃　〃
七（1442）			1—	[8]魏　骥	11—	[16]〃　〃 王　翱	1—	[25]贺祖嗣				〃 〃 〃		〃 〃 〃		〃　〃
八（1443）					—8 9—	李　濬 □李　纯 王　翱						〃 〃 〃		〃 〃 〃		〃　〃
九（1444）						李　纯 王　翱						〃 〃 〃		〃 〃 〃		〃　〃
十（1445）						李　纯 王　翱	5—	[26]薛希琏				〃 〃 〃		〃 〃 〃		〃　〃
十一（1446）						李　纯 王　翱		〃 〃 〃				〃 〃 〃		〃 〃 〃		〃　〃
十二（1447）						李　纯 王　翱	—2	〃 〃 〃				〃 〃 〃		〃 〃 〃		〃　〃

（续表）

年	月	蓟辽	月	顺天	月	辽东	月	保定	月	宣大	月	宣府	月	大同	月	山西
十三（1448）						李　纯 王　翱						〃〃〃		〃〃〃	8—	朱　鑑
十四（1449）				9邹来学		李　纯 王　翱	4—	27李　奎				〃〃〃		〃〃〃		〃〃
景泰一（1450）				〃〃〃		李　纯 王　翱	—6 6—	〃〃 陈　询			—1 △1—	〃〃〃 任　宁	—1 △1—	〃〃〃 任　宁		〃〃
二（1451）				〃〃〃		李　纯 王　翱		〃〃			—3 —12 12—	〃〃 刘　琏 □李　秉	—3 3—	〃〃 沈　固 □年　富		〃〃
三（1452）				〃〃〃	—2 4—	〃〃 □寇　深	10—	陈　泰				〃〃		〃〃	—10 10—	〃〃 萧　启
四（1453）				〃〃〃		李　纯 寇　深		〃〃				〃〃		〃〃		〃〃
五（1454）				〃〃〃		〃〃		〃〃				〃〃		〃〃		〃〃
六（1455）			—1 3—	〃〃〃 李　宾		〃〃						〃〃		〃〃		〃〃

（续表）

年	月	蓟辽	月	顺天	月	辽东	月	保定	月	宣大	月	宣府	月	大同	月	山西
七（1456）				〃 〃	—10 8—	〃 〃 □刘广衡						〃 〃		〃 〃		〃 〃
八（1457） 天顺一（1457）			—1	〃 〃	—2	〃 〃 〃					—2	□〃 〃	—2	□〃 〃		
二（1458）					4—	程 信					5—	王 宁	5—	李 秉		
三（1459）					—11	〃 〃 胡本惠						〃 〃	—3	〃 〃		
四（1460）						〃 〃 〃					—11 11—	□〃 〃 韩 雍	11—	□韩 雍		
五（1461）						〃 〃 〃	7—	吴 复				〃 〃		〃 〃		
六（1462）						〃 〃 〃					—12 12—	□〃 〃 □李 匡		□〃 〃		
七（1463）						〃 〃 〃						〃 〃	—4 △7—	〃 〃 王 越		

（续表）

年	月	蓟辽	月	顺天	月	辽东	月	保定	月	宣大	月	宣府	月	大同	月	山西
八（1464）					—3 3—	〃 〃 〃 滕 昭					—3 8—	〃 〃 [36]叶 盛		〃 〃		
成化一（1465）						〃 〃						〃 〃		〃 〃		
二（1466）			8—	[10]阎 本	—8 8—	〃 〃 袁 恺						〃 〃		〃 〃	1—	李 侃
三（1467）				〃 〃	—4 4—	〃 〃 张 岐					—9 9—	〃 〃 王 越		〃 〃		〃 〃
四（1468）				〃 〃	—6 4—	[17]〃 〃 彭 谊					4—	〃 〃 郑 宁		〃 〃		〃 〃
五（1469）				〃 〃		〃 〃	4—	[28]阎 本				〃 〃		〃 〃		〃 〃
六（1470）			—5	〃 〃		〃 〃	—5	〃 〃				〃 〃		〃 〃	—10 10—	〃 〃 陈 宜
七（1471）			7—	杨 璿		〃 〃		[29]杨 璿			—10 10—	〃 〃 林 聪	—9 9—	□〃 〃 林 聪		〃 〃

（续表）

年	月	蓟辽	月	顺天	月	辽东	月	保定	月	宣大	月	宣府	月	大同	月	山西
八（1472）			—8 —9	〃　〃 张　纲		〃　〃	—8 8—11 12—	〃　〃 [30]陈　濂 [31]□叶　冕			—5 5—	□〃　〃 □郑　宁	—5 5—	〃　〃 殷　谦	2—	雷　复
九（1473）				〃　〃		〃　〃		〃　〃			—7 7—	〃　〃 殷　谦	—7 7—	□〃　〃 郑　宁		〃　〃
十（1474）				〃　〃		〃　〃	—2	〃　〃 张　蓥				〃　〃	—2 2—12	〃　〃 董　方	—5	〃　〃
十一（1475）				〃　〃		〃　〃	—1	〃　〃				〃　〃	1—	□张　蓥		
十二（1476）			—8 8—	〃　〃 汪　霖	—7	□〃　〃 陈　钺						〃　〃	—12	〃　〃		
十三（1477）				〃　〃		〃　〃						〃　〃	1—	□李　敏	7—	秦　纮
十四（1478）				〃　〃		〃　〃					—5 5—	□〃　〃 □张　颐		〃　〃		〃　〃

（续表）

年	月	蓟辽	月	顺天	月	辽东	月	保定	月	宣大	月	宣府	月	大同	月	山西
十五（1479）				〃 〃	—12 12—	□〃 〃 □王宗彝						〃 〃	—7 7—	□〃 〃 □孙 洪		〃 〃
十六（1480）			—4 5—	〃 〃 李 田		〃 〃 〃					—7 8—	□〃 〃 郭 镗		〃 〃	—11 11—	□〃 〃 □何乔新
十七（1481）				〃 〃		〃 〃 〃					—3 3—	□〃 〃 □秦 纮	—3 3—	□〃 〃 □郭 镗		〃 〃 〃
十八（1482）				〃 〃		〃 〃 〃						〃 〃		〃 〃	—9 10—	〃 〃 〃 边 镛
十九（1483）				〃 〃	—8 6—	18〃 〃 〃 左 钰						〃 〃		〃 〃		〃 〃
二十（1484）			4—	〃 〃 杨继宗	5—	□马文昇	2—	侣 钟			—10 10—	〃 〃 李 岳	—5	□〃 〃 左 钰	3—	〃 〃 叶 淇
二十一（1485）			—5 5—	□〃 〃 〃 彭 韶	—8 8—	□〃 〃 〃 □刘 潺	—5 11—	□〃 〃 □李 敏				〃 〃	—10 10—	〃 〃 余子俊		〃 〃
二十二（1486）				〃 〃		〃 〃						〃 〃	—2 2—	〃 〃 〃 叶 淇	—2 2—	〃 〃 □左 钰

（续表）

年	月	蓟辽	月	顺天	月	辽东	月	保定	月	宣大	月	宣府	月	大同	月	山西
二十三（1487）			12—	〃　〃 □闵　珪		〃　〃					—1 1—	〃　〃 张　锦	—11 12—	〃　〃 左　钰	—12 12—	□〃　〃 翟　瑄
弘治一（1488）			—9 9—	〃　〃 徐　怀	2—	〃　〃 □徐　贯	△1—	[32]张　鼐			6—	〃　〃 李　介	2—	〃　〃 许　进		〃　〃
二（1489）				〃　〃		〃　〃		〃　〃			—3 3— 10—	〃　〃 王　继 强　珍		〃　〃		〃　〃
三（1490）				〃　〃		〃　〃		〃　〃			7—	〃　〃 杨　谧		〃　〃		[44]〃　〃
四（1491）			—1 1—11 11—	□〃　〃 秦民悦 唐　珣	—2 3—	□〃　〃 张　岫	—4 4—	□〃　〃 □史　琳				〃　〃	2—	□〃　〃 侯　恂	—1 5—	〃　〃 杨　澄
五（1492）				〃　〃		〃　〃		〃　〃				〃　〃		〃　〃		〃　〃
六（1493）				〃　〃 [11]魏　富		〃　〃		〃　〃				〃　〃		〃　〃	—5 △5—	〃　〃 □张敷华
七（1494）			—2 3—	□〃　〃 □屠　勋		〃　〃		〃　〃			—5 6—	□〃　〃 陈　纪		〃　〃		〃　〃　〃

（续表）

年	月	蓟辽	月	顺天	月	辽东	月	保定	月	宣大	月	宣府	月	大同	月	山西
八（1495）				〃 〃		〃 〃		〃 〃				〃 〃		〃 〃	—2 2—	□〃 〃 〃 □顾 佐
九（1496）			—4 5—	〃 〃 □张 淮		〃 〃	—8 8—	〃 〃 高 铨			—4 4—	□〃 〃 □马中锡	—10 10—	□〃 〃 □刘 瑊	—10 10—	□〃 〃 〃 □侯 恂
十（1497）				〃 〃	8—	〃 〃 张 玉		〃 〃				〃 〃 〃		〃 〃		〃 〃
十一（1498）			—4 4—	□〃 〃 洪 钟		〃 〃		〃 〃				〃 〃 〃	—△11 △11—	〃 〃 □洪 汉	—2 2—	□〃 〃 □魏 绅
十二（1499）				〃 〃		〃 〃		〃 〃			—3 3—	〃 〃 〃 □雍 泰		〃 〃		〃 〃
十三（1500）				〃 〃	4—	〃 〃 陈 瑶	—8 8—	□〃 〃 □张 缙				〃 〃	—12 6—	□〃 〃 刘 宇		〃 〃
十四（1501）				〃 〃	12—	〃 〃 韩 重	—4 4—	□〃 〃 □王 沂			4—11 11—	〃 〃 □张 缙 □刘 聪		〃 〃		〃 〃
十五（1502）				〃 〃	—8 8—	〃 〃 □张 鼐		〃 〃				〃 〃		〃 〃		〃 〃

（续表）

年	月	蓟辽	月	顺天	月	辽东	月	保定	月	宣大	月	宣府	月	大同	月	山西
十六（1503）				〃 〃		〃 〃		〃 〃			12—	37〃 〃 李 进		〃 〃	—7 9—	〃 〃 何 钧
十七（1504）			—8 5—	〃 〃 □周季麟		〃 〃	—11 12—	□〃 〃 王 璟				〃 〃	—12	□〃 〃		〃 〃
十八（1505）			9— 10—	〃 〃 〃 陈 壁 柳应辰	—12 12—	〃 〃 马中锡		〃 〃			—12 12—	〃 〃 张 鼐		□周 南		〃 〃
正德一（1506）				〃 〃 〃	—6 6—	〃 〃 〃 邓 璋	—4 2—	□〃 〃 韩 福			—4 5—	〃 〃 车 霆	—9 10—	〃 〃 欧 信 崔 岩	—5 5—	□〃 〃 □徐 节
二（1507）			—7	□〃 〃 〃	—10 10—	〃 〃 刘 瓛		〃 〃 徐以贞			—1	□〃 〃 邓 璋		〃 〃		〃 〃
三（1508）						〃 〃					—12 12—	〃 〃 陆 完	—6	〃 〃 熊 伟		□〃 〃
四（1509）				刘 聪	5—10 10—	□〃 〃 □李 贡 □王彦奇					—5 5—6 6—	〃 〃 马炳然 杨 纶	—5 5—8 8—	〃 〃 文 贵 王 纶		

（续表）

年	月	蓟辽	月	顺天	月	辽东	月	保定	月	宣大	月	宣府	月	大同	月	山西
五（1510）			9—	〃〃 李贡	—6 6—	〃〃 王宪	5— 9—11 11—	徐以贞 陈玉 冯镐			1—8 9— 10—	〃〃 杨武 夏景和 周南	1— 9—	□〃〃 □张襘 □马中锡		□胡瑞
六（1511）				〃〃	5—12 12—	〃〃 彭泽 [19]袁经	2—12 12—	□萧翀 彭泽			2—11 11—	燕忠 赵璜	—3 3—12 10—	〃〃〃 □石玠 谢绶	—2 2—10	□〃〃 □王璟
七（1512）				〃〃	—5 6—	□〃〃 张贯	—2 2—11 11—	〃〃 □宁杲 □林廷玉			8—	〃〃 王云凤	—5 7—	〃〃 公勉仁	4—6 7—	姜洪 郑宗仁
八（1513）			—7 7—	〃〃 王倬		〃〃	—11 11—	〃〃〃 □张淳			1—	〃〃〃 □孟春	1—	□〃〃〃 □高友玑		〃〃〃
九（1514）				〃〃		〃〃		〃〃			—11 11—	〃〃 张襘	—11 11—	〃〃〃 王宪	—2 2—11 11—	〃〃〃 王珝 李钺
十（1515）			—10 10—	□〃〃 □李瓒		〃〃	—12 12—	〃〃 臧凤			3—	〃〃 □王纯		〃〃		〃〃

（续表）

年	月	蓟辽	月	顺天	月	辽东	月	保定	月	宣大	月	宣府	月	大同	月	山西
十一（1516）				〃　〃		〃　〃		〃　〃			—8 9—	〃　〃 刘　达	—11 12—	□〃　〃 胡　瓒		〃　〃
十二（1517）				〃　〃 臧　凤		〃　〃		□〃　〃 李　瓒				〃　〃		〃　〃	—7 7—	〃　〃 □张　檜
十三（1518）			—5 6—	〃　〃 张　润	—11	20□〃　〃 张　襘		〃　〃 张　嵿				〃　〃	3—	□〃　〃 □杨志学		〃　〃
十四（1519）			2—	〃　〃 刘　达		〃　〃	—2 3— 7—	〃　〃 王崇文 □伍　符			—2 3—	〃　〃 □宁　杲		〃　〃　〃		〃　〃
十五（1520）				〃　〃	—9 11—	〃　〃 李承勋		〃　〃				〃　〃		〃　〃　〃		〃　〃
十六（1521）			—4 5—11 11—	□〃　〃 □李　昆 孟　春		〃　〃　〃	—4 5—	□〃　〃 □周季凤			—4 5—	□〃　〃 □李　铎		〃　〃　〃		〃　〃
嘉靖一（1522）				〃　〃		〃　〃　〃		〃　〃　〃				〃　〃	6—	□张文锦 〃　〃　〃	2—	胡　锭

（续表）

年	月	蓟辽	月	顺天	月	辽东	月	保定	月	宣大	月	宣府	月	大同	月	山西
二（1523）			—12 12—	□〃 〃 □刘 泽	—5 6—	〃 〃 〃 张 琏	4—	〃 〃 〃 刘 麟				〃 〃		〃 〃 〃	—8 8—	〃 〃 毕 昭
三（1524）				〃 〃		〃 〃		〃 〃			—5 5— 8—	□〃 〃 寇天叙 □张 缙	—8 8—	□〃 〃 李 铎 □蔡天祐		〃 〃
四（1525）				〃 〃		〃 〃	—3 4—	〃 〃 何 诏			—3 3—	□〃 〃 周 金		〃 〃 〃	—2 3—	〃 〃 江 潮
五（1526）				〃 〃	3—	〃 〃 张 云		〃 〃				〃 〃		〃 〃 〃		〃 〃
六（1527）			2—9	〃 〃 张仲贤 汪 玉		〃 〃	—4 4—	〃 〃 林廷棉			—3 6—	□〃 〃 刘源清		〃 〃 〃		〃 〃 常 寅
七（1528）				〃 〃	—1 1—	〃 〃 潘 珍	—1 1—9	□〃 〃 〃 □王应鹏 □钱如京				〃 〃 〃		〃 〃 〃	—9 12—	〃 〃 王应鹏 □刘大谟

（续表）

年	月	蓟辽	月	顺天	月	辽东	月	保定	月	宣大	月	宣府	月	大同	月	山西
八（1529）			12—	〃 〃 王大用	10—	〃 〃 □成 文		〃 〃 〃				〃 〃 〃		〃 〃 〃	—6 6—	□〃 〃 〃 张 翰
九（1530）			—3 3—	〃 〃 〃 周期雍		〃 〃	—9	□〃 〃 〃 林有孚				〃 〃 〃	—2 2—3 3—	□〃 〃 〃 萧 淮 王大用		〃 〃
十（1531）			—△6 △6—	〃 〃 〃 □王大用	—5 6—	□〃 〃 周 叙		〃 〃 〃				〃 〃 〃	5—	〃 〃 〃 王 潮	2—	〃 〃 □黄 钟
十一（1532）			—9 12—	□〃 〃 〃 毛伯温 □戴时宗		〃 〃	4—	〃 〃 〃 许宗鲁				〃 〃 〃	—10 9—	〃 〃 何 栋	—9 12—	□ 〃 〃 □陈 达
十二（1533）			—4 4— 6—	□〃 〃 〃 于 湛 张 嵩	—7 7—	□〃 〃 王 潮	—6 7—	□〃 〃 〃 □周 金			—2	□〃 〃 〃 韩邦奇	—4 4—10 10—	〃 〃 潘 倣 □樊继祖	7— 7—	□〃 〃 王德明
十三（1534）			—8 8—	□ 〃 〃 □张景华	—9 9—	〃 〃 吕 经		〃 〃			—7 8—	□〃 〃 〃 路 迎		〃 〃 〃	12— 7—	〃 〃 〃 □任 洛

（续表）

年	月	蓟辽	月	顺天	月	辽东	月	保定	月	宣大	月	宣府	月	大同	月	山西
十四（1535）			—7 7—	〃 〃 〃 党以平	4— 4—	〃 〃 □韩邦奇 任 洛	4—	〃 〃 □刘 夔				〃 〃		〃 〃 〃	—4 4—	〃 〃 韩邦奇
十五（1536）				〃 〃 〃		〃 〃		〃 〃			—11 11—	〃 〃 郭登庸	—11 11—	□〃 〃 〃 □史 道		〃 〃 〃
十六（1537）				〃 〃 〃		〃 〃		〃 〃				〃 〃 〃		〃 〃		〃 〃 〃
十七（1538）			—4 5—	〃 〃 〃 □戴 金	3—	〃 〃 刘 璋	—4 5—	〃 〃 □陆 珂				〃 〃 〃		〃 〃	—6 7—	〃 〃 〃 路 迎
十八（1539）				□〃 〃 张 谟	—9 9—	〃 〃 刘储秀	—3 3—	〃 〃 刘 嵎			—9 △7—	□〃 〃 〃 楚 书		〃 〃		〃 〃 [45]□陈 讲
十九（1540）			—6 6—	□〃 〃 □徐 锦		〃 〃 〃		〃 〃				〃 〃		〃 〃		〃 〃
二十（1541）			—5 6—	□〃 〃 徐 嵩	—7 8—	〃 〃 〃 孙 襘		〃 〃	7—	樊继祖		〃 〃	—2 6—	〃 〃 龙大有	—10 11—	□〃 〃 □刘 臬

（续表）

年	月	蓟辽	月	顺天	月	辽东	月	保定	月	宣大	月	宣府	月	大同	月	山西
二十一（1542）			—1 1—	〃 〃 □侯 纶		〃 〃	—8 9—	〃 〃 □丁汝夔	—2 3—	〃 〃 〃 翟 鹏	—8	□〃 〃 □王 仪	—8 8—	〃 〃 〃 赵 锦	—8 8—	〃 〃 □李 珏
二十二（1543）			—5 6—	□〃 〃 □许 论	—3 4—	〃 〃 顾 遂	—8 10—	〃 〃 〃 □吴 瀚		〃 〃		〃 〃		〃 〃		〃 〃
二十三（1544）			—6 6— 7—10 10—	□〃 〃 □王 祯 朱 方 12郭宗皋	—5	〃 〃 □董 珊	—4 4—	□〃 〃 郑 重	—10 10— 12—	〃 〃 张 汉 翁万逵		〃 〃	—2 2—	〃 〃 詹 荣	—3	□〃 〃 □曾 铣
二十四（1545）				〃 〃 〃	—3 3— 11—	〃 〃 卢 蕙 于 敖	—3 3—	〃 〃 苏 祐		〃 〃 〃	—3 3—	〃 〃 孙 锦		〃 〃		〃 〃
二十五（1546）				〃 〃 〃		〃 〃		〃 〃		〃 〃 〃		〃 〃		〃 〃	—4 4—12	〃 〃 杨守谦
二十六（1547）			—1 2—	〃 〃 〃 孙应奎	—10 1—	〃 〃 胡宗明	—4 4—	〃 〃 李 仁		〃 〃 〃		〃 〃		〃 〃	1—4 4—	孙继鲁 苏 祐

（续表）

年	月	蓟辽	月	顺天	月	辽东	月	保定	月	宣大	月	宣府	月	大同	月	山西
二十七（1548）				〃 〃 〃	3—11 12—	〃 〃 〃 李 珏 蒋应奎		〃 〃		〃 〃 〃		〃 〃	—10 11—	〃 〃 郭宗皋		〃 〃
二十八（1549）			—10 10—	〃 〃 〃 王汝孝		〃 〃 〃	—2 2—	〃 〃 商大节	—5 5—	〃 〃 〃 郭宗皋	—2 2— 2— 5—	〃 〃 李 仁 郭宗皋 李 良	—11 11—	〃 〃 〃 李 仁 陈 耀	—5 5— 12—	〃 〃 石迁高 应 槚
二十九（1550）	9—11 11—	孙 禬 何 栋	—8 8—9 9—10 10—	〃 〃 〃 吴嘉会 聂 豹 [13]吴嘉会		〃 〃 〃	—4 4—8 8—	〃 〃 〃 杨守谦 艾希淳	—△6 △6—	〃 〃 〃 苏 祐	—9 9—	〃 〃 刘 玺	—△6 △6— —11	〃 〃 苏 祐 赵 锦 何 思	—12 12—	〃 〃 许 论
三十（1551）		〃 〃		〃 〃 〃	—10 10—	〃 〃 〃 许宗鲁		〃 〃 〃		〃 〃		〃 〃		〃 〃		〃 〃
三十一（1552）		〃 〃		〃 〃 〃	—10 10—	〃 〃 〃 江 东		〃 〃 〃		〃 〃		〃 〃	—3 3—5 5—	〃 〃 于 敖 侯 钺		〃 〃

（续表）

年	月	蓟辽	月	顺天	月	辽东	月	保定	月	宣大	月	宣府	月	大同	月	山西
三十二（1553）	—12 12—	〃 〃 杨 博		〃 〃 〃		〃 〃		〃 〃 〃		〃 〃	—12 12—	〃 〃 刘廷臣		40〃 〃	—2 2— 12—	〃 〃 赵时春 王 崇
三十三（1554）		〃 〃		〃 〃 〃	—3	〃 〃 苏志皋		〃 〃 〃	—4 4— 5—	〃 〃 贾应春 许 论		〃 〃 〃	—6	王 忬		〃 〃
三十四（1555）		〃 〃 王 忬		〃 〃 〃		〃 〃 〃	—△11 △11—	〃 〃 〃 吴 岳		〃 〃	—12 12—	〃 〃 〃 张 涣	—3 3—12 12—	〃 〃 齐宗道 杨 顺		〃 〃
三十五（1556）		〃 〃	—3 3— 6—	〃 〃 〃 马九德 张 祉		〃 〃 〃		〃 〃	—1 1—	〃 〃 江 东		〃 〃		〃 〃	—6 6—	〃 〃 闵 煦
三十六（1557）		〃 〃	—9 9—	〃 〃 马 佩		〃 〃 〃		〃 〃 33郑 絅	—1 3—	〃 〃 杨 顺	—2 3—	〃 〃 张 镐	—3 3—	〃 〃 朱 笈	—5 5—	〃 〃 魏谦吉
三十七（1558）		〃 〃	—9 9—	〃 〃 王 轮	—3 3—	〃 〃 〃 路可由		〃 〃		〃 〃 江 东 杨 博	—9 9—	〃 〃 何 思	—3 3— 8—	〃 〃 杨 边 李文进	—9 9—	〃 〃 〃 葛 缙

（续表）

年	月	蓟辽	月	顺天	月	辽东	月	保定	月	宣大	月	宣府	月	大同	月	山西
三十八（1559）	—5 5—10 10—	〃 〃 杨 博 许 论	—3 3—	〃 〃 张 玭	1— 1—	〃 〃 〃 王 崇 侯如谅	—2 2— 5— 12—	〃 〃 张 松 喻 时 葛 缙	—5 5—	〃 〃 张 松	—1 2—	〃 〃 迟凤翔		〃 〃 〃	—12 12—	〃 〃 孟 淮
三十九（1560）		〃 〃		〃 〃		〃 〃 〃	—4 4— 9—	〃 〃 董 威 霍 冀	—4 4—11 11—	〃 〃 葛 缙 李文进		〃 〃 〃	—11 11—	〃 〃 〃 杨 选		〃 〃
四十（1561）	—6 6—	〃 〃 杨 选	—9 9—	〃 〃 徐 绅	—4 4—	〃 〃 〃 吉 澄	—5 5—	〃 〃 毛 恺		〃 〃 〃	—10 10—	〃 〃 〃 赵孔昭	—6 7—	〃 〃 〃 陈其学	—5 5—	〃 〃 杨宗气
四十一（1562）		〃 〃		〃 〃	—9 9—	〃 〃 王之诰	1—	〃 〃 李 迁	—3 4—	〃 〃 江 东		〃 〃 〃				〃 〃 〃
四十二（1563）	—10 10—	〃 〃 刘 焘	—10 10—	〃 〃 温景葵		〃 〃 〃	—10 11—	〃 〃 魏尚纯		〃 〃	—4 4—	〃 〃 〃 杨 巍	—5 5—10 11—	〃 〃 〃 刘 焘 张邦彦	—5 5—10 11—	〃 〃 〃
四十三（1564）		〃 〃		〃 〃 〃	11— 12—	〃 〃 〃 刘应节	—5 5—	〃 〃 〃 张师戴		〃 〃	—2 △2—	〃 〃 李 秋		〃 〃 〃	—6 7—10 7—	〃 〃 〃 毛 鹏 万 恭

（续表）

年	月	蓟辽	月	顺天	月	辽东	月	保定	月	宣大	月	宣府	月	大同	月	山西
四十四（1565）		〃 〃	—12	〃 〃 〃	2—	〃 〃 〃 张西铭		〃 〃 〃	—9 9—	〃 〃 赵炳然		〃 〃		〃 〃 〃	12—	〃 〃 王继洛
四十五（1566）		〃 〃	1—	耿随卿	—1 1—	〃 〃 〃 魏学曾	—11 11—	〃 〃 〃 曹　亨	—△10 △10—	〃 〃 〃 王之诰	—1 1—	〃 〃 冀　练	—1 1—	〃 〃 〃 张志孝		〃 〃 〃
隆庆一（1567）	10—	〃 〃 曹邦辅	10—	〃 〃 〃 刘应节		〃 〃 〃	—10 10—	〃 〃 温如璋	—10 11—	〃 〃 〃 陈其学		〃 〃	—10 10—	〃 〃 〃 刘　祐	—10 10—	〃 〃 〃 杨　巍
二（1568）	3—	〃 〃 〃 谭　纶		〃 〃 〃		〃 〃 〃		〃 〃 〃		〃 〃 〃	—3 3—	〃 〃 王　遴		〃 〃	—12 12—	〃 〃 靳学颜
三（1569）		〃 〃		〃 〃 〃	—11 12—	〃 〃 〃 方逢时	2— —2	〃 〃 〃 朱大器		〃 〃 〃		〃 〃	—3 6—	〃 〃 李　秋		〃 〃 〃
四（1570）	—10 10—	〃 〃 刘应节	—10 10—	〃 〃 〃 杨　兆	—1 1— 10—	〃 〃 〃 李　秋 毛　纲		〃 〃 〃 李尚智 宋　纁	—1 1—	〃 〃 〃 王崇古	—3 3—	〃 〃 孟　重	—1 1—12 12—	〃 〃 方逢时 刘应箕	—2 2—	〃 〃 〃 石茂华

（续表）

年	月	蓟辽	月	顺天	月	辽东	月	保定	月	宣大	月	宣府	月	大同	月	山西
五（1571）		〃 〃 〃		〃 〃	—2 2—	〃 〃 张学颜		〃 〃		〃 〃 〃	8—	〃 〃 吴 兑		〃 〃 〃	—2 3—	〃 〃 〃 杨 彩
六（1572）		〃 〃 〃		〃 〃		〃 〃 〃		〃 〃		〃 〃 〃		〃 〃		〃 〃 〃	—7 7—	〃 〃 赵孔昭
万历一（1573）		〃 〃 〃		〃 〃		〃 〃 〃	—1 1—	〃 〃 孙丕扬	—9 9—	〃 〃 〃 方逢时		〃 〃	—7 7—	〃 〃 〃 申 佐	—4 4—	〃 〃 〃 朱 笈
二（1574）	—7 7—	〃 〃 〃 杨 兆	7—	〃 〃 王一鹗		〃 〃 〃		〃 〃 〃		〃 〃 〃		〃 〃		〃 〃	—9 9—	〃 〃 郑 洛
三（1575）		〃 〃		〃 〃 〃		〃 〃 〃		〃 〃 〃		〃 〃 〃		〃 〃		〃 〃 郑 洛	—3 3—11 11—	〃 〃 沈应时 崔 镛
四（1576）		〃 〃		〃 〃 〃		〃 〃 〃		〃 〃 〃		〃 〃 〃		〃 〃		〃 〃	—12	〃 〃
五（1577）	—12 12—	〃 〃 梁梦龙	4—	〃 〃 〃 陈道基	—10 10—	〃 〃 〃 周 咏	—2 2—	〃 〃 〃 孟 重	4—	〃 〃 〃 吴 兑	4—	〃 〃 王一鹗		〃 〃	1— 4—	孙应元 高文荐

（续表）

年	月	蓟辽	月	顺天	月	辽东	月	保定	月	宣大	月	宣府	月	大同	月	山西
六（1578）		〃〃〃	—12 12—	〃〃〃 张梦鲤		〃〃	—7 7—	34〃〃 张　卤		〃〃		〃〃〃	—6 6—	〃〃 贾应元		〃〃〃
七（1579）		〃〃〃		〃〃〃		〃〃		〃〃	—8 8—	〃〃 郑　洛	8—	〃〃〃 张佳胤		〃〃〃		〃〃〃
八（1580）		〃〃〃		〃〃〃		〃〃	10—	〃〃 辛自修		〃〃		〃〃〃		〃〃〃	—12 12—	〃〃〃 辛应乾
九（1581）	—4 4—	〃〃〃 吴　兑	—2 4—	〃〃〃 吴　兑		〃〃		〃〃〃		〃〃	—4 4—	〃〃〃 萧大亨		〃〃〃		〃〃〃
十（1582）	—11 11—	〃〃 周　咏	—10	〃〃	—11 11—	〃〃 李　松	—2 2—	〃〃〃 阴武卿		〃〃		〃〃〃	11—	〃〃〃 胡来贡		〃〃〃
十一（1583）	—9 9—	〃〃 张佳胤	11— 11—	翟繡裳 张国彦		〃〃	—1 1—11 11—	〃〃〃 宋　缥 李　己		〃〃		〃〃〃		〃〃〃	—△2 3—	〃〃〃 侯于赵
十二（1584）		〃〃〃		〃〃〃		〃〃	8—	〃〃 贾三近		〃〃		〃〃〃		〃〃〃	8—	〃〃〃 许守谦

（续表）

年	月	蓟辽	月	顺天	月	辽东	月	保定	月	宣大	月	宣府	月	大同	月	山西
十三（1585）		〃〃〃 王一鹗	—3 3—4 7—	〃〃〃 赵河怀 王一鹗 蹇　达	6—	〃　〃 顾养谦		〃〃〃		〃　〃		〃〃〃		〃〃〃		〃〃〃
十四（1586）		〃〃〃		〃〃〃		〃〃〃		〃〃〃		〃　〃		〃〃〃		〃〃〃		〃〃〃
十五（1587）	—3 4—	〃〃〃 张国彦		〃〃〃		〃〃〃	—3 3—	〃〃〃 张西铭		〃　〃	—2	〃〃〃 许守谦	—2 2—	〃〃〃 邓林乔	—2 2—	〃〃〃 沈子木
十六（1588）		〃〃〃	—7 7—	〃〃〃 王致祥		〃〃〃	—2 2—9 10—11 11—	〃〃〃 罗应鹤 曹子登 宋　仕		〃　〃		〃〃〃	7—	〃〃〃 王　基		〃〃〃
十七（1589）		〃〃〃		〃〃〃	—7	〃〃〃 郝　杰		〃　〃	3—	〃　〃 萧大亨	—8 10—	〃〃〃 郭四维		〃　〃	—3	〃〃〃 李采菲
十八（1590）	—8 8—	〃〃〃 蹇　达		〃〃〃		〃　〃		〃　〃		〃〃〃		〃〃〃	—8 9—	〃　〃 邢　玠		〃〃〃

（续表）

年	月	蓟辽	月	顺天	月	辽东	月	保定	月	宣大	月	宣府	月	大同	月	山西
十九（1591）		〃 〃	—9 9—	〃 〃 〃 成 逊		〃 〃	—9 9—	〃 〃 任养心		〃 〃 〃	—9 9—	〃 〃 〃 王世扬		〃 〃		〃 〃 〃 [46]朱孟宸 吕 坤
二十（1592）	—4 7—	〃 〃 郝 杰	6—	〃 〃 李 颐	—7 7— 9—	〃 〃 鲍晞颜 赵 耀		刘东星		〃 〃 〃		〃 〃 〃		〃 〃		〃 〃
二十一（1593）		〃 〃 [1]顾养谦		〃 〃	—9 10—	〃 〃 韩取善	—9 9—	〃 〃 〃 李 涞		〃 〃 〃		〃 〃 〃	—8 8—	〃 〃 梅国祯	5—	〃 〃 魏允贞
二十二（1594）	7—	〃 〃 〃 孙 鑛		〃 〃	—5 5—	〃 〃 〃 李化龙	3—	李盛春		〃 〃 〃	—9 9—	〃 〃 〃 王象乾		〃 〃 〃		〃 〃 〃
二十三（1595）		〃 〃		〃 〃		〃 〃 〃		〃 〃 〃	—5 5—	〃 〃 〃 王世扬		〃 〃 〃		〃 〃 〃		〃 〃 〃
二十四（1596）		〃 〃		〃 〃		〃 〃 〃		〃 〃 〃		〃 〃 〃		〃 〃 〃		〃 〃 〃		〃 〃 〃
二十五（1597）	—3 3—	〃 〃 邢 玠		〃 〃	—4 4—	〃 〃 〃 张思忠		〃 〃 〃		〃 〃 〃		〃 〃 〃		〃 〃 〃		〃 〃 〃

（续表）

年	月	蓟辽	月	顺天	月	辽东	月	保定	月	宣大	月	宣府	月	大同	月	山西
二十六（1598）		〃 〃		〃 〃	—4 5—	〃 〃 〃 李 植		〃 〃 〃	—2 4—	〃 〃 〃 梅国祯		〃 〃 〃	—4 5—	〃 〃 〃 房守士		〃 〃 〃
二十七（1599）		〃 〃		〃 〃		〃 〃	—2	〃 〃 〃		〃 〃 〃		〃 〃 〃		〃 〃 〃		〃 〃 〃
二十八（1600）		〃 〃		〃 〃	—9 7—	〃 〃 赵 楫		汪应蛟		〃 〃 〃		〃 〃 〃		〃 〃 〃		〃 〃 〃
二十九（1601）	5—	〃 〃 万世德	—6 9—	〃 〃 刘四科		〃 〃		〃 〃 〃	3—	〃 〃 〃 杨时宁	—1	〃 〃 〃 彭国光		〃 〃 〃	—5 5—	〃 〃 〃 白希繡
三十（1602）	—9 9—	〃 〃 〃 蹇 达		〃 〃 〃		〃 〃	—2△ 4—	〃 〃 〃 孙 璋		〃 〃 〃		〃 〃 〃	—△2 3—	〃 〃 〃 张 悌		〃 〃 〃
三十一（1603）		〃 〃		〃 〃 〃		〃 〃		〃 〃		〃 〃 〃		〃 〃 〃		〃 〃		〃 〃 〃
三十二（1604）		〃 〃		〃 〃 〃		〃 〃		〃 〃		〃 〃 〃	—4 5—	〃 〃 〃 马鸣鸾		〃 〃	9—	〃 〃 〃 李景元
三十三（1605）		〃 〃		〃 〃 〃		〃 〃		〃 〃	—2 12—	〃 〃 〃 郑汝璧		〃 〃 〃	7—	〃 〃 霍 鹏		〃 〃 〃
三十四（1606）		〃 〃		〃 〃 〃		〃 〃		〃 〃		〃 〃 〃		〃 〃 〃		〃 〃		〃 〃 〃

（续表）

年	月	蓟辽	月	顺天	月	辽东	月	保定	月	宣大	月	宣府	月	大同	月	山西
三十五（1607）		〃 〃		〃 〃 〃		〃 〃		〃 〃	—2 3—	〃 〃 〃 马鸣銮	—2 5—	〃 〃 〃 连　标		〃 〃		〃 〃 〃
三十六（1608）	—7 7—	〃 〃 王象乾		〃 〃 〃	7—	〃 〃 张　悌	—8 8—	〃 〃 赵　耀		〃 〃 〃		〃 〃		〃 〃		〃 〃 〃
三十七（1609）		〃 〃 〃		〃 〃 〃		21李　炳	—6	〃 〃 王　国		〃 〃 〃	—10 10—	〃 〃 薛三才		〃 〃	6—	〃 〃 〃 魏养蒙
三十八（1610）		〃 〃 〃	—6 8—	〃 〃 〃 王邦俊	—2 △3—	〃 〃 杨　镐		〃 〃	—9	〃 〃 〃		〃 〃 〃	—△3 5—	〃 〃 汪可受		〃 〃 〃
三十九（1611）		〃 〃 〃	—12	〃 〃 〃		〃 〃		〃 〃	2—	涂宗濬		〃 〃 〃		〃 〃 〃		〃 〃 〃
四十（1612）	—1 9—	〃 〃 〃 薛三才	2—	吴崇礼	12—	〃 〃 张　涛	—6 7—	〃 〃 刘学曾		〃 〃 〃	—9 10—	〃 〃 〃 汪道亨		〃 〃 〃	—8 9—	〃 〃 〃 樊东谟
四十一（1613）		〃 〃 〃		〃 〃 〃		〃 〃	9—	王　纪		〃 〃 〃		〃 〃 〃		石昆玉		〃 〃 〃
四十二（1614）		〃 〃 〃		〃 〃 〃		〃 〃 郭光复		〃 〃	—8 9—	〃 〃 〃 吴崇礼		〃 〃 〃		〃 〃 〃		吴仁庆
四十三（1615）		〃 〃 〃	2—	刘日梧		〃 〃 〃		〃 〃		〃 〃 〃		〃 〃 〃		〃 〃 〃		〃 〃 〃

（续表）

年	月	蓟辽	月	顺天	月	辽东	月	保定	月	宣大	月	宣府	月	大同	月	山西
四十四（1616）		〃 〃 〃		〃 〃 〃	2—	〃 〃 〃 李维翰		〃 〃		〃 〃 〃		〃 〃 〃	7—	王士琦	—10 12—	〃 〃 〃 陈所学
四十五（1617）	—3 3—	〃 〃 〃 汪可受		〃 〃 〃		〃 〃 〃	—7 9—	〃 〃 靳于中		〃 〃 〃		〃 〃 〃	—4 10—	〃 〃 〃 文　球		〃 〃 〃
四十六（1618）		〃 〃 〃		〃 〃 〃	—5 8—	〃 〃 〃 [22]周永春	—△4	〃 〃 〃		〃 〃 〃	—4 5— 8—	〃 〃 〃 吴崇礼 赵士谔		〃 〃		〃 〃 〃
四十七（1619）	—9 9—	〃 〃 〃 文　球	—11	〃 〃 〃		〃 〃 〃	—4	韩　浚	9—	〃 〃 〃 崔景荣	—4 7—	〃 〃 〃 张经业	—9	〃 〃 高　第	—4	〃 〃 〃 徐绍吉
泰昌一（1620）		〃 〃	2—	喻安性	—9 9—10 10—	〃 〃 〃 袁应泰 薛国用	8—	胡思仲	—10 10—	〃 〃 〃 董汉儒	—10 10—	〃 〃 〃 解经邦		〃 〃		〃 〃 〃
天启一（1621）	—4 7—	〃 〃 ○王象乾	2—	〃 〃 〃 李　瑾	—4 4—	〃 〃 〃 王化贞		〃 〃 〃		〃 〃 〃		〃 〃 〃		〃 〃		〃 〃 〃
二（1622）		〃 〃 〃	—10 10—	〃 〃 岳和声	8—	〃 〃 〃 阎鸣泰	12—	张凤翔	—8 9—	〃 〃 〃 王国祯	—2 2—	〃 〃 〃 王之臣		〃 〃 刘遵宪		〃 〃 〃 刘　策

（续表）

年	月	蓟辽	月	顺天	月	辽东	月	保定	月	宣大	月	宣府	月	大同	月	山西
三（1623）		〃 〃 〃		〃 〃 〃	—4 6—	〃 〃 〃 张凤翼	—11 11—	〃 〃 〃 程正己		〃 〃 〃	11—	〃 〃 〃 徐良彦		〃 〃 〃		〃 〃
四（1624）	—3 3—	〃 〃 〃 ○吴用先	—2 2—	〃 〃 〃 邓　渼	2—	〃 〃 〃 喻安性	—12 12—	〃 〃 〃 郭尚友	3—	冯嘉会		〃 〃 〃	12—	[41]〃 〃 〃 张　朴	—8	〃 〃 柯　昶
五（1625）	—3 4—	〃 〃 〃 ○王之臣	3— 12—	〃 〃 申用懋 岳和声	—11	〃 〃 〃		〃 〃 〃		〃 〃 〃	—2 3—	〃 〃 〃 张　晓		〃 〃		〃 〃
六（1626）	—3 3—	〃 〃 〃 ○阎鸣泰	—1 1— 3—	〃 〃 〃 阎鸣泰 刘　诏	3—	袁崇焕	—7 8—	〃 〃 〃 张凤翼	—1 1—	〃 〃 〃 张　朴	—7 7—	〃 〃 秦士文	—1 2—	〃 〃 王　点	—2	〃 〃 [47]曹尔桢
七（1627）	—2 8—11 11—	〃 〃 〃 刘　诏 ○张凤翼	—8 —11 11—	〃 〃 单明诩 王应豸	—7 7—	〃 〃 〃 王之臣	—11 12—	〃 〃 〃 解经传	5—	〃 〃 张　晓	—9 9—	〃 〃 〃 李养冲	—5 5—	〃 〃 [42]张翼明	—2 8—	〃 〃 〃 牟志夔
崇祯一（1628）	—3 4—	〃 〃 〃 喻安性		〃 〃 〃	1—	〃 〃 〃 毕自肃		〃 〃 〃	—7 8—	〃 〃 王象乾		〃 〃 〃	5—	张宗衡	—2 3—	〃 〃 〃 耿如杞

（续表）

年	月	蓟辽	月	顺天	月	辽东	月	保定	月	宣大	月	宣府	月	大同	月	山西
二（1629）	 12—	〃〃〃 刘　策 梁廷栋	3—11 12— 12—	〃〃〃 王元雅 梁廷栋 方大任				〃〃〃	—9 9—	〃〃〃 魏云中	—2 2—	〃〃〃 郭之琮		〃〃〃		〃〃〃
三（1630）	—1 1— 7—	〃〃〃 ○张凤翼 ○曹文衡	2— 5—6	〃〃〃 谢如兰 刘可训 傅宋龙	2—	邱禾嘉	12—	〃〃〃 丁魁楚		〃〃〃	—6	杨述程 沈　棨		〃〃〃	—1 1—5 6—	〃〃〃 仙克谨 [48]宋统殷
四（1631）		〃〃〃		〃〃〃		〃〃〃 孙　毂 [23]刘宇烈 方一藻		〃〃〃	3—	〃〃〃 张宗衡		〃〃	3— —12	[43]〃〃〃 张廷栱	8—	〃〃〃 [49]许鼎臣
五（1632）	—9 9—	〃〃〃 傅宗龙	—9 9—	〃〃〃 张鹏云		〃〃〃		〃〃〃		〃〃〃	—7 7—10 10—	〃〃 马士英 焦源清	12—	〃〃〃 胡沾恩		〃〃〃
六（1633）		〃〃〃		〃〃〃		〃〃〃		〃〃〃		〃〃〃		〃〃〃		〃〃〃	—7 7—	〃〃〃 戴君恩

（续表）

年	月	蓟辽	月	顺天	月	辽东	月	保定	月	宣大	月	宣府	月	大同	月	山西
七（1634）	—11 12—	〃 〃 〃 丁魁楚		〃 〃 〃		〃 〃 〃	12—	〃 〃 〃 张其平	—9 9—	〃 〃 〃 杨嗣昌	9—	〃 〃 〃 陈新甲	—11	〃 〃 〃 焦源溥	9—	〃 〃 〃 吴　甡
八（1635）		〃 〃 〃		〃 〃 〃		〃 〃 〃		〃 〃 〃	11—	〃 〃 〃 梁廷栋		〃 〃 〃	5—	〃 〃 〃 叶廷桂		〃 〃
九（1636）	—9 9—	〃 〃 〃 张福臻	—9 9—	〃 〃 〃 [14]吴阿衡		〃 〃 〃		〃 〃 〃	—9 9—	〃 〃 〃 卢象昇	—5 5— 10—	〃 〃 〃 张维世 [38]刘永祚		〃 〃 〃		〃 〃
十（1637）		〃 〃 〃 [2]吴阿衡	—7 5—	〃 〃 〃 陈祖苞		〃 〃 〃		〃 〃 〃		〃 〃 〃		〃 〃 〃		〃 〃 〃	10—	〃 〃 宋　贤
十一（1638）	—9 2—	〃 〃 〃 ○洪承畴	11—	[15]〃 〃 〃 杨绳武		〃 〃 〃	10—	〃 〃 〃 孙传庭	6—	〃 〃 〃 陈新甲		〃 〃 〃		〃 〃 〃		〃 〃
十二（1639）	1—	[3]〃 〃 〃 孙传庭 杨文岳		〃 〃 〃		〃 〃 〃	—1	〃 〃 〃 [35]黎玉田		〃 〃 〃		〃 〃 〃		〃 〃 〃		〃 〃

（续表）

年	月	蓟辽	月	顺天	月	辽东	月	保定	月	宣大	月	宣府	月	大同	月	山西
十三（1640）		洪承畴 杨文岳		〃 〃 〃	—3 3—	〃 〃 〃 [24]邱民仰	—10 9—	〃 〃 〃 杨　进	1—	张福臻	—9	〃 〃 〃		刘梦桂		〃 〃
十四（1641）	—9 9—12 12—	洪承畴 杨绳武 范志完 [4]杨文岳		王文清	10—	〃 〃 〃 叶廷桂		〃 〃		〃 〃 〃 江禹绪		江禹绪		〃 〃 〃	—2 10—12 12—	〃 〃 范志完 蔡懋德
十五（1642）	2— 11—	范志完 张福臻 [5]赵光抃	8—12 12—	潘永图 王继谟	—2 2— 4—	邱民仰 范志完 黎玉田	—△11	〃 〃 邱阳德	—12 12—	〃 〃 〃 孙　晋	2—	李　鉴 [39]朱之冯	—1 2—	刘梦桂 卫景瑗		〃 〃 〃
十六（1643）	6—△11 —5 5—	侯　恂 赵光抃 王永吉	—5 6—	赵维岳 王继谟		〃 〃 〃	2—	〃 〃 〃 徐　标	—12 12—	〃 〃 王继谟		〃 〃 〃		〃 〃 〃		〃 〃 〃
十七（1644）	3—	[6]吕大器 [7]王永吉 徐　标	—3	〃 〃 宋　权				〃 〃		〃 〃 〃		〃 〃 〃		〃 〃 〃		〃 〃 〃

注释：

△系代表闰月。

○代表总督蓟辽，无○则为总督蓟辽、保定等处。

□任期起讫不知系根据何书者，以□表示。

1.《明史纪事本末》：二十一年七月，以养谦督辽左。《实录》：二十一年正月丁丑，兵右顾养谦总督蓟辽、保定（月份不同）。

2.《列皇小识》：崇祯十年七月，阿衡升蓟辽。《国榷》：十年五月己丑，吴阿衡兵部右侍郎总督蓟辽、保定（月份不同）。

3. 十一年八月杨嗣昌议设保定总督。《明纪》：十二年正月，改孙传庭总督保定、山东、河北……（故自崇祯十二年起蓟辽每年有二督抚，在线上者为蓟辽，线下者为保定、山东、河北等地）。

4.《国榷》：十五年二月……六月，以朱仙镇败免（表中列入十四年）。

5. 依《国榷》："十五年十一月丙子，赵光抃……总督关蓟通津军务"而列入十五年行内。

6.《明史》本传：……五月罢总督。《国榷》：在二月丁亥。

7. 王永吉。《明季北略》：崇祯甲申三月甲午，征王永吉入卫（卫字何意?）。徐标。《东林列传》：……总督畿南山东……（是否为保定、山东等地）。

8.《实录》：正月癸未，命吏部左侍郎魏骥往顺天、永平二府分巡。

9. 邹来学。八月戊辰，郕王令邹来学为右佥都御史参赞孙杰军务（是否自八月起为督抚）。

10. 阎本。《实录》：八月戊甲，户部郎中阎本右佥都御史巡抚苏州等处（是否为顺抚顺天）。

11.《国榷》：五年十月甲辰，江西按察使魏富右佥都御史巡抚顺天（表中列入六年）。

12.《明大政记》：二十三年十月……郭宗举巡抚苏州……（表中列入二十四年）。

13.《国榷》：二十九年九月乙未，吴嘉会罢……十月……吴嘉会复巡抚顺天（表中系自三十年始）。

14.《国榷》：九年九月辛酉，巡抚顺天张鹏云免（表中列入八年）。

15.《烈皇小识》：十二年正月北兵退，顺天巡抚陈祖苞逮下狱。《国榷》：十一年十一月戊寅，杨绝武巡抚顺天，陈祖苞免（年代不同）。

16.《实录》：正统元年五月戊辰，巡抚辽东李濬言：辽东地广卫多乞于山东按察司委定廉干堂上官一员分按，辽东东宁道统之（自正统七年起至景泰四年辽东每年有总督、巡抚各一人）。

17.《国榷》：六月壬辰，巡抚辽东张岐除名。《国榷》：四月戊申，工部右侍郎彭谊改右副都御史，巡抚辽东（张岐、彭谊交替之间多出二月）。

18. 王宗彝。八月癸亥降，左铨……六月……巡检辽东（月份差二）。

19. 六年十二月乙巳，山东按察使袁经右佥都御史巡抚辽东（表中为七年始）。

20. ……《实录》：在十四年二月。

21.《实录》：三十六年九月乙未，顺天府丞李炳右副都御史巡抚辽东（表中为三十七年始）。

22.《山中见闻录》：四十六年五月二十一日，罢维翰，令杨镐兼设巡抚（表中无杨镐）。

23. 此处月份矛盾处甚多（表中为谢琏之名）。

24.《国榷》：在九月。

25.《实录》：正月癸未，命大理寺右少卿贺祖嗣往真定、保定二府分巡（表中列于保定行中）。

26.《实录》：……朕特命尔希琏巡抚直隶真定、保定、河间、大名、广平及南直隶凤阳、淮安、扬州、庐州、滁州、徐州地方（表中列于保定）。

27.《实录》：……李奎巡抚河南、直隶真定四府（表中列于保定行中）。

28.《实录》：……阎本兼巡抚真定、保定等府（表中列于保定行中）。

29.《列卿纪》：……巡抚顺天杨璿兼巡抚保定。

30.《国榷》：陈濂巡抚京畿兼抚山海、永平……（何以列于保定行中）。

31.《国榷》：叶冕巡抚河间、真保。

32.《实录》：……张鼎……巡抚直隶保定等六府。

33.《国榷》：三十五年十二月……郑絅右副都御史巡抚保定。

34.《列卿纪》：万历六年七月张卤……巡抚保定。《实录》：在十月丁巳。

35.《国榷》：崇祯十一年十二月丙辰，张其平免，黎玉田……巡抚保定（表中列入十二年）。

36.《宪宗实录》：天顺八年三月壬申，召巡抚宣府李匡还京，以南京右佥都御史李秉巡抚宣府。八月癸未，为左都御史。乙未，荣盛以右佥都巡抚宣府（表中无李秉之名）。

37.《列卿年表》：刘聪……十七年，谪官乞致仕。《实录》：……十七年正月庚寅，前巡抚宣府刘聪下狱降参政（表中列入十六年）。

38.《宣镇志》：十年任。

39.《国榷》：在十六年十二月。

40.《列卿年表》：侯钺……三十年，以右佥都任。三十二年，闲住（而表中列入三十三年）。

41.《畿辅志》：……二年，擢巡抚。《实录》：天启三年二月……刘遵宪右佥都御史巡抚大同（表中列入二年）。

42.《明纪》：崇祯元年七月……巡抚张翼明坐死。《剥复录》：元年九月，张翼明提问。八月，张翼明依律重政。《国榷》：元年五月辛未，张翼明免（三说之月份各异）。

43.《绥寇纪略》：崇祯四年五月，宗衡宣大总督。《国榷》：在三月。

44.《国榷》：四年正月乙酉，山西右佥都御史翟瑄回院。己亥，湖广左布政使张敷华右副都御史巡抚山西（表中无张敷华）。

45. 六年……（年恐为月之误）。

46. 闰月指何月。

47.《剥复录》：五年十二月曹尔桢山西巡抚……（表中列入六年）。

48.《绥寇纪略》：在七月十二日。

49.《绥寇纪略》：在五年三月。

二、陕西三边、陕西、延绥、宁夏、甘肃、凤阳（附淮阳）、应天、山东督抚

年	月	陕西三边	月	陕西	月	延绥	月	宁夏	月	甘肃	月	凤阳（附淮阳）	月	应天	月	山东
宣德一（1426）														[34]胡　概		
二（1427）			11—	郭　敦										〃　〃		
三（1428）			—5	〃　〃										〃　〃		
四（1429）														〃　〃		
五（1430）													9—	周　忱		曹　弘
六（1431）			2—	罗汝敬										〃　〃		〃　〃
七（1432）				〃　〃　〃										〃　〃		〃　〃
八（1433）				〃　〃　〃										〃　〃		〃　〃
九（1434）				〃　〃　〃										〃　〃		〃　〃
十（1435）				〃　〃　〃					6—11 11—	徐　晞 柴　车				〃　〃		〃　〃
正统一（1436）				〃　〃　〃			2—	郭　智		〃　〃				〃　〃		〃　〃
二（1437）				〃　〃　〃				〃　〃		〃　〃				〃　〃		〃　〃
三（1438）			—1 1—	〃　〃　〃 王　文			1—	〃　〃 金　濂		〃　〃				〃　〃		〃　〃

（续表）

年	月	陕西三边	月	陕西	月	延绥	月	宁夏	月	甘肃	月	凤阳（附淮阳）	月	应天	月	山东
四（1439）			—9	〃　〃 □陈　镒				〃　〃	△2— 3—	曹　翼 柴　车				〃　〃		〃　〃
五（1440）				〃　〃				〃　〃	2—	曹　翼				〃　〃		
六（1441）			1—	〃　〃 王　翱			—1 1—	〃　〃 卢　睿	—6 6—	〃　〃 程　富				〃　〃		
七（1442）			—2	〃　〃 陈　镒			—5 3—	〃　〃 金　濂	8—	〃　〃 曹　翼				〃　〃		
八（1443）				〃　〃			4—	〃　〃 卢　睿		〃　〃				〃　〃		
九（1444）				〃　〃	1—	王　文	—2 2—	〃　〃 罗　绮		陈　镒 曹　翼				〃　〃		
十（1445）			—10 10—	〃　〃 王　文	5—	马　恭		〃　〃		〃　〃				〃　〃	5—	张　骥
十一（1446）				〃　〃		〃　〃	—4 4—	〃　〃 卢　睿	—9 9—	〃　〃 马　昂				〃　〃		〃　〃

（续表）

年	月	陕西三边	月	陕西	月	延绥	月	宁夏	月	甘肃	月	凤阳（附淮阳）	月	应天	月	山东
十二（1447）				〃 〃		〃 〃		〃 〃		〃 〃				〃 〃		〃 〃
十三（1448）				〃 〃		〃 〃		〃 〃		〃 〃				〃 〃		
十四（1449）				〃 〃		〃 〃	9—	〃 〃 韩 福		〃 〃				〃 〃	4—12	赵 新
景泰一（1450）			—△1 △1—	〃 〃 刘广衡		〃 〃	—2	卢 睿 韩 福	2—	〃 〃 宋 杰	10—	耿九畴		〃 〃		□洪 英
二（1451）						〃 〃		〃 〃		〃 〃	10—	〃 〃 〃 王 竑	—5	〃 〃		〃 〃
三（1452）			—3 3—	□陈 镒 耿九畴		〃 〃		〃 〃		〃 〃		〃 〃		李 敏	—12 12—	〃 〃 薛希琏
四（1453）				〃 〃 〃	—11 11—	〃 〃 陆 矩		〃 〃		〃 〃		〃 〃		〃 〃		〃 〃 〃
五（1454）				〃 〃 〃		〃 〃		〃 〃		〃 〃		〃 〃		〃 〃		〃 〃 〃
六（1455）				〃 〃 〃	—2 2—	〃 〃 曹 琏		〃 〃		〃 〃		〃 〃		〃 〃 邹来学		〃 〃 〃

（续表）

年	月	陕西三边	月	陕西	月	延绥	月	宁夏	月	甘肃	月	凤阳（附淮阳）	月	应天	月	山东
七（1456）				〃 〃 〃				〃 〃		〃 〃		〃 〃	—1 9—	〃 〃 〃 陈 泰		□〃 〃 〃
天顺一（1457）				□〃 〃 〃			—2	〃 〃	—2	〃 〃	—2	〃 〃		〃 〃 李 秉		林 聪
二（1458）					4—	徐 瑄	5—	〃 〃 陈 翌	5—	芮 钊		〃 〃	6—	〃 〃 崔 恭	4—	年 富
三（1459）						〃 〃		〃 〃		〃 〃	9—	轩 輗		〃 〃		〃 〃
四（1460）						〃 〃		〃 〃		〃 〃		〃 〃	12—	〃 〃 刘 孜	—2 2—	〃 〃 贾 铨
五（1461）						〃 〃		〃 〃		〃 〃	—3	〃 〃		〃 〃		〃 〃
六（1462）			12—	王 槩		〃 〃		〃 〃	—9 12—	〃 〃 吴 琛				〃 〃		〃 〃

（续表）

年	月	陕西三边	月	陕西	月	延绥	月	宁夏	月	甘肃	月	凤阳（附淮阳）	月	应天	月	山东
七（1463）			—10 11—	〃 〃 项 忠		〃 〃	—5 4—	〃 〃 陈 玠		〃 〃	3—	王 竑		〃 〃		〃 〃
八（1464）				〃 〃	—3 3—	〃 〃 徐廷璋		〃 〃		〃 〃	—8 8—	〃 〃 陈 泰		〃 〃		〃 〃
成化一（1465）				〃 〃	—4	〃 〃 〃 11卢 祥		〃 〃	4—	〃 〃 徐廷璋		〃 〃	—11 11—	〃 〃 宋 杰		〃 〃
二（1466）				〃 〃		〃 〃		〃 〃		〃 〃 〃	8—	滕 昭		〃 〃	—6 6—	〃 〃 原 杰
三（1467）			7—	□〃 〃 陈 价	—8 8—	〃 〃 王 锐	—7 7—	〃 〃 张 蓥		〃 〃 〃		〃 〃	—8 8—	〃 〃 邢 宥		〃 〃
四（1468）			—8 8—	〃 〃 马文昇		〃 〃		〃 〃		〃 〃 〃		〃 〃		〃 〃		〃 〃
五（1469）				〃 〃 〃		〃 〃		〃 〃		〃 〃 〃		〃 〃 陈 濂		〃 〃	—5 5—	〃 〃 翁世资
六（1470）				〃 〃 〃		〃 〃		〃 〃		〃 〃 〃		〃 〃	—8 9—	〃 〃 滕 昭		〃 〃 〃

（续表）

年	月	陕西三边	月	陕西	月	延绥	月	宁夏	月	甘肃	月	凤阳（附淮阳）	月	应天	月	山东
七（1471）				〃 〃 〃	—1 1—	〃 〃 余子俊	10—	〃 〃 徐廷璋	—10 10—	〃 〃 〃 娄 良	2— 11—	〃 〃 [22]张 鹏 陈 洧	—12 12—	〃 〃 毕 亨		〃 〃 〃
八（1472）				〃 〃 〃		〃 〃 〃		〃 〃 〃		〃 〃	11— 6—	张 鹏 李 裕		〃 〃	—9 9—	〃 〃 〃 牟 俸
九（1473）				〃 〃 〃		〃 〃 〃		〃 〃 〃		〃 〃		〃 〃		〃 〃		〃 〃
十（1474）				〃 〃 〃		〃 〃 〃	—6 6—	〃 〃 〃 张 鹏	—2 2—	〃 〃 朱 英		〃 〃		〃 〃		〃 〃
十一（1475）			—11 12—	〃 〃 〃 余子俊	—11 12—	□〃 〃 〃 □丁 川		〃 〃	—11 12—	〃 〃 宋有文		〃 〃		〃 〃		〃 〃
十二（1476）				〃 〃 〃		〃 〃		〃 〃		〃 〃 〃		〃 〃	—6 7—	〃 〃 牟 俸	—7	〃 〃
十三（1477）			—7 8—	〃 〃 〃 程 宗		〃 〃	—7 8—	〃 〃 贾 俊	5—	〃 〃 〃 王朝远		〃 〃		〃 〃		

（续表）

年	月	陕西三边	月	陕西	月	延绥	月	宁夏	月	甘肃	月	凤阳（附淮阳）	月	应天	月	山东
十四（1478）				〃 〃	—4 5—	〃 〃 杨 浩		〃 〃		〃 〃 〃	—10 10—	〃 〃 李 纲		〃 〃		
十五（1479）				〃 〃		〃 〃		〃 〃	—7 7—12	〃 〃 〃 王 濬	—6 7—	〃 〃 张 瓒	1—	□〃 〃 王 恕		
十六（1480）			—3 3—	〃 〃 阮 勤		〃 〃		〃 〃	1—	侯 瓒		〃 〃		〃 〃		
十七（1481）				〃 〃	—6 6—	〃 〃 吕 雯		〃 〃		〃 〃		〃 〃		〃 〃		
十八（1482）				〃 〃		〃 〃		〃 〃		〃 〃	—8 △8—	〃 〃 徐 英		〃 〃		
十九（1483）			—8 8—	〃 〃 郑 时		〃 〃	—8 8—	〃 〃 崔 让		〃 〃		〃 〃		〃 〃		盛 禺
二十（1484）				〃 〃		〃 〃		〃 〃	—10 10—	〃 〃 鲁 能		〃 〃 刘 璋	—4 4—	〃 〃 彭 韶		〃 〃

（续表）

年	月	陕西三边	月	陕西	月	延绥	月	宁夏	月	甘肃	月	凤阳（附淮阳）	月	应天	月	山东
二十一（1485）				〃 〃		〃 〃		〃 〃	—4	〃 〃 唐 瑜	—7 8—11 11—	〃 〃 马文昇 李 敏	—4 4—	〃 〃 李 嗣		〃 〃
二十二（1486）			—8	〃 〃 贾 奭	—10 10—	〃 〃 黄 绂		〃 〃		〃 〃		〃 〃	—8 9—	〃 〃 王克复	—10 10—	〃 〃 吴 节
二十三（1487）				〃 〃		〃 〃		〃 〃	1—	〃 〃 罗 明	—1 2—	〃 〃 丘 鼐		〃 〃 〃		〃 〃
弘治一（1488）			—△1 2—	〃 〃 萧 桢		〃 〃	8—	16〃 〃 张 玮		〃 〃	—△1 2—	〃 〃 秦 纮		〃 〃 〃	—△1 2—	〃 〃 钱 钺
二（1489）				〃 〃		〃 〃		崔 让 张 玮	11—	〃 〃 王 继	—3 3—	〃 〃 李 昂		〃 〃 〃		〃 〃
三（1490）				〃 〃	—4 7—	〃 〃 刘忠东	—4 5—	〃 〃 韩 文		〃 〃	—4 4—	〃 〃 张 玮	—4 4—	〃 〃 〃 侣 钟	—9 9—	〃 〃 王 霁
四（1491）			—9 10—	〃 〃 王宗彝		〃 〃		〃 〃	—10 10—	〃 〃 冯 续		〃 〃		〃 〃		〃 〃

（续表）

年	月	陕西三边	月	陕西	月	延绥	月	宁夏	月	甘肃	月	凤阳（附淮阳）	月	应天	月	山东
五（1492）				〃 〃 〃		〃 〃		〃 〃		〃 〃		〃 〃		〃 〃		〃 〃
六（1493）		洪 钟		〃 〃 〃		〃 〃	—7 7—	〃 〃 孙 仁		〃 〃		〃 〃	—2 3—	〃 〃 何 鉴	—9 9—	〃 〃 熊 翀
七（1494）				〃 〃 〃	—3 3—	〃 〃 熊 繡		〃 〃	12—	〃 〃 许 进	—7 12—	〃 〃 李 蕙		〃 〃		〃 〃
八（1495）			—1 1—	〃 〃 〃 张敷华		〃 〃		〃 〃		〃 〃		〃 〃	3—	〃 〃 米 瑄		〃 〃
九（1496）			—8 8—	〃 〃 〃 许 进		〃 〃	—6 6—	〃 〃 张祯叔	—7 8—	〃 〃 吴 珉		〃 〃		〃 〃		〃 〃
十（1497）	10—	王 越	—8 8—	〃 〃 熊 翀				〃 〃 〃	—10 12—	〃 〃 周季麟		〃 〃	—10 10—	〃 〃 彭 礼	—8 8—	〃 〃 何 鉴
十一（1498）	—12	〃 〃		〃 〃	—1	王 嵩	—11 11—	〃 〃 〃 王 珣		〃 〃 〃		〃 〃		〃 〃		〃 〃

（续表）

年	月	陕西三边	月	陕西	月	延绥	月	宁夏	月	甘肃	月	凤阳（附淮阳）	月	应天	月	山东
十二（1499）				〃 〃		〃 〃		〃 〃		〃 〃 〃	—2 3—8	〃 〃 徐 镛 张傅华		〃 〃	—9 9—	〃 〃 王 俨
十三（1500）			—5 5—	〃 〃 周季麟	10—	〃 〃 [12]陈 寿		〃 〃	—5 6—	〃 〃 〃 刘 璋		〃 〃 〃		〃 〃	—7 7—	〃 〃 徐 源
十四（1501）	3—12	史 琳 秦 纮		〃 〃 〃		〃 〃		〃 〃		〃 〃	—11 11—	〃 〃 〃 张 缙		〃 〃		〃 〃
十五（1502）		〃 〃		〃 〃 〃		〃 〃	—5 6—	〃 〃 刘 宪	5—	〃 〃 毕 亨		〃 〃		〃 〃		〃 〃
十六（1503）		〃 〃		〃 〃 〃	—12 12—	〃 〃 文 贵		〃 〃		〃 〃		〃 〃	—7 7—	〃 〃 魏 绅		〃 〃
十七（1504）	—5	〃 〃	—5 △—12 12—	□〃 〃 〃 孙 需 杨一清		〃 〃		〃 〃		〃 〃		〃 〃		〃 〃		〃 〃

（续表）

年	月	陕西三边	月	陕西	月	延绥	月	宁夏	月	甘肃	月	凤阳（附淮阳）	月	应天	月	山东
十八（1505）				〃 〃 〃		〃 〃		〃 〃	11—	〃 〃 曹 元		〃 〃	—7 7—	〃 〃 艾 璞	—9 10—	〃 〃 朱 钦
正德一（1506）	1—	杨一清	1—	□〃 〃 〃 张 泰	—12	〃 〃		〃 〃		〃 〃	—5 5—	〃 〃 洪 钟		〃 〃		〃 〃
二（1507）	—3	〃 〃 〃	△—1 1—7 7—	〃 〃 曹 元 柴 昇	—11 11—	曹 凤 杜 忠	—1 10— 11—12 12—	〃 〃 冒 政 蓝 章 曲 锐	—1 1—	〃 〃 才 宽	—5 5—9 9—	〃 〃 王 琼 李 瀚		〃 〃	—10	〃 〃
三（1508）		才 宽	—5 6— 6—12 12—	〃 〃 才 宽 崔 严 贾 锭	—8 9—	〃 〃 徐以贞		〃 〃	6—	〃 〃 胡 瑞	—12	〃 〃 [21]邵 宝				
四（1509）	—12	〃 〃	2—	〃 〃 黄 宝	—10 10—	〃 〃 〃 黄 珂	—6 6—7 12—	〃 〃 马炳然 安惟学	9—	张 翼	12—	〃 〃 屈 直				

（续表）

年	月	陕西三边	月	陕西	月	延绥	月	宁夏	月	甘肃	月	凤阳（附淮阳）	月	应天	月	山东
五（1510）	4—8	杨一清	—4 4—	〃　〃 蓝　章		〃　〃	—4 8—	〃　〃　〃 张　勋		〃　〃	9—	□〃　〃 陶　琰	9—	罗　鉴	8—	黄　宝
六（1511）	7—	张　泰		〃　〃	—9 9—	〃　〃 舒昆山		〃　〃		〃　〃	—8 8—	〃　〃 张　缙	—2 2— 12—	〃　〃 张　凤 王　缜	2—11 12—	边　宪 张　凤
七（1512）		〃　〃		〃　〃	—6 12—	〃　〃　〃 金献民	—4 4—	〃　〃 冯　清		〃　〃		〃　〃		〃　〃	—8	〃　〃 赵　璜
八（1513）	—12	〃　〃		〃　〃	—3 3—	〃　〃　〃 吴世忠		〃　〃	11—	〃　〃 赵　鉴		〃　〃		〃　〃		〃　〃
九（1514）		邓　璋	—1 1—9 9—	〃　〃 陈　尊 冯　清	11—	〃　〃　〃 陈　璘	—4 5—	〃　〃 边　宪		〃　〃	—9 10—	〃　〃 陶　琰	8—	〃　〃 邓　庠		〃　〃
十（1515）	—9 9—	〃　〃 陈天祥	9—	〃　〃 萧　翀		〃　〃		〃　〃	—6 7—	〃　〃 李　昆	—△4 △4—	〃　〃 丛　兰	—10 11—	〃　〃 张　津	—6 6—	〃　〃 黄　瓒

（续表）

年	月	陕西三边	月	陕西	月	延绥	月	宁夏	月	甘肃	月	凤阳（附淮阳）	月	应天	月	山东
十一（1516）	—1	〃 〃 〃	—12 12—	□〃 〃 □王 宪		〃 〃	—12	〃 〃		〃 〃		〃 〃		〃 〃		〃 〃
十二（1517）	2—5	彭 泽	—3 4—	〃 〃 郑 阳		〃 〃	1—4 4—	郑 阳 王时中		〃 〃		〃 〃		〃 〃		〃 〃
十三（1518）				〃 〃		〃 〃		〃 〃 〃	—3 3—	〃 〃 邓 璋	5— 5—	[23]臧 凤 丛 兰	7—	〃 〃 李充嗣	9— 6—	[39]〃 〃 沈 林 伍 符
十四（1519）				〃 〃		〃 〃		〃 〃 〃		〃 〃		臧 凤 丛 兰		〃 〃 〃	3—	王 珝
十五（1520）				〃 〃	11—	[13]〃 〃 姚 镆		〃 〃 〃	—8 8—	〃 〃 文 贵		臧 凤 丛 兰		〃 〃 〃		〃 〃
十六（1521）			11—	□〃 〃 王 翊		〃 〃	—5 5—	〃 〃 〃 张 润	5—	〃 〃 许 铭	5— 1— 6—	[24]许廷光 臧 凤 陶 琰		〃 〃 〃	—11 11—	〃 〃 陈凤梧

（续表）

年	月	陕西三边	月	陕西	月	延绥	月	宁夏	月	甘肃	月	凤阳（附淮阳）	月	应天	月	山东
嘉靖一（1522）	1—	李　钺		〃　〃	—12 12—	〃　〃 周　金		〃　〃	—1 1—	〃　〃 陈九畴	—4 4—	〃　〃 俞　谏		〃　〃　〃		〃　〃　〃
二（1523）		〃　〃		〃　〃		〃　〃		〃　〃 张　瓒		〃　〃　〃	3—	[25]〃　〃 胡　锭	—11 11—	〃　〃　〃 吴廷举	—8 8—	〃　〃　〃 王尧封
三（1524）	—6 9—12 12—	〃　〃 金献民 杨一清	—5 8—	〃　〃 王　盖		〃　〃		〃　〃		〃　〃　〃	—6 6—10 11—12	〃　〃 李　钺 姚　镆		〃　〃　〃		〃　〃　〃
四（1525）	12—	[1]〃　〃　〃 王　宪		〃　〃	—3 3—	〃　〃 张　缙	4—	〃　〃 林　琦	—1 1—	〃　〃　〃 寇天叙	1—	高友玑	—6 6—	〃　〃　〃 陈凤梧	—5 6—7	〃　〃　〃 蒋　瑶
五（1526）		〃　〃	—10 10—	〃　〃 寇天叙		〃　〃		〃　〃	—10 11—	〃　〃　〃 李　珏		〃　〃　〃		〃　〃　〃		□王尧封
六（1527）		〃　〃		〃　〃　〃		〃　〃	—3 4—	〃　〃 李　璋 孟　洋	—4 4—	〃　〃 唐　泽	—7 7—	〃　〃　〃 [26]郑　毅	—3 4—11 11—12 12—	〃　〃　〃 华良永 欧阳重 周季凤		〃　〃　〃

（续表）

年	月	陕西三边	月	陕西	月	延绥	月	宁夏	月	甘肃	月	凤阳（附淮阳）	月	应天	月	山东
七（1528）	—2 2—	〃 〃 [2]王 琼		〃 〃 〃	—8 8—	〃 〃 萧 淮	—1 1—	〃 〃 翟 鹏		〃 〃	2—	唐 龙	1—	陈 祥		〃 〃 〃
八（1529）		〃 〃		〃 〃 〃		〃 〃		〃 〃	—4 4—	〃 〃 赵 戴	—10 10—	〃 〃 毛思义		〃 〃	—8 9—	〃 〃 〃 刘 节
九（1530）		〃 〃	—1 1—	〃 〃 〃 刘天和	—2 2— 4—	〃 〃 胡 忠 李如圭	—9 9—	〃 〃 胡东皋		〃 〃	—2 2—2 3—	〃 〃 〃 陈 祥 刘 节	—2 2—	〃 〃 毛思义	—3 3—	〃 〃 邵 锡
十（1531）	—9 9—	〃 〃 唐 龙		〃 〃 〃	—6 6—	〃 〃 张 宏	—12 12—	〃 〃 〃 杨志学		〃 〃		〃 〃	—2 3—	〃 〃 〃 陈 轼	11—	□〃 〃 〃 袁宗儒
十一（1532）		〃 〃	6—	〃 〃 〃 王尧封	—1 4—	〃 〃 于 桂		〃 〃 〃		〃 〃	—10 10—	〃 〃 马 卿		〃 〃		〃 〃 〃
十二（1533）		〃 〃		〃 〃 〃		〃 〃	—7 7—12	〃 〃 〃 张 翰		〃 〃		〃 〃	—5 6—	〃 〃 侯 位	—9 9—	〃 〃 〃 唐 胄

（续表）

年	月	陕西三边	月	陕西	月	延绥	月	宁夏	月	甘肃	月	凤阳（附淮阳）	月	应天	月	山东
十三（1534）		〃　〃	6—	〃　〃　〃 黄　臣		〃　〃		[17]张文魁		〃　〃		〃　〃		〃　〃	—9	〃　〃 □管　楫
十四（1535）	—7 8—12	〃　〃 姚　镆		〃　〃		〃　〃		〃　〃　〃	—11 11—	〃　〃 张　汉		〃　〃		〃　〃	—2 3—	〃　〃 蔡　经
十五（1536）	1—	刘天和	—7 7—11 11—	〃　〃 于　湛 任　忠	—9 9—	〃　〃 张　珩		〃　〃　〃	3—	〃　〃 牛天麟	—2 3—	〃　〃 周　金	—6	〃　〃 [35]陈克宅 欧阳铎	12—	胡宗瓒
十六（1537）		〃　〃　〃		〃　〃		〃　〃	—3 4—	〃　〃　〃 吴　铠		〃　〃　〃		〃　〃		〃　〃　〃		〃　〃　〃
十七（1538）		〃　〃　〃	—1 3—	〃　〃 任　洛		〃　〃		〃　〃		〃　〃　〃		〃　〃		〃　〃　〃	—6 7—	〃　〃　〃 曹　兰
十八（1539）		〃　〃　〃	—5 9—	〃　〃 赵廷瑞	—5 5— 9—	〃　〃 赵　锦 贾　启		〃　〃 杨守礼	—7 △7—	〃　〃　〃 丁汝夔		〃　〃	—△7 △7—	[36]〃　〃　〃 夏邦谟	—9 10—	〃　〃 李　中

（续表）

年	月	陕西三边	月	陕西	月	延绥	月	宁夏	月	甘肃	月	凤阳（附淮阳）	月	应天	月	山东
十九（1540）	—11 11—	〃 〃 〃 杨守礼		〃 〃 〃	—4 7—	〃 〃 尹嗣忠	—11	〃 〃 〃	5—	〃 〃 〃 陈 卿		〃 〃		〃 〃 〃		〃 〃
二十（1541）		〃 〃 〃		〃 〃 〃	11—	〃 〃 〃 万 潮		范 鏓		〃 〃	—6 7—9 10—	〃 〃 王 杲 张景华		〃 〃 〃	—7 7—	〃 〃 曾 铣
二十一（1542）		〃 〃 〃	—9 10—	〃 〃 〃 路 迎	—8	〃 〃 任惟贾 张 瓒	12—	张 珩	—△5 △5—	〃 〃 底 蕴		〃 〃 〃	—2 3—	〃 〃 〃 喻茂坚		〃 〃
二十二（1543）	—10 12—	〃 〃 〃 张 珩		〃 〃		〃 〃	—12	〃 〃 李士翱	—2 4—	〃 〃 詹 荣		〃 〃 〃 周 用 王 玮	—8 8—	〃 〃 〃 丁汝夔		〃 〃
二十三（1544）		〃 〃	—2 2—12 12—	〃 〃 翁万达 柯 相	—12	〃 〃 张子立		〃 〃 〃	—2 2—	〃 〃 赵 锦		〃 〃		〃 〃 〃	—2 2—	〃 〃 端廷赦
二十四（1545）		〃 〃		〃 〃		〃 〃 〃		〃 〃 〃	—3 3—	〃 〃 傅凤翔		〃 〃	—4 4—	〃 〃 〃 欧阳必进	—12 12—	〃 〃 〃 娄志德

（续表）

年	月	陕西 三边	月	陕西	月	延绥	月	宁夏	月	甘肃	月	凤阳 （附淮阳）	月	应天	月	山东
二十五（1546）	—3 4—	〃 〃 曾 铣	—3 3—	〃 〃 谢 兰	—5 5— 12—	〃 〃 〃 张问行 杨守谦		〃 〃 〃	—3 3—	〃 〃 〃 杨 博	—6 6—	〃 〃 喻茂坚		〃 〃 〃 〃	—3 3—	〃 〃 〃 何 鳌
二十六（1547）		〃 〃		〃 〃		〃 〃 〃	—3 4—	〃 〃 〃 王邦瑞		〃 〃	—△9 △9—10 11—	〃 〃 〃 欧阳必进 韩士英	—9 10—	〃 〃 〃 〃 周 延	11—	〃 〃 彭 黯
二十七（1548）		〃 〃 王以旂		〃 〃		〃 〃 〃		〃 〃 〃		〃 〃	—2 2—9 9—	〃 〃 〃 胡 松 龚 辉		〃 〃	—11 12—	〃 〃 骆 颙
二十八（1549）		〃 〃 〃	—3 3—	〃 〃 傅凤翔		〃 〃 〃	—3 3—	〃 〃 〃 张 镐		〃 〃		〃 〃		〃 〃	—7 8—12 12—	〃 〃 应 槚 应大猷
二十九（1550）		〃 〃 〃	—9 9—	〃 〃 〃 鲍象贤	—4 4—	〃 〃 〃 张 愚		〃 〃	7— 9—	〃 〃 王 仪 王 诰	—5 6—12 12—	〃 〃 何 鳌 应 槚	—4 4— 11—	〃 〃 张 烜 孙世祐	—9 10—11 11—	〃 〃 〃 孙世祐 王 积

（续表）

年	月	陕西三边	月	陕西	月	延绥	月	宁夏	月	甘肃	月	凤阳（附淮阳）	月	应天	月	山东
三十（1551）		〃 〃 〃	—6 6—	〃 〃 〃 贾应春		〃 〃		〃 〃		〃 〃	—6 6—	〃 〃 骆 禺	1—	彭 黯		[40]〃 〃
三十一（1552）		〃 〃 〃		〃 〃 〃	7—	〃 〃 张 珩	—12 12—	〃 〃 王梦弼		〃 〃	—2 2—	〃 〃 连 鑛		〃 〃	1—7 7—	王 忬 沈应龙
三十二（1553）	—△3 △3—	〃 〃 〃 贾应春	—3 △3—	〃 〃 〃 谢九仪	—10	〃 〃 王 轮		〃 〃 〃		〃 〃	—4 5—11 12—	〃 〃 [27]吴 鹏 郑 晓	—11 12—	〃 〃 陈 洙		〃 〃 〃
三十三（1554）	—2 2—	〃 〃 〃 余 溥 [3]江 东	—5 3—	〃 〃 〃 唐时英		〃 〃		〃 〃 〃		〃 〃		〃 〃	—3 3—8 8—	〃 〃 屠大山 周 珫	—6 7—	〃 〃 〃 刘 采
三十四（1555）		贾应春		〃 〃 〃		〃 〃		〃 〃 〃	—6 7—	〃 〃 魏谦吉	—4 5—	〃 〃 陈 儒	—5 5—	〃 〃 曹邦辅		〃 〃
三十五（1556）		〃 〃 〃		〃 〃 〃	3—	〃 〃 石 永		〃 〃 〃		〃 〃 〃	—6 6—	〃 〃 蔡克廉	—2 2—	〃 〃 〃 张景贤		〃 〃

（续表）

年	月	陕西三边	月	陕西	月	延绥	月	宁夏	月	甘肃	月	凤阳（附淮阳）	月	应天	月	山东
三十六（1557）	—3 3—	〃 〃 〃 王梦弼	—2 3—	〃 〃 〃 殷　学	—10 11—	〃 〃 董　威	—3 3—	王　镐	—5 6—	〃 〃 〃 陈　棐	—3 3—9 10—	〃 〃 〃 王　诰 傅　颐 李　遂 傅　颐	—2 3—	〃 〃 〃 赵　忭	—3 3—	〃 〃 傅　颐
三十七（1558）	—9 9—	〃 〃 〃 魏谦吉		〃 〃		〃 〃	—9 9—	〃 〃 霍　冀		〃 〃	—4 4—	李　遂 傅　颐 章　焕	—11 11—	〃 〃 陈　锭		[41]丁以中
三十八（1559）		〃 〃 〃	—4 4—	〃 〃 郭　乾		〃 〃	—9 9—	〃 〃 谢　淮	—3 3—	〃 〃 胡汝霖	12—	[28]李　遂 唐顺之	5— 11—	〃 〃 翁大立 吴桂芳		〃 〃 〃
三十九（1560）		〃 〃 〃		〃 〃		〃 〃		霍　冀		〃 〃 〃		〃 〃 〃		翁大立		〃 〃 〃 朱　衡
四十（1561）	—△5 △5—12 12—	郭　乾 程　轨 喻　时	—5 5—	程　轨 裴　绅		孙　慎		谢　淮	—4 5—	胡汝霖 戴　才	4— —4 4— △5—12	刘景诏 何　迁 胡　桓 [29]喻　时		方　廉	—7 7—	〃 〃 谢惠山

（续表）

年	月	陕西 三边	月	陕西	月	延绥	月	宁夏	月	甘肃	月	凤阳 （附淮阳）	月	应天	月	山东
四十一（1562）		〃 〃		〃 〃	11—	〃 〃 胡志夔	—1 2—	〃 〃 毛 鹏		〃 〃		毛 恺	—5 5—	〃 〃 周如斗	—5	〃 〃 〃
四十二（1563）	—4 4—	〃 〃 郭 乾	—4 5—	〃 〃 陈其学		〃 〃 〃		〃 〃		〃 〃	—11 12—	〃 〃 王 廷		〃 〃 〃		张 鉴
四十三（1564）		〃 〃		〃 〃 〃		〃 〃 〃	—7 7—	〃 〃 王崇古		〃 〃		〃 〃		〃 〃 〃	—4 4—	〃 〃 鲍家贤
四十四（1565）		〃 〃	—4 5— 10—	〃 〃 〃 张 瀚 [6]谭 论		〃 〃 〃		〃 〃 〃		〃 〃	—4 5—	〃 〃 马 森	—5 7—	〃 〃 〃 谢登芝	—7 7—	〃 〃 〃 [42]霍 冀
四十五（1566）	—4 4—△10 △10—	〃 〃 陈其学 霍 冀	1— 4—△11 △11—	[7]谷中虚 戴 才 杨 魏	—1 1—	〃 〃 〃 王 遴		〃 〃 〃	—4 5—	〃 〃 石茂华	—△10 11—	〃 〃 张 瀚		〃 〃 〃	3— 5—	翁大立 洪朝选
隆庆一（1567）	—10 10—	〃 〃 王崇古	—10 10—	〃 〃 张 祉	—8 8—	王 遴 李尚智	—10 10—	〃 〃 〃 朱 笈		王 轮	—8 8—	〃 〃 方 廉	—5 5—	〃 〃 〃 林 润	—8 8—	〃 〃 〃 晏廷颐

（续表）

年	月	陕西三边	月	陕西	月	延绥	月	宁夏	月	甘肃	月	凤阳（附淮阳）	月	应天	月	山东
二（1568）		〃 〃 〃		〃 〃		〃 〃 〃	—12 12—	〃 〃 沈应时		〃 〃		〃 〃		〃 〃		〃 〃 〃
三（1569）		〃 〃 〃	—2 2—	〃 〃 张师戴		〃 〃 〃		〃 〃 〃		〃 〃	—3 4—	〃 〃 赵孔昭	6—	〃 〃 海　瑞		〃 〃 〃
四（1570）	—1 1—12 12—	〃 〃 〃 王之诰 戴　才	—7 7—	〃 〃 〃 杨思忠	—3 3—3 12—	〃 〃 〃 何东序 郜光先		〃 〃 〃	—10 10—	〃 〃 杨　锦	—7 7—	〃 〃 〃 陈　炌	—2 2—9 9—	〃 〃 朱大器 陈道基	—2 2—	〃 〃 〃 梁梦龙
五（1571）		〃 〃	—4 5—	〃 〃 〃 张　瀚		〃 〃 〃	—3 3—	〃 〃 〃 张　蕙	6—	〃 〃 廖逢节	—10 10—	〃 〃 王宗沐	—10 10—	〃 〃 〃 张岂胤	—11 11—	〃 〃 〃 傅希挚
六（1572）		〃 〃	—1 2—7 7—10 12—	〃 〃 温如璋 曹　金 郜光先	—12 12—	〃 〃 〃 冯舜渔	—4 4—	〃 〃 朱　笈		〃 〃 〃		〃 〃 〃		〃 〃 〃		〃 〃 〃
万历一（1573）	—9	〃 〃 石茂华		〃 〃 〃	—1 2—	〃 〃 〃 张守中	—4 4—	〃 〃 罗凤翔		〃 〃 〃		〃 〃 〃	—2 2—	〃 〃 〃 宋仪望		〃 〃 〃

（续表）

年	月	陕西三边	月	陕西	月	延绥	月	宁夏	月	甘肃	月	凤阳（附淮阳）	月	应天	月	山东
二（1574）		〃 〃 〃		〃 〃 〃		〃 〃 〃		〃 〃 〃	—7 8—	〃 〃 〃 侯东莱	—12 12—	〃 〃 〃 张　翀		〃 〃 〃	—4 4—	〃 〃 〃 李世达
三（1575）		〃 〃 〃	—3 3—7 7—	〃 〃 〃 陈　省 董世彦	10—	宋守约		〃 〃 〃		〃 〃 〃	—11 11—	〃 〃 吴桂芳		〃 〃 〃		〃 〃 〃
四（1576）		〃 〃 〃		〃 〃 〃		〃 〃 〃		〃 〃 〃		〃 〃 〃		〃 〃 〃	10—	〃 〃 〃 胡执礼		〃 〃 〃
五（1577）	—9 9—	〃 〃 〃 董世彦	—9 9—	〃 〃 〃 傅希挚		〃 〃 〃		〃 〃 〃		〃 〃 〃	—12 12—	〃 〃 〃 江一麟		〃 〃 〃	—9 9—	〃 〃 〃 赵　贤
六（1578）	6—	郜光先		〃 〃 〃		〃 〃 〃		〃 〃 〃		〃 〃 〃		〃 〃 〃		〃 〃 〃		〃 〃
七（1579）		〃 〃 〃	—6 6—8 8—	〃 〃 〃 张佳胤 李尧德		〃 〃 〃		〃 〃 〃		〃 〃 〃		〃 〃 〃	—10 10—	〃 〃 〃 孙光祐		〃 〃 何起鸣

（续表）

年	月	陕西三边	月	陕西	月	延绥	月	宁夏	月	甘肃	月	凤阳（附淮阳）	月	应天	月	山东
八（1580）		〃〃〃		〃〃〃		〃〃〃	△4—	〃〃〃 萧大亨		〃〃〃	—2 6—	〃〃〃 凌云翼		〃〃〃		〃〃〃
九（1581）	4—	〃〃〃 高文荐	—7 7—	〃〃〃 萧　廪	—7 8—	〃〃〃 王汝梅	5—	〃〃〃 晋应槐	—2 2—4 5—12 12—	〃〃〃 张梦鲤 栗永禄 王　璇		〃〃〃		〃〃〃	—2 3—11 11—	〃〃〃 杨俊民 陆树德
十（1582）		〃〃〃		〃〃		〃〃〃		〃〃〃		〃〃		〃〃〃	—7 7—	〃〃〃 郭思极		〃〃〃
十一（1583）	—1 2— 11—	〃〃〃 石茂华 郜光先	—△2 3—	〃〃 李　汶		〃〃〃	—2 △2—	〃〃〃 张九一	—5 7—	〃〃 董尧封	—2 2—12 12—	〃〃〃 傅希挚 李世达	12—	〃〃〃 王元敬	12—	〃〃〃 李　辅
十二（1584）		〃〃〃		〃〃	—9 10—	〃〃〃 梅友松		〃〃〃	—11 11—	〃〃〃 曹子登	—6 6—	〃〃〃 王廷瞻		〃〃〃		〃〃
十三（1585）		〃〃〃		〃〃		〃〃〃		〃〃〃		〃〃〃	—8 △	〃〃〃 杨俊民		〃〃〃		〃〃

（续表）

年	月	陕西三边	月	陕西	月	延绥	月	宁夏	月	甘肃	月	凤阳（附淮阳）	月	应天	月	山东
十四（1586）		〃 〃 〃	—7 8—	〃 〃 韩必显 王　璇		〃 〃 〃	—2 3—	〃 〃 〃 梁向孟		〃 〃 〃	—6 6—	〃 〃 〃 杨一魁	10—	余　立	—2 2—	〃 〃 李　戴
十五（1587）		〃 〃 〃		〃 〃		〃 〃 〃		〃 〃 〃		〃 〃 〃	—12 12—	〃 〃 〃 舒应龙		〃 〃		〃 〃
十六（1588）		〃 〃 〃		〃 〃		〃 〃 〃	—10 10—	〃 〃 〃 姚继可	—10 10—	〃 〃 〃 李廷仪	—3 4—	〃 〃 〃 周　寀	6—	〃 〃 周　继		〃 〃
十七（1589）	—4 5—	〃 〃 〃 梅友松	—4 4—	〃 〃 赵可怀	—5 5—	〃 〃 〃 贾仁元	12—	〃 〃 〃 党　馨		〃 〃 〃		〃 〃		〃 〃	—6 6—	〃 〃 宋应昌
十八（1590）	—7 10—	〃 〃 〃 郑　洛	—9 10—	〃 〃 〃 [8]叶梦熊		〃 〃 〃		〃 〃	—7	〃 〃 〃 余之祯 贾待问		〃 〃	—4 5—	〃 〃 李　涞		〃 〃 〃
十九（1591）	—3 3—	〃 〃 [4]魏学曾	—9 9—	〃 〃 〃 沈思孝		〃 〃 〃		〃 〃	—9 9—	〃 〃 〃 叶梦熊	—5 6—	〃 〃 陈于陛	8—	〃 〃 宋　仕		〃 〃 〃

（续表）

年	月	陕西三边	月	陕西	月	延绥	月	宁夏	月	甘肃	月	凤阳（附淮阳）	月	应天	月	山东
二十（1592）	—7 7—	〃 〃 〃 叶梦熊	—6 6—	〃 〃 〃 姚继可	—12 12—	〃 〃 〃 李春光	—3 3—	〃 〃 朱正色	—4 4—	〃 〃 〃 田 乐	—10 10—	〃 〃 〃 李 戴		〃 〃 刘应麒	—4 4—	〃 〃 〃 孙 镛
二十一（1593）		〃 〃 〃	—6	〃 〃 〃 刘光国		〃 〃 〃	—8 9—	〃 〃 〃 周光镐		〃 〃		〃 〃	1—	朱鸿谟	—8	〃 〃
二十二（1594）		〃 〃 〃	4—	〃 〃 〃 吕鸣珂		〃 〃 〃		〃 〃 〃		〃 〃	—8 9—	〃 〃 褚 铁	—10 11—	〃 〃 〃 赵可怀		[43]郑汝壁
二十三（1595）	—4 4—	〃 〃 〃 李 汶	—5 5— 5—	〃 〃 〃 徐 作 贾待问	—11	〃 〃 〃	—11 12—	〃 〃 〃 杨时宁		〃 〃		〃 〃		〃 〃 〃	4—	□〃 〃 〃 张允济
二十四（1596）		〃 〃		〃 〃 〃	1—	刘 葵		〃 〃 〃		〃 〃		〃 〃		〃 〃 〃		〃 〃 〃
二十五（1597）		〃 〃		〃 〃 〃		〃 〃		〃 〃 〃		〃 〃	—12	〃 〃		〃 〃 〃	4—12 12—	□〃 〃 〃 万象春 尹思之

（续表）

年	月	陕西三边	月	陕西	月	延绥	月	宁夏	月	甘肃	月	凤阳（附淮阳）	月	应天	月	山东
二十六（1598）		〃 〃		〃 〃 〃	4—	王见宾		〃 〃 〃	—6 6—6 7—	〃 〃 刘敏宽 徐三畏	2— 6—	[30]杨一魁 刘东星	—7 7—	〃 〃 〃 陈惟芝		〃 〃 〃
二十七（1599）		〃 〃		〃 〃 〃	—12	〃 〃 〃		〃 〃 〃		〃 〃 〃		李　鋕 刘东星		〃 〃 〃	△4—	□〃 〃 〃 刘易从
二十八（1600）		〃 〃		〃 〃 〃	7—	刘敏宽		〃 〃 〃		〃 〃 〃	—3 5—	李　鋕 李三才 刘东星	—7 7—	〃 〃 〃 曹时聘		〃 〃 〃
二十九（1601）		〃 〃		〃 〃 〃	—7	〃 〃 〃 孙维城	—3 6—	〃 〃 〃 黄嘉善		〃 〃 〃	9— 12—	刘东星 李　颐		〃 〃 〃	9—	黄克瓒
三十（1602）		〃 〃	—11	〃 〃 〃	—7 11—	〃 〃 〃 郑汝璧		〃 〃 〃		〃 〃 〃	3—	□〃 〃 李三才		〃 〃 〃		〃 〃 〃
三十一（1603）		〃 〃	3—	顾其志		〃 〃 〃		〃 〃 〃		〃 〃 〃		〃 〃 〃		〃 〃 〃		〃 〃 〃
三十二（1604）		〃 〃		〃 〃 〃		〃 〃 〃		〃 〃 〃		〃 〃 〃		〃 〃 〃	—10 10—	〃 〃 〃 周孔教		〃 〃 〃

（续表）

年	月	陕西三边	月	陕西	月	延绥	月	宁夏	月	甘肃	月	凤阳（附淮阳）	月	应天	月	山东
三十三（1605）	—11 12—	〃 〃 徐三畏		〃 〃 〃	—12	〃 〃 〃		〃 〃 〃	—12	周 盘		〃 〃 〃		[37]曹时聘 周孔教		〃 〃 〃
三十四（1606）		〃 〃 〃		〃 〃 〃	6—	徐宗濬		〃 〃 〃		〃 〃		〃 〃 〃		〃 〃 〃		〃 〃 〃
三十五（1607）		〃 〃 〃		〃 〃 〃		〃 〃 〃		〃 〃 〃		〃 〃		〃 〃 〃		〃 〃 〃		〃 〃 〃
三十六（1608）	—9 12—	〃 〃 〃 顾其志		〃 〃 〃		〃 〃 〃		〃 〃 〃		〃 〃		〃 〃 〃	—8 8—	〃 〃 〃 项应祥		〃 〃 〃
三十七（1609）		〃 〃 〃	1—	〃 〃 〃 于若瀛		〃 〃 〃		〃 〃 〃		〃 〃		〃 〃 〃	—7 11—	〃 〃 〃 徐民式		〃 〃 〃
三十八（1610）	—2 3—	〃 〃 〃 黄嘉善	—2 △3—	〃 〃 〃 崔应麒		〃 〃 〃	—3 5—	〃 〃 〃 崔景荣		〃 〃		〃 〃 〃		〃 〃 〃		〃 〃 〃
三十九（1611）		〃 〃 〃		〃 〃 〃	—2	〃 〃 〃 刘敏宽		〃 〃 〃		〃 〃	—2	[31]〃 〃 〃		〃 〃 〃		〃 〃 〃
四十（1612）		〃 〃 〃		〃 〃 〃		〃 〃 〃		〃 〃 〃		〃 〃		陈 荐		〃 〃 〃	—2 4—	〃 〃 〃 李同芳

（续表）

年	月	陕西三边	月	陕西	月	延绥	月	宁夏	月	甘肃	月	凤阳（附淮阳）	月	应天	月	山东
四十一（1613）		〃〃〃	—2 10—	〃〃〃 李　楠		〃〃〃	—6 12—	〃〃〃 杨应聘		〃〃 荆州俊		〃〃		〃〃〃		〃〃〃
四十二（1614）	—2 2—	〃〃〃 刘敏宽		〃〃	—2 8—	〃〃〃 马从聘		〃〃〃		〃〃〃		〃〃		〃〃〃	1—	□〃〃〃 钱士完
四十三（1615）		〃〃〃		〃〃		〃〃〃		〃〃〃	—1 7—	〃〃〃 祁光宗		〃〃	1—	王应麟		〃〃〃
四十四（1616）		〃〃〃	7—	□〃〃 李起元	—5 7—	〃〃〃 金忠士		〃〃〃		〃〃〃		〃〃		〃〃〃	—2 2—	〃〃〃 李长庚
四十五（1617）	—4 7—	〃〃〃 杨应聘		〃〃〃		〃〃〃		〃〃〃		〃〃〃	—3 7—	〃〃 王　纪		〃〃〃		〃〃〃
四十六（1618）		〃〃〃		〃〃〃	—3	〃〃〃 董国光	2—	18〃〃〃 臧尔劝		〃〃〃		〃〃		〃〃〃		〃〃〃
四十七（1619）	4—	〃〃〃 张鹤鸣		〃〃〃		〃〃〃		〃〃〃	—4 4—	〃〃〃 杜承式 祁伯裕		〃〃	7—	〃〃〃 胡应合	—2 4—	〃〃〃 王在晋

（续表）

年	月	陕西三边	月	陕西	月	延绥	月	宁夏	月	甘肃	月	凤阳（附淮阳）	月	应天	月	山东
泰昌一（1620）	8—	李起元	—8 8—	〃 〃 〃 吕兆熊		〃 〃 〃	—8 8—	〃 〃 〃 周懋相	—8 8—	杜承式 徐养量	—8 8—	〃 〃 李养正	—12	〃 〃 〃	—8 8—	〃 〃 〃 赵　彦
天启一（1621）		〃 〃 〃		〃 〃 〃	—1 1—	〃 〃 〃 张之厚	—6 6—	〃 〃 〃 王之采		〃 〃 〃		〃 〃 〃	1—	王象恒		〃 〃
二（1622）		〃 〃 〃	—12 12—	〃 〃 〃 孙居相	—4 4—	〃 〃 〃 余自强	—3 4—	〃 〃 〃 李从心		〃 〃 〃	—10 10—	〃 〃 〃 苏茂相		〃 〃 〃		〃 〃
三（1623）	—10 11—	〃 〃 〃 李从心		〃 〃 〃	10—	〃 〃 〃 翟凤翀	—11 11—	〃 〃 〃 魏云中	—4 5—	〃 〃 〃 李若星		[32]吕兆熊		□〃 〃 〃 [38]周起元	—7 8—	〃 〃 王惟俭
四（1624）		〃 〃 〃	—3 3—	〃 〃 〃 宋　槃		〃 〃 〃		〃 〃 〃		〃 〃 〃		〃 〃 〃	—12	〃 〃 〃		〃 〃 〃
五（1625）	—9 10—	〃 〃 〃 王之采	—5 5—	[9]〃 〃 乔应甲	—6 6—	〃 〃 〃 张九德	1—11 11—	郭之琮 史永安	—3 4—	〃 〃 〃 王家祯	—9 9—	〃 〃 〃 苏茂相	1—	毛一鹭	—9 10—	〃 〃 〃 吕纯如
六（1626）		〃 〃 〃	—1 2—	〃 〃 〃 张维枢	—7 7—	〃 〃 〃 朱童蒙		〃 〃 〃	—9 10—	〃 〃 〃 张三杰	—7 7—	〃 〃 〃 郭尚友	9—	〃 〃 〃 李待问	—△6 △6—	〃 〃 〃 李精白

（续表）

年	月	陕西三边	月	陕西	月	延绥	月	宁夏	月	甘肃	月	凤阳（附淮阳）	月	应天	月	山东
七（1627）	—2 2—	〃 〃 〃 史永安	—2 2—	〃 〃 〃 胡廷晏	—10 10—	[14]〃 〃 〃 岳和声	—2 3—	〃 〃 〃 焦　馨		〃 〃 〃		〃 〃 〃		〃 〃 〃		[44]〃 〃 〃
崇祯一（1628）	—3 6—	〃 〃 〃 武之望		〃 〃 〃		〃 〃 〃	—2 4—	〃 〃 杨嗣修	—2 5—	[19]〃 〃 〃 梅之焕	—6 7—	〃 〃 〃 李待问	7—	〃 〃 〃 曹文衡	1—	王从义
二（1629）	—2 2—	〃 〃 〃 杨　鹤	—1 2—	〃 〃 〃 刘广生	—2 △4—11 11—	〃 〃 〃 张梦鲸 洪承畴		〃 〃 〃 耿好仁		〃 〃 〃		〃 〃 〃		〃 〃 〃		〃 〃 〃
三（1630）		〃 〃	—6 6— 8—	〃 〃 〃 王顺行 练国事		〃 〃 〃		〃 〃 〃	5—	〃 〃 〃 [20]刘应遇		〃 〃 〃		〃 〃 〃	—3 3—	〃 〃 〃 沈　珣
四（1631）	11—	〃 〃 洪承畴		〃 〃 〃	—9 9—	[15]〃 〃 〃 张福臻		〃 〃 〃	2—	〃 〃 〃 白贻清		〃 〃 〃		□庄祖诲	1—	余大成
五（1632）		〃 〃 〃		〃 〃 〃	—8 8—	〃 〃 〃 陈奇喻		〃 〃 〃		〃 〃 〃		〃 〃 〃		〃 〃 〃	—1 1—4 5—	〃 〃 〃 徐从治 朱大典

（续表）

年	月	陕西三边	月	陕西	月	延绥	月	宁夏	月	甘肃	月	凤阳（附淮阳）	月	应天	月	山东
六（1633）		〃 〃 〃		〃 〃 〃		〃 〃 〃	—5	〃 〃 〃 王振奇		〃 〃 〃	—7 8—	〃 〃 〃 杨一鹏		□〃 〃 〃		〃 〃 〃
七（1634）		〃 〃 〃	⊙	〃 〃 〃 李　乔		〃 〃 〃 张伯鲸	7—	〃 〃 〃 王　楫	—2 2—	〃 〃 〃 张应辰		〃 〃 〃		张国维	12—	〃 〃 〃 李懋芳
八（1635）		〃 〃 〃	6—	〃 〃 〃 甘学阔		高斗光		〃 〃		〃 〃 〃 汤道衡	—2 1—	〃 〃 〃 [33]朱大典		〃 〃 〃		〃 〃 〃
九（1636）		〃 〃 〃	3—	〃 〃 〃 孙传庭		〃 〃 〃	—2 3—	〃 〃 郑崇俭		〃 〃 〃		〃 〃 〃		〃 〃 〃	—8 11—	〃 〃 〃 颜继祖
十（1637）		〃 〃 〃		〃 〃 〃	3—	〃 〃 〃 周汝弼		〃 〃 〃		〃 〃 〃		〃 〃 〃		〃 〃 〃		〃 〃 〃
十一（1638）		〃 〃 〃	—11 11—	〃 〃 〃 [10]丁启睿	2—	〃 〃 〃 刘令誉		〃 〃 〃	1—	□〃 〃 〃 刘　镐		〃 〃 〃		〃 〃 〃		〃 〃 〃
十二（1639）	—1 1—	洪承畴 郑崇俭		丁启睿		刘令誉	—1 2—	郑崇俭 樊一蘅		刘　镐		朱大典		张国维	—1 1— 11—	颜建祖 [45]刘景曜 王国实

（续表）

年	月	陕西三边	月	陕西	月	延绥	月	宁夏	月	甘肃	月	凤阳（附淮阳）	月	应天	月	山东
十三（1640）	—10 8—	〃〃〃 丁启睿	12—	〃〃〃 王裕韺		〃〃〃	△1—	〃〃〃 李虞夔		〃〃		〃〃〃	—1 1—	〃〃〃 黄希宪		〃〃〃
十四（1641）	5—9 10—	〃〃〃 傅宗龙 汪乔年	—9 11—	汪乔年 张尔忠	8—	崔源之		〃〃〃		〃〃	—12	〃〃〃		〃〃〃	—3 10—	〃〃〃 王公弼
十五（1642）	—2 2—	〃〃〃 孙传庭		〃〃〃 蔡官治		〃〃〃		〃〃〃	2—	□〃〃 吕大器	—5 5—	史可法 高光斗 马士英	—9 10—	〃〃〃 郑　瑄	—4 11—	〃〃〃 邱祖德
十六（1643）	—6 10—	〃〃〃 [5]余应桂	5— 10—	〃〃〃 冯师孔 李化熙	—9 9—	〃〃〃 张凤翼		〃〃〃	—6 6—	〃〃〃 林日瑞		史可法 路振龙 马士英		〃〃		〃〃〃
十七（1644）	—1 1—	〃〃〃 李化熙		〃〃〃				〃〃〃	—12	〃〃〃		路振龙 田　仰	—5 6— 6—	〃〃 祁彪佳 程世昌		王公璧

注释：

△代表闰月。⩓代表该年中之闰月而未知系何月。□起讫年月不知系根据何者以此表示。

1. 《明大臣年表》：嘉靖四年，兵部尚书三边杨一清三年任，十一月召还，入阁（表中列入四年）。
2. 《明大臣年表》：嘉靖七年，兵部尚书三边王琼三月任。
3. 《国榷》：三年（年字恐为月字之误）……五月壬子，贾应春仍督陕西。
4. 《实录》：十九年二月丙子，邓林乔总督陕西三边……（表中无邓林乔）。
5. 《明纪》：在十六年十一月。
6. 《列卿年表》：未任。
7. 《列卿年表》：未任。
8. 《明纪》：十九年五月，梦熊移抚陕西。
9. 《剥复录》：天启五年四月，巡檠致仕，袁鲸参之。
10. 《绥寇纪略》：在十二月。
11. 天顺八年十二月己亥，陞顺天府丞卢祥为右佥都御史巡抚延绥，见《宪宗实录》（表中列自成化元年起）。
12. 《实录》：十四年三月己酉，虏大入延绥神木堡巡抚都御史王嵩奏报不实，诏嵩降三级致仕（表中为十三年止）。
13. 《实录》：十六年四月己酉，六科十三道劾巡抚延绥陈璘致仕（表中列入十五年止）。
14. 《国榷》：十六年十一月庚午，巡抚延绥右副都御史朱童蒙。
15. 《绥寇纪略》：在四年十一月。
16. 《实录》：弘治元年八月丁未，巡抚宁夏崔让乞归养疾，许之（表中依《列卿年表》排）。
17. 《国榷》：在十二年十二月，而表中列入十三年始。
18. 杨应聘。《实录》：四十五年七月丁丑，总督陕西三边（表中列入四十六年）。
19. 《剥复录》：六年十月，张三杰甘肃巡抚，崇祯元年三月闲住。又《剥复录》：崇祯元年二月，张三杰闲住（二者月份不同）。
20. 《国榷》：三年六月丁卯，刘应遇右佥都御史巡抚甘肃（《列皇小训》在五月）。

21.《实录》：四年正月辛丑，湖广左布政邵宝……总督漕运（表中自三年始）。

22.《实录》：八年四月乙亥，命南京兵部右侍郎马显巡视淮扬等处，张鹏专理漕事（在线之上者为总督漕运，下者巡抚凤阳）（又表中未将马显列入）。

23.《列卿年表》：正德十三年，总督漕运巡抚凤阳又分，十六年复合（线上为总督漕运，下者为巡抚凤阳）。

24.《实录》：正德十六年五月，许廷光提督漕运……六月，改原督陶琰总漕抚凤（表中红线之上为六月以前）。

25.《国榷》：在八月。

26.《列卿年表》：未任致仕。

27.《嘉隆闻见录》：五月……吴鹏……总漕抚凤。《实录》：在六月。

28.《明大政记》：三十六年七月，淮扬巡抚起，李遂为之。三十八年，李遂击倭寇大破之。十二月升南兵部侍郎，四十年五月裁淮扬督军，抚臣仍归漕臣。

29. 红线上者为五月前，五月后督抚复合而为一。

30.《实录》：二月己丑，以河道尚书杨一魁兼管漕运事务，其凤阳等处兼海防巡抚，着吏部会推，从御史马从聘、周孔教之议（线之上为总漕，下为巡抚凤阳等处）。

31.《实录》：三十九年二月戊子，允漕抚李化龙病免，令总河都御史刘士忠署事（而表中无李化龙、刘士忠）。

32.《实录》：天启二年十二月辛未，吕兆熊……总督漕运巡抚凤阳（表中自三年始）。

33.《实录》《国榷》：在二月乙未。

34.《明大政记》：洪熙元年八月，大理寺卿胡概同参政叶春巡视应天浙江诸部（表中自宣德元年始）。

35.《列卿年表》：未任。

36.《国榷》：闰七月丙戌，大理寺卿汪珊右副御史抚应天……（表中无汪珊）。

37.《济宁志》：三十三年二月，时聘迁总河。《万历实录》：三十二年十月癸酉，时聘总河。

38.《实录》：天启二年十二月辛未，太仆少卿周起元右佥都巡抚应天（《明史》本传为三年）。

39.《实录》：九月乙丑，右副都御史沈林巡抚山东。《实录》：六月乙未，南光禄寺卿伍符右副都御史巡抚山东，十四年正月壬戌，因事系诏狱（伍符的任期是十三年六月—十四年正月，沈林则为十三年九月——二人任期冲突应如何排列？又表中未将伍符列入十四年）。

40.《实录》：三十一年正月丁未，升巡抚山东右副都御史王积为南兵部右侍郎（表中未列入三十一年）。

41.《列卿年表》：以中……三十六年以右副都任。

42.《实录》：……四十五年三月己亥，升刑部左侍郎（表中未列入四十五年）。

43.《实录》：二十一年八月壬辰，孙鑛刑部左侍郎……乙未郑汝璧巡抚山东（郑汝璧未列入二十一年）。

44.《剥复录》：……崇祯元年三月回籍（表中未列入元年）。

45.《国榷》：在二月戊戌。

三、河南、浙江、江西、南赣、福建、湖广、郧阳、四川督抚

年	月	河南	月	浙江	月	江西	月	南赣	月	福建	月	湖广	月	郧阳	月	四川
宣德一（1426）																
二（1427）																
三（1428）				□王　让												
四（1429）				□赵　伦 □罗汝敬												
五（1430）	2— 9—	许　廓 于　谦	9—	赵　伦	9—	□贾　谅 赵　新					9—	吴　政				胡　广
六（1431）		〃　〃		〃　〃		〃　〃						〃　〃				贾　谅
七（1432）		〃　〃	—7	〃　〃 □成　均		〃　〃						〃　〃				
八（1433）		〃　〃		〃　〃		〃　〃					1—	□〃　〃 贾　谅				
九（1434）		〃　〃		〃　〃		〃　〃						吴　政				
十（1435）	1—7	□〃　〃 [1]王　佐	—6 6—	〃　〃 王　瀹		〃　〃						〃　〃				

（续表）

年	月	河南	月	浙江	月	江西	月	南赣	月	福建	月	湖广	月	郧阳	月	四川
正统一（1436）		于　谦		〃　〃		〃　〃				吴　绅		〃　〃				
二（1437）		〃　〃		□〃　〃 □王　翺		〃　〃				〃　〃		〃　〃				
三（1438）		〃　〃		王　瀹		〃　〃				〃　〃	—12	〃　〃				
四（1439）		〃　〃		〃　〃	—9	〃　〃										
五（1440）		〃　〃		〃　〃												
六（1441）		〃　〃		□〃　〃 □焦　宏												
七（1442）		〃　〃		〃　〃								蔡　询				
八（1443）		〃　〃		〃　〃												
九（1444）		〃　〃		〃　〃												
十（1445）		〃　〃		□〃　〃												
十一（1446）		〃　〃										王永寿			6—	冠　深
十二（1447）	—9	〃　〃										〃　〃　〃				〃　〃

（续表）

年	月	河南	月	浙江	月	江西	月	南赣	月	福建	月	湖广	月	郧阳	月	四川
十三（1448）			10—	张　骥	10—	杨　宁				薛希琏		〃〃〃				〃　〃
十四（1449）		王　来	—9 9—	〃　〃 轩　輗		〃　〃				〃〃〃	8— 11—	[11]王　来 蔡　锡				〃　〃
景泰一（1450）	—9 10—	〃　〃 王　暹		〃　〃		〃　〃				〃〃〃	—10 10—	王　来 蔡　锡 李　实			2—	李　匡
二（1451）		〃　〃	4—	孙原贞	12—	□〃　〃 韩　雍			—12 12—	〃〃〃 孙原贞		王　来 李　实			—11 12—	〃　〃 罗　绮
三（1452）		〃　〃	—12 12—	〃〃〃 洪　英		〃　〃				〃〃〃		王　来 李　实				〃　〃
四（1453）		〃　〃	—6	〃　〃		〃　〃				〃〃〃	—7	王　来 李　实				〃　〃
五（1454）	—1	〃　〃	10—	刘广衡		〃　〃					—2 2—	〃　〃 王永寿				〃　〃
六（1455）	6—	马　谨	—5	〃〃〃		〃　〃						〃〃〃				〃　〃
七（1456）		〃　〃	9—	孙原贞		〃　〃						〃〃〃				〃　〃

（续表）

年	月	河南	月	浙江	月	江西	月	南赣	月	福建	月	湖广	月	郧阳	月	四川
天顺一（1457）	—2	□马　谨			—2	〃　〃					—2 △4—	〃　〃　〃 白　圭			—5	〃　〃
二（1458）												〃　〃				
三（1459）		2〃　〃										〃　〃				
四（1460）											—9	〃　〃				
五（1461）																
六（1462）	12—	贾　铨										王　俭			8—	陈　泰
七（1463）		〃　〃										〃　〃				〃　〃
八（1464）		〃　〃										〃　〃			—8 10—	〃　〃 汪　浩
成化一（1465）		〃　〃										〃　〃				〃　〃
二（1466）	—4	〃　〃									3—	〃　〃 罗　篪				〃　〃
三（1467）												〃　〃				〃　〃

（续表）

年	月	河南	月	浙江	月	江西	月	南赣	月	福建	月	湖广	月	郧阳	月	四川
四（1468）												〃 〃				〃 〃
五（1469）												〃 〃			—7	〃 〃
六（1470）									2—	滕 昭	—2 2—	〃 〃 吴 琛			2—	黄 琛
七（1471）												〃 〃			—△9	〃 〃
八（1472）	2— 8—	赵 复 杨 璿	9—	刘 敷					9—	张 瑄		〃 〃			1—	夏 埙
九（1473）		〃 〃		〃 〃						〃 〃		〃 〃				〃 〃
十（1474）	—4 6—	〃 〃 张 瑄	—3	〃 〃					—6	〃 〃	—3 3—	〃 〃 刘 敷			—10 10—	〃 〃 张 瓒
十一（1475）		〃 〃										〃 〃				〃 〃
十二（1476）		〃 〃										〃 〃				〃 〃
十三（1477）	—8 9—	〃 〃 李 衍										〃 〃	7—10 10—	刘 敷 李 衍		〃 〃

（续表）

年	月	河南	月	浙江	月	江西	月	南赣	月	福建	月	湖广	月	郧阳	月	四川
十四（1478）		〃　〃							3—12	高　明		〃　〃		〃　〃	—5 5—	〃　〃 孙　仁
十五（1479）		〃　〃									—9 9—	〃　〃 吴　诚	3—	□〃　〃 吴道宏		〃　〃
十六（1480）	—7 11—	〃　〃 秦　纮									—5 5—	〃　〃 白行顺		〃　〃　〃		〃　〃
十七（1481）	—3 3—	〃　〃 孙　洪									—7 7—	〃　〃 马　驯		〃　〃　〃		〃　〃
十八（1482）		〃　〃										〃　〃	5—	王　濬		〃　〃
十九（1483）	—3 10—	〃　〃 赵文博										〃　〃		〃　〃		〃　〃
二十（1484）		〃　〃　〃										〃　〃		〃　〃		〃　〃
二十一（1485）		〃　〃　〃			3—	闵　珪						〃　〃	—7 7—12	〃　〃 刘　璋 □何　经	—11 12—	〃　〃 刘　璋

（续表）

年	月	河南	月	浙江	月	江西	月	南赣	月	福建	月	湖广	月	郧阳	月	四川
二十二（1486）		〃 〃 〃				□〃 〃						〃 〃		〃 〃		〃 〃
二十三（1487）	1— 10—	刘 城 杨 理			5—	李 昂			9—	王 继	—1 1— 10—	〃 〃 吴 槚 梁 璟	—12	〃 〃	—12 12—	〃 〃 谢士元
弘治一（1488）		〃 〃	5—	彭 韶		〃 〃				〃 〃		〃 〃 郑 时	1—	郑 时		〃 〃 〃
二（1489）		3〃 〃			—3	〃 〃			—3	〃 〃		〃 〃	5—	〃 〃 戴 珊	—3	〃 〃 〃 □邱 鼒
三（1490）	3—9 9—	侯 英 钱 钺									—7 8—	〃 〃 谢 绶		〃 〃	—10 10—	〃 〃 邢 表
四（1491）	—1 4—	〃 〃 徐 恪										〃 〃	—2 3—	〃 〃 王 道		〃 〃
五（1492）		〃 〃										〃 〃		〃 〃	2—	〃 〃 梁 璟

（续表）

年	月	河南	月	浙江	月	江西	月	南赣	月	福建	月	湖广	月	郧阳	月	四川
六（1493）		〃 〃									—2 3—	〃 〃 韩 文		〃 〃	—5 6—	〃 〃 冯 俊
七（1494）	—12 12—	〃 〃 韩 文						金 泽			—12 12—	〃 〃 徐 恪	—4 4—	〃 〃 沈 晖		〃 〃
八（1495）	—12 12—	〃 〃 陈 道						〃 〃			10—	□〃 〃 樊 莹		〃 〃		〃 〃
九（1496）		〃 〃						〃 〃			—10 10—	〃 〃 沈 晖	10—	□〃 〃 黎 福	8—	〃 〃 钟 蕃
十（1497）		〃 〃						〃 〃				〃 〃		〃 〃		〃 〃
十一（1498）	—11 11—	〃 〃 郑 龄						〃 〃 韩邦问			—4 5—	〃 〃 阎仲宇		〃 〃		〃 〃
十二（1499）		〃 〃					—3	金 泽 韩邦问				〃 〃 〃	—9	〃 〃		〃 〃
十三（1500）		〃 〃						〃 〃 〃				〃 〃 〃		□陈 清	—5	〃 〃 □刘 缨

（续表）

年	月	河南	月	浙江	月	江西	月	南赣	月	福建	月	湖广	月	郧阳	月	四川
十四（1501）		〃 〃						〃 〃 〃				〃 〃 〃	—7 7—11 11—	〃 〃 樊 莹 王鉴之	—12 12—	〃 〃 林元甫
十五（1502）	—6 6—	〃 〃 孙 需			2—3	林 俊 张 本		〃 〃 〃			—11 12—	〃 〃 〃 韩 镐		〃 〃 〃		〃 〃 〃
十六（1503）		〃 〃				〃 〃		〃 〃 〃			—1 3—	〃 〃 韩 重		〃 〃 〃		〃 〃 〃
十七（1504）	—4 4—	〃 〃 韩邦问				〃 〃	—△4	〃 〃 〃				〃 〃		〃 〃 〃	—2 2—	〃 〃 〃 刘 洪
十八（1505）		〃 〃 〃			—7 7—	〃 〃 林 俊		〃 〃 〃			—6 6—11 11—	〃 〃 王鉴之 郝志义	—6 6—	〃 〃 〃 孙 需	11—	〃 〃 刘 缨
正德一（1506）	—2	〃 〃 〃 陶 琰			1—7	柴 昇					—7 7—	〃 〃 〃 汤 全	—11	〃 〃		〃 〃
二（1507）		〃 〃									—7 7—	〃 〃 刘 缨	1—5	汪舜民		〃 〃

（续表）

年	月	河南	月	浙江	月	江西	月	南赣	月	福建	月	湖广	月	郧阳	月	四川
三（1508）											—2 2—	〃　〃 张子麟				〃　〃
四（1509）											1—	王　纶			12—	林　俊
五（1510）	10—	邓　庠			3—	王　哲					—8 8—	〃　〃 陈　镐	10—	李士实		〃　〃
六（1511）	—7 7—	〃　〃 邓　璋			2—12	□〃　〃 董　杰	6—	周　南			—11	〃　〃	—11 11—	〃　〃　〃 刘　琬	—11 12—	〃　〃 高崇熙
七（1512）		〃　〃	7—	陶　琰	8—	任　汉		〃　〃				刘　丙	12—	〃　〃 张　淳		〃　〃　〃
八（1513）	—8 9—	〃　〃 陈　珂				〃　〃		〃　〃				〃　〃	—11 11—	〃　〃 王　宪	—3 3—	〃　〃　〃 马　昊
九（1514）		〃　〃			—3 7—	〃　〃 俞　谏	—1 1—	〃　〃 蒋　升			—10 10—11 11—	〃　〃 陈　璘 秦　金	—11 11—	〃　〃 任汉		〃　〃

（续表）

年	月	河南	月	浙江	月	江西	月	南赣	月	福建	月	湖广	月	郧阳	月	四川
十（1515）	—1 1—9 10—	〃 〃 萧 翀 李充嗣			10—	〃 〃 孙 燧	8—12 12—	〃 〃 陈 恪 公勉仁				〃 〃		〃 〃		〃 〃
十一（1516）		〃 〃 〃				〃 〃	—1 1— 8—	〃 〃 〃 文 兼 王守仁				〃 〃	—1 1—6 8—	〃 〃 公勉仁 陈 雍		〃 〃
十二（1517）		〃 〃 〃				〃 〃		〃 〃 〃				〃 〃		〃 〃		〃 〃
十三（1518）	—7 11—	〃 〃 〃 沈冬魁				〃 〃		〃 〃 〃				〃 〃	—5 6—	〃 〃 王 缜		〃 〃
十四（1519）		〃 〃 〃			—6 9—	〃 〃 王守仁		〃 〃 〃				〃 〃	—6 7—8	〃 〃 文 贵	—6 7—	〃 〃 盛应期
十五（1520）		〃 〃 〃				〃 〃 〃		〃 〃 〃			—11	〃 〃	11—12 12—	刘 玉 毛 理	11—	〃 〃 〃 胡世宁
十六（1521）	—5 5—	〃 〃 〃 何天衢			5—7 7—	郑 岳 陈 琳	—7	〃 〃 〃 聂 贤			5—	席 书	7—	方良永	—7 7—	〃 〃 〃 许廷光

（续表）

年	月	河南	月	浙江	月	江西	月	南赣	月	福建	月	湖广	月	郧阳	月	四川
嘉靖一（1522）		〃 〃 〃			—10 10—	〃 〃 盛应期		〃 〃			—1 1—	〃 〃 张 琮	—3 3—	〃 〃 〃 徐 蕃		〃 〃 〃
二（1523）	—8 8—	〃 〃 〃 王 荩				〃 〃 〃		〃 〃				〃 〃	—11 12—	〃 〃 章 拯	—5 5—	〃 〃 〃 汤 沐
三（1524）	—8 6—	〃 〃 刘文庄			—9 9—	〃 〃 〃 陈洪谟		〃 〃			—11 12—	〃 〃 黄 衷	9—	寇天叙	—6	〃 〃 〃 王 轨
四（1525）	—7 7— 7—	〃 〃 〃 颜颐寿 蒋 瑶				〃 〃 〃	—6 6—	〃 〃 潘希曾				〃 〃	1—	蒋 曙	—8 8—	〃 〃 郑 毅
五（1526）		〃 〃				〃 〃 〃		〃 〃 〃				〃 〃		〃 〃		〃 〃
六（1527）		〃 〃			—3 6—9 9—	〃 〃 〃 梁 材 周 广	—9 10—	〃 〃 〃 汪 鋐			—4 4—	〃 〃 孙 修	—1 1—	〃 〃 夏从寿	—5 —9 9—	〃 〃 王廷相 丁 沂
七（1528）	—1 1—	〃 〃 潘 埙				〃 〃		〃 〃			1—	〃 〃 朱廷声	—1 2—	〃 〃 〃 林 富	—4 4—	〃 〃 唐凤仪

（续表）

年	月	河南	月	浙江	月	江西	月	南赣	月	福建	月	湖广	月	郧阳	月	四川
八（1529）	—3 4—	〃 〃 徐 瓒		王尧封 胡 琏			—3 4—	〃 〃 周 用	8— 12—	王尧封 胡 琏		〃 〃 〃	—1 1—	徐 瓒 潘 旦		〃 〃 〃
九（1530）		〃 〃		〃 〃				〃 〃		〃 〃	—4 4—	〃 〃 〃 凌 相		〃 〃	—5 5—	〃 〃 〃 宋 沧
十（1531）	—9 9—	〃 〃 吴 山	—4	〃 〃	4—10 11—	胡 琏 高公韶	2—	□〃 〃 陶 谐	—4	〃 〃		〃 〃	—7 7—11 12—	〃 〃 袁容儒 胡东皋		〃 〃
十一（1532）		〃 〃				〃 〃 〃	—3 3—	〃 〃 钱 鋐			3—	〃 〃 汪 珊		〃 〃 〃		〃 〃
十二（1533）	—12 12—	〃 〃 简 霄			—5 5—	〃 〃 〃 王 綖	6—9 9—	〃 〃 唐 胄 陈 察			—4 6—	〃 〃 林大辂	—3 3—	〃 〃 〃 宋 冕	—5 5—9 9—	〃 〃 杨守礼 范 嵩
十三（1534）		〃 〃			—8 8—	〃 〃 林 琦		〃 〃			—9 9—	〃 〃 〃 翟 瓒		〃 〃	—9 9—	〃 〃 潘 鉴
十四（1535）		〃 〃			—5 3—	〃 〃 秦 钺	—3 3—	〃 〃 王 浚				〃 〃	4—	〃 〃 王学夔		〃 〃

（续表）

年	月	河南	月	浙江	月	江西	月	南赣	月	福建	月	湖广	月	郧阳	月	四川
十五（1536）	11—	〃　〃 易　瓒				〃　〃		〃　〃				12〃　〃	9—	〃　〃　〃 于　桂	—4	〃　〃 张　翰
十六（1537）		〃　〃			6—	〃　〃 胡　岳		〃　〃			1—	顾　璘		〃　〃	5—	〃　〃 吴　山
十七（1538）		〃　〃				〃　〃	—10 10—	〃　〃 吴　山			—10 10—	〃　〃 陆　杰	—7 7—	〃　〃 王以旂	—10 11—	〃　〃 朱　钦
十八（1539）	—2 3—12 2—	〃　〃 胡缵宗 傅　钥			1—	〃　〃 王　暐	—7 △7—9 10—	〃　〃 郑　坤 李　显				〃　〃	—△7 △7—	〃　〃　〃 戴时宗		〃　〃
十九（1540）	4—	〃　〃 魏有本				〃　〃		〃　〃				〃　〃		〃　〃　〃	—3 4—	〃　〃 刘大谟
二十（1541）		〃　〃　〃			—3 3—	〃　〃 汪玄锡		〃　〃				〃　〃	6—	〃　〃　〃 喻茂坚		〃　〃　〃
二十一（1542）	—12 12—	〃　〃　〃 李宗枢				〃　〃　〃	—4 4—	〃　〃 虞守愚			9—	〃　〃 车　纯	—3 3—9 9—	〃　〃　〃 詹　瀚 张　岳		〃　〃　〃

（续表）

年	月	河南	月	浙江	月	江西	月	南赣	月	福建	月	湖广	月	郧阳	月	四川
二十二（1543）		〃 〃 〃			—1 1—	〃 〃 〃 张 岳		〃 〃 〃				〃 〃	—1 2—	〃 〃 王 守		〃 〃 〃
二十三（1544）	7—	〃 〃 〃 雒 昂			—7 8— 10—	〃 〃 丘养浩 虞守愚	—10 11—	〃 〃 〃 顾 遂				〃 〃	—5 5—	〃 〃 欧阳必进	1—8	丘养浩 王大用
二十四（1545）	—11 10—	〃 〃 龚 亨				〃 〃 〃		〃 〃			—10 4—	〃 〃 姜 仪	—4 5—	〃〃〃〃 任维贤	7— 7—	〃 〃 〃 萧一中 张时徹
二十五（1546）	—3 3— 9—11	〃 〃 柯 相 范 鏓			—2 3—	〃 〃 〃 傅凤翔	—9 9—	〃 〃 朱 纨				〃 〃	—3 4—	〃 〃 〃 叶照		〃 〃 〃
二十六（1547）	2—9 9—	丁汝夔 张 垌		朱 纨		〃 〃 〃	7—	□〃 〃 龚 辉				〃 〃	—3 4—	〃 〃 于 湛	—3 4—	〃 〃 〃 应大猷 严时泰
二十七（1548）	—11 12—	〃 〃 彭 黯		〃 〃		〃 〃 〃	—9 9—	□〃 〃 喻 智			—3 3—	〃 〃 林云同		〃 〃	—11 11—	〃 〃 〃 李 春

（续表）

年	月	河南	月	浙江	月	江西	月	南赣	月	福建	月	湖广	月	郧阳	月	四川
二十八（1549）	—11 11—	〃　〃 端廷赦		〃　〃	—3 3—	〃　〃　〃 张时彻		〃　〃				〃　〃　〃	—2 2—	〃　〃 任　瀛	—6 6—	〃　〃 张　素
二十九（1550）	—7 7—	〃　〃　〃 葛守礼			—6 △6—	〃　〃　〃 吴　鹏	—3 3—	〃　〃 卢　勋			—2 2—	〃　〃　〃 屠大山		〃　〃		〃　〃
三十（1551）	—3 4—9 9—	〃　〃　〃 陆　瑚 高　澄			—5 5—	〃　〃 翁　溥	—4 4—	〃　〃 张　烜			—3 4—5	〃　〃　〃 翁　溥 屠大山	3—	〃　〃 沈良才	—2 3—	〃　〃 戴　鳌
三十一（1552）	3—	〃　〃 谢存儒	7—	王　忬		〃　〃		〃　〃				〃　〃　〃		〃　〃　〃	—11 11—	〃　〃 张　臬
三十二（1553）	—6 6—	〃　〃　〃 杨　宜		〃　〃	—3 4—	〃　〃 蔡云程	—7 7— 7—	〃　〃 冯天驭 谈　恺	7—	王　忬	—2 2—	〃　〃　〃 冯　岳	—7 8—	〃　〃　〃 张舜臣		〃　〃
三十三（1554）	—1 1—	〃　〃 邹守鲁	—6 6—	〃　〃 李天宠	—3 3—	〃　〃　〃 陈　洙	—12 12—	〃　〃 汪尚宁	6—	李天宠	—1 2—	〃　〃 汪大受	—8 9—	〃　〃　〃 刘伯跃	—11 11—	〃　〃 罗廷繡

（续表）

年	月	河南	月	浙江	月	江西	月	南赣	月	福建	月	湖广	月	郧阳	月	四川
三十四（1555）	—6 7—	〃 〃 〃 张　烜	—6 6— 6—	〃 〃 〃 周　玧 胡宗宪	—6 6—	〃 〃 〃 蔡克廉		〃 〃 〃				〃 〃 〃		〃 〃 〃		〃 〃 〃
三十五（1556）	—2 3—	〃 〃 潘　恩	—2 5—	〃 〃 〃 阮　鹗	—6 6—	〃 〃 〃 马　森	—3 3—	〃 〃 〃 王　钫			—1 4—	〃 〃 〃 李宪卿	—4 4—	〃 〃 〃 章　焕		〃 〃 〃
三十六（1557）	—4 4—	〃 〃 章　焕	—1 1—	〃 〃 胡宗宪	—12	〃 〃	—3 3—	〃 〃 周　满	1—	阮　鹗	12—	赵炳然	—4 5—	〃 〃 刘学易	—2 3—	〃 〃 〃 黄光昇
三十七（1558）	—4 5—	〃 〃 张永明		〃 〃 〃		何　迁	—6 6— 6—9 9—	〃 〃 宋　淳 何　思 范　钦	—3 3—	〃 〃 王　询	—10	〃 〃 〃		〃 〃 〃		〃 〃 〃
三十八（1559）		〃 〃 〃		〃 〃 〃		〃 〃		〃 〃	—11 12—	〃 〃 [8]刘　寿	10—	陈仕贤		〃 〃 〃		〃 〃 〃
三十九（1560）		〃 〃 〃		〃 〃 〃	—4 5—	〃 张元冲	—8 9—	〃 〃 杨伊志		〃 〃	—8 9—	〃 〃 〃 刘　崙	—4 4—9 9—	〃 〃 〃 谷　峤 张　雨	—4 4—	〃 〃 〃 罗崇奎

（续表）

年	月	河南	月	浙江	月	江西	月	南赣	月	福建	月	湖广	月	郧阳	月	四川
四十（1561）	—2 3—	〃 〃 〃 蔡汝楠		〃 〃 〃	7—	〃 〃 〃 胡 松	—7 7—	〃 〃 〃 陆 稳	—11 11—	〃 〃 游震德	—5 △5—	〃 〃 张 雨	—△5 △5—	〃 〃 汪 俅	—9 9—	〃 〃 〃 雷 贺
四十一（1562）	—4 5—	〃 〃 〃 胡尧明	—11 11—	〃 〃 〃 赵炳然		〃 〃		〃 〃		〃 〃 〃	—5 5—12	〃 〃 方 廉	—3 3—9 10—	〃 〃 迟凤翔 吴桂芳	1—	陈 尧
四十二（1563）	11—	胡尧臣 迟凤翔		赵炳然	—3 4—	胡 松 周 相	—6 6—	陆 稳 吴百朋	—2 3—	游震德 谭 纶	1—	徐南金	—4 4—6 9—	吴桂芳 吴百朋 康 郎	—9 10—	陈 尧 谷中虚
四十三（1564）		〃 〃 〃	—7 7—	〃 〃 〃 刘 畿		〃 〃		〃 〃 〃	—4 4—	〃 〃 汪道昆	10—	〃 〃 〃 谷中虚		〃 〃	—10 10—	〃 〃 〃 刘自强
四十四（1565）	—9 10—	〃 〃 〃 冀 练		〃 〃	—5 5—	〃 〃 周如斗		〃 〃 〃		〃 〃 〃		〃 〃 〃	—5 6—	〃 〃 陈 志	—12 12—	〃 〃 〃 谭 纶
四十五（1566）	—1 2—	〃 〃 孟养性	11—	〃 〃 张师戴	△10—	〃 〃 〃 任志凭		〃 〃 〃	—6	〃 〃 〃 涂泽民	—1 2—	〃 〃 〃 杨豫孙	—3 3—	〃 〃 刘秉仁	—10 △10—	〃 〃 陈 炌
隆庆一（1567）	—5 5—10 10— 11—	〃 〃 〃 刘应节 王国光 戴 才	—6 6—	〃 〃 〃 赵孔昭	—10 10—	〃 〃 〃 刘光济		〃 〃 〃		〃 〃 〃	—10 10—	〃 〃 〃 刘 悫	—10 10—	〃 〃 〃 孙应鳌		〃 〃

（续表）

年	月	河南	月	浙江	月	江西	月	南赣	月	福建	月	湖广	月	郧阳	月	四川
二（1568）	—3 3—	〃 〃 李邦珍	—7 7—	〃 〃 〃 谷中虚		〃 〃 〃	—1 2—	〃 〃 〃 张 翀		〃 〃 〃		〃 〃		〃 〃 〃	5—	严 清
三（1569）		〃 〃 〃		〃 〃 〃		〃 〃 〃		〃 〃	—9 10—	〃 〃 〃 何 宽		〃 〃	—2 2—	〃 〃 〃 武 金		〃 〃
四（1570）	—10 10—	〃 〃 〃 栗永禄	—2 3—	〃 〃 〃 熊汝达	—6 7—	〃 〃 〃 李一元	—4 4—	〃 〃 殷从俭		〃 〃	—3 4—	〃 〃 张 翀	2—	汪道昆	—4 4— 11—	〃 〃 陈 瓒 刘斯洁
五（1571）	—11 11—	〃 〃 〃 梁梦龙	—3 3—11 11—	〃 〃 〃 郭朝宾 邬 琏	—3 3— 5—	〃 〃 〃 沈应时 徐 栻	—7 7—	〃 〃 〃 李 棠	—7 7—	〃 〃 殷从俭	—4 5—	〃 〃 汪道昆 阮文中	—5 5—	〃 〃 〃 凌云翼		〃 〃 〃
六（1572）	—10 10—	〃 〃 〃 朱 纲	—8 11—	〃 〃 张 卤 方宏静		□〃 〃	—9 10—	〃 〃 刘思问		□〃 〃 〃	7—	[13]〃 〃 〃 赵 贤		〃 〃 〃	—4 4—	〃 〃 〃 曾省吾
万历一（1573）	—10 10—	〃 〃 吴道直		〃 〃 〃	3—	凌云翼		〃 〃 〃	1—	刘尧诲		〃 〃	3— 6—	汤 宾 孙应鳌		〃 〃 〃

（续表）

年	月	河南	月	浙江	月	江西	月	南赣	月	福建	月	湖广	月	郧阳	月	四川
二（1574）	—△12 △12—	〃 〃 〃 孟　重	—2 2—	〃 〃 〃 谢鹏举	—6 6—	〃 〃 〃 杨　成	9—	〃 〃 〃 江一麟		〃 〃 〃		〃 〃	—9 9—	〃 〃 〃 王世贞		〃 〃 〃
三（1575）		〃 〃		〃 〃 〃		〃 〃		〃 〃 〃		〃 〃 〃	—5 6—	〃 〃 陈　瑞		〃 〃 〃	—6 7—	〃 〃 〃 罗　瑶
四（1576）		〃 〃	—4 5—	〃 〃 〃 徐　栻	—3 3—	〃 〃 潘季驯		〃 〃 〃		〃 〃 〃 庞尚鹏		〃 〃	—6	〃 〃 〃 徐学谟		〃 〃
五（1577）	—2 2—	〃 〃 周　鉴		〃 〃	—11 11—	〃 〃 〃 刘尧诲	—12 12—	〃 〃 〃 蒙　诏		〃 〃 〃	—12 12—	〃 〃 王之垣		〃 〃 〃	—2 2—	〃 〃 王廷瞻
六（1578）		〃 〃	—3 3— 12—	〃 〃 李世达 吴善言	10—	〃 〃 〃 刘斯洁		〃 〃	—2 1—	〃 〃 〃 刘思问 耿定向		〃 〃 〃	—8 8—	〃 〃 〃 杨俊民		〃 〃 〃
七（1579）		〃 〃		〃 〃 〃	2—	王宗载		□〃 〃 王廷瞻		〃 〃 〃		〃 〃 〃		〃 〃 〃		〃 〃 〃
八（1580）	—6 6—	〃 〃 褚　铁		〃 〃 〃		〃 〃 〃		〃 〃 〃		〃 〃 〃 劳　堪	—10	〃 〃 〃 陈　省		〃 〃 〃	—3 3—	〃 〃 〃 张士佩

（续表）

年	月	河南	月	浙江	月	江西	月	南赣	月	福建	月	湖广	月	郧阳	月	四川
九（1581）		〃 〃		〃 〃 〃		〃 〃 〃	—4 4—	〃 〃 〃 张 焕		〃 〃		〃 〃	—3	〃 〃 〃		〃 〃 〃
十（1582）		〃 〃	—3 3—	〃 〃 〃 张佳胤	—4 4—	〃 〃 〃 曹大埜		王 缉	—7 7—	〃 〃 赵可怀		〃 〃			—7 7—	〃 〃 〃 孙充祐
十一（1583）	—△2 △2—	〃 〃 杨一魁	—◬ ◬—	〃 〃 〃 萧 廪		〃 〃 〃	—2 2— 6—	〃 〃 [7]邵 陛 张 岳		〃 〃 〃	—1 1—	〃 〃 李 江	2—11 11—	张国彦 毛 纲	—10 10—	〃 〃 〃 雒 遵
十二（1584）	—6 7—	〃 〃 〃 臧惟一	—6 6—	〃 〃 温 纯	—2 2—	〃 〃 〃 马文炜	—8 8—	〃 〃 贾待问		〃 〃 〃		〃 〃	—10 10—	〃 〃 方宏静		〃 〃
十三（1585）		〃 〃 〃		〃 〃		〃 〃 〃		〃 〃 〃	4—	〃 〃 〃 沈人种		〃 〃		〃 〃 〃	7—	□〃 〃 徐元泰
十四（1586）	—2 2—	〃 〃 〃 衷贞吉		〃 〃	—2 3—	〃 〃 〃 陈有年	—5 6—	〃 〃 〃 秦 燿	—10 10—	〃 〃 〃 贾待问	—2 2—	〃 〃 孙 坤	—6 6—	〃 〃 〃 李 材		〃 〃 〃
十五（1587）		〃 〃 〃	—2 2—	〃 〃 滕伯轮		〃 〃 〃		〃 〃	—9 9—	〃 〃 〃 周 寀	—10 10—	〃 〃 邵 陛		〃 〃 裴应章		〃 〃 〃

（续表）

年	月	河南	月	浙江	月	江西	月	南赣	月	福建	月	湖广	月	郧阳	月	四川
十六（1588）	—9 9—	〃 〃 〃 周世选		〃 〃 〃	—△ △—	〃 〃 〃 庄国桢		〃 〃		〃 〃		〃 〃		〃 〃 〃		〃 〃 〃
十七（1589）		〃 〃 〃	—2 5—	〃 〃 〃 傅孟春		〃 〃 〃	—6 6—	〃 〃 王敬民	—7 7—	〃 〃 赵参鲁	—5 6—	〃 〃 秦 耀		〃 〃 〃	—2 2—	〃 〃 〃 李尚思
十八（1590）	—6 6—	〃 〃 〃 吴自新	—9 9—	〃 〃 〃 常居敬	—3 4—	〃 〃 〃 任养心		〃 〃 〃		9〃 〃 〃 张汝齐	—11 11—	〃 〃 李 桢		15萧 彦		〃 〃 〃
十九（1591）		〃 〃 〃		〃 〃 〃	—9 9—	〃 〃 〃 邵仲禄		〃 〃 〃		〃 〃 〃	6—	〃 〃 孙 坤 郭维贤	3—	〃 〃 姜 璧	9—	〃 〃 〃 艾 穆
二十（1592）	—7 7— 11—	〃 〃 〃 沈思孝 赵世卿		〃 〃 〃	2—	边维垣		〃 〃 〃	—12 12—	〃 〃 〃 许孚远		〃 〃 〃	—7 7—	〃 〃 董 裕	—12 12—	〃 〃 王继光
二十一（1593）	—8 10—	〃 〃 〃 张一元	—3 4—	〃 〃 〃 王汝训	—6 7—	〃 〃 〃 陆万垓	—2	〃 〃 〃 谢 杰		〃 〃 〃		〃 〃 〃		〃 〃		〃 〃 〃
二十二（1594）		〃 〃 〃		〃 〃 〃		〃 〃 〃		〃 〃	—12 11—	〃 〃 〃 沈 秱		〃 〃 〃	—11	〃 〃	1—	谭希思

（续表）

年	月	河南	月	浙江	月	江西	月	南赣	月	福建	月	湖广	月	郧阳	月	四川
二十三（1595）	8—	荆州士	11—	〃〃〃 刘元霖		〃〃〃	—6 7—	〃〃 李汝華	5—	〃〃 金学曾	—11 11—	〃〃〃 李得阳		[16]马鸣銮		〃〃〃
二十四（1596）	—△8 9—	〃〃〃 钟化民		〃〃〃		〃〃〃		〃〃〃		〃〃〃		〃〃〃		〃〃〃		〃〃〃
二十五（1597）		〃〃〃		〃〃〃		〃〃〃		〃〃〃		〃〃〃	—8	〃〃〃		〃〃〃		〃〃〃
二十六（1598）	2—	〃〃〃 曾如春		〃〃〃	—8 7—	〃〃〃 夏良心		〃〃〃		〃〃〃	2—	支可大		〃〃〃		〃〃〃
二十七（1599）		〃〃〃		〃〃〃		〃〃〃		〃〃〃		〃〃〃		〃〃〃	5—	〃〃〃 郑国佐	—3 3—	□〃〃〃 李化龙
二十八（1600）		〃〃〃		〃〃〃		〃〃〃		〃〃〃	—3	〃〃〃		〃〃〃		〃〃〃		〃〃〃
二十九（1601）		〃〃〃		〃〃〃		〃〃〃		〃〃〃	2—	朱连昌	—4 4—	〃〃〃 赵可怀	—1 5—	〃〃〃 胡心得	1—	王象乾
三十（1602）	—3	〃〃〃	11—	〃〃〃 尹应元		〃〃〃		〃〃〃		〃〃〃		〃〃〃		〃〃〃		〃〃〃

（续表）

年	月	河南	月	浙江	月	江西	月	南赣	月	福建	月	湖广	月	郧阳	月	四川
三十一（1603）				〃 〃 〃		〃 〃 〃		〃 〃 〃		10〃 〃 〃		〃 〃 〃		〃 〃 〃		〃 〃 〃
三十二（1604）				〃 〃 〃		〃 〃 〃		〃 〃 〃	6—	徐学聚	—9 △9—	〃 〃 〃 梁梦龙		〃 〃 〃		〃 〃 〃
三十三（1605）	9—	沈季文	—12 12—	〃 〃 〃 甘士价	—2 12—	〃 〃 〃 许弘纲		〃 〃 〃		〃 〃 〃		〃 〃 〃	—2 12—	〃 〃 〃 黄纪贤	—2 12—	〃 〃 〃 乔璧星
三十四（1606）		〃 〃 〃		〃 〃 〃		〃 〃 〃		〃 〃 〃		〃 〃 〃	—4 7—	〃 〃 〃 易登瀛		〃 〃 〃		〃 〃 〃
三十五（1607）		〃 〃 〃		〃 〃 〃	—1 6—	〃 〃 〃 卫承芳		〃 〃 〃	—6	〃 〃 〃 陈性学	—6	〃 〃 〃 张问达		〃 〃 〃		〃 〃 〃
三十六（1608）		〃 〃 〃	—5 7—	〃 〃 〃 王永先		〃 〃 〃	7—	□〃 〃 〃 牛应元		〃 〃 〃		〃 〃 〃		〃 〃 〃		〃 〃 〃
三十七（1609）	6—	李思孝	1—	□〃 〃 〃 高　举		〃 〃 〃		〃 〃 〃		陈子贞		〃 〃 〃		〃 〃 〃		〃 〃 〃
三十八（1610）		〃 〃 〃		〃 　〃	—4	〃 〃 〃		〃 〃 〃		〃 〃 〃		〃 〃 〃		〃 〃 〃		〃 〃 〃

（续表）

年	月	河南	月	浙江	月	江西	月	南赣	月	福建	月	湖广	月	郧阳	月	四川
三十九（1611）		〃 〃 〃		〃 〃				〃 〃 〃	8—	〃 〃 〃 丁继嗣		〃 〃 〃	—4	〃 〃 〃 卫一凤		〃 〃 〃
四十（1612）	—11 12—	〃 〃 〃 钱梦得		〃 〃				〃 〃 〃		〃 〃 〃	—8 9—	〃 〃 〃 董汉儒		〃 〃 〃	—5 12—	〃 〃 〃 吴用先
四十一（1613）		〃 〃 〃	—7	〃 〃		王 佐	—2	〃 〃 〃 孟一脉		□〃 〃 〃		〃 〃 〃		〃 〃 〃		〃 〃 〃
四十二（1614）	1—	梁祖龄	1—	刘一焜		〃 〃		〃 〃 〃		袁一骥	1—	□〃 〃 〃 梁见孟	—2 8—	〃 〃 〃 陈禹谟		〃 〃 〃
四十三（1615）		〃 〃 〃		〃 〃 〃		〃 〃	—7	〃 〃 〃	—4 7—	〃 〃 〃 黄承元		〃 〃 〃		〃 〃 〃		〃 〃 〃
四十四（1616）		〃 〃 〃		〃 〃 〃		〃 〃	2—	钱 桓		〃 〃 〃		〃 〃 〃		〃 〃 〃	—5 10—	〃 〃 〃 饶景晖
四十五（1617）	—4	〃 〃 〃		〃 〃 〃	—7	□6〃 〃		〃 〃	—2	〃 〃 〃	—9	〃 〃 〃		〃 〃 〃		〃 〃 〃
四十六（1618）	1—	李养正		〃 〃 〃	1—	包见捷		〃 〃	1—	王士昌	△4—	徐兆魁		〃 〃 〃		〃 〃 〃

（续表）

年	月	河南	月	浙江	月	江西	月	南赣	月	福建	月	湖广	月	郧阳	月	四川
四十七（1619）		〃 〃 〃		〃 〃 〃		〃 〃 〃	—5 7—	〃 〃 周应秋		〃 〃 〃		〃 〃 〃		〃 〃 〃	—9	〃 〃 〃
四十八（1620）	—8 8—	〃 〃 〃 张我续		□〃 〃 〃 苏茂相	—8 8—11 12—	〃 〃 〃 洪佐圣 房壮丽		〃 〃 〃	12—	〃 〃 〃 商周祚	8—	□〃 〃 〃 熊尚文	8—	□〃 〃 〃 杨述中	7—	徐可求
泰昌一																
天启一（1621）	—12 12—	〃 〃 〃 冯嘉会		〃 〃 〃		〃 〃 〃	—1 2—	〃 〃 〃 唐世济		〃 〃 〃	—8 8—	〃 〃 〃 薛　贞		17〃 〃 〃	—9	〃 〃 〃 朱燮元
二（1622）		〃 〃 〃	—10 11—	〃 〃 〃 耿廷柏		〃 〃 〃		〃 〃 〃		〃 〃 〃		〃 〃	11—	蔡复一		〃 〃 〃
三（1623）		〃 〃 〃	11—	□〃 〃 〃 王　洽	—5	〃 〃 〃 韩光祐	—5 5—	〃 〃 〃 梅之焕	—2 2—	〃 〃 〃 南居益		〃 〃		〃 〃 〃		〃 〃 〃
四（1624）	—3 3—	〃 〃 〃 程　绍		〃 〃		〃 〃 〃	1— 2—	□〃 〃 〃 杨　鹤 李成名		〃 〃 〃	2—11	□〃 〃 孙鼎相	—2	〃 〃 〃 毕懋康		〃 〃 〃

（续表）

年	月	河南	月	浙江	月	江西	月	南赣	月	福建	月	湖广	月	郧阳	月	四川
五（1625）	—12	〃 〃	—5 5—11 10—	〃 〃 刘可法 陆卿荣	—5 3—	〃 〃 〃 郭尚宾	—2 3—	〃 〃 〃 傅振商	—4 5—	〃 〃 〃 朱钦相	3— 11—	魏 濬 杨 楷	—6 6—	〃 〃 〃 李若珪	—3 4—	〃 〃 〃 尹同皋
六（1626）	1—2 3—	亓诗教 郭增光	3—	□〃 〃 〃 潘汝桢	—11 12—	〃 〃 〃 杨邦宪		〃 〃 〃	—9 10—	〃 〃 〃 朱一冯	5—	□〃 〃 李栖凤		〃 〃 〃		〃 〃 〃
七（1627）		〃 〃 〃	—3 5—	〃 〃 〃 张廷登		〃 〃 〃	—7 7—	〃 〃 〃 洪瞻祖		〃 〃 〃	3—	□〃 〃 〃 姚宗文	—2 2—	〃 〃 〃 梁应泽	—12	〃 〃 〃
崇祯一（1628）	—4 1—	〃 〃 〃 邱兆麟		〃 〃 〃	—4 6—	〃 〃 〃 魏照乘	3— 10—	〃 〃 〃 熊 膏 刘泽深	—7 3—	〃 〃 〃 熊文燦	5—	□〃 〃 〃 洪如钟		〃 〃 〃	6—	田 仰
二（1629）	7—	〃 〃 〃 范景文	—4 4—	〃 〃 〃 陆完学		〃 〃 〃		〃 〃 〃		〃 〃 〃		〃 〃 〃		〃 〃 〃	3—	〃 〃 张 论
三（1630）	3—	〃 〃 〃 郝土膏		〃 〃 〃		〃 〃 〃	2—	□〃 〃 〃 萧毅中		〃 〃 〃	7—	魏光绪		〃 〃 〃		〃 〃
四（1631）	—1 2— 10—	〃 〃 〃 吴光义 樊尚景		〃 〃 〃		〃 〃 〃		陆问礼		〃 〃 〃		□〃 〃 〃	6—	〃 〃 〃 蒋允仪		〃 〃

（续表）

年	月	河南	月	浙江	月	江西	月	南赣	月	福建	月	湖广	月	郧阳	月	四川
五（1632）		〃 〃 〃		□罗汝元		解学龙		〃 〃 〃	—2 2—	□〃 〃 〃 邹维琏		唐　晖		〃 〃 〃	2—	□〃 〃 刘汉儒
六（1633）	—2 3—	〃 〃 〃 元　默	—8 8—	〃 〃 〃 喻思恂		〃 〃 〃	10—	□〃 〃 〃 潘曾纮		〃 〃 〃		〃 〃		〃 〃 〃		〃 〃 〃
七（1634）		〃 〃		〃 〃 〃		〃 〃 〃		〃 〃 〃		〃 〃 〃		〃 〃	—4	〃 〃 〃 卢象昇	—△8 △8—	〃 〃 〃 王维章
八（1635）	—6 6—	〃 〃 陈必谦		〃 〃 〃		〃 〃 〃		〃 〃 〃		沈犹龙	—5 7—	〃 〃 卢象昇	—5	〃 〃 〃 宋祖舜		〃 〃 〃
九（1636）	—9 9—	〃 〃 〃 [4]王家祯		〃 〃 〃		〃 〃 〃		〃 〃 〃		〃 〃 〃	1—	[14]王梦尹	—3 4—12 11—	〃 〃 〃 苗胙土 陈良训		〃 〃 〃
十（1637）	—8 8—	〃 〃 〃 常道立		〃 〃 〃		〃 〃 〃	3—	王之良		〃 〃 〃		□〃 〃 〃 余应桂	12—	〃 〃 〃 戴东旻		〃 〃 〃

（续表）

年	月	河南	月	浙江	月	江西	月	南赣	月	福建	月	湖广	月	郧阳	月	四川
十一（1638）		〃 〃 〃	2—	〃 〃 〃 熊奋渭		〃 〃 〃		〃 〃 〃		〃 〃 〃	6—	□〃 〃 〃 方孔照		〃 〃 〃	—1	〃 〃 〃 傅宗龙
十二（1639）	—1 1—	〃 〃 〃 李仙凤		〃 〃 〃	11—	〃 〃 〃 刘宗祥		〃 〃 〃	—4	〃 〃 〃 萧奕辅	—6 6—	余应桂 方孔炤	—3 4—	〃 〃 〃 王鼇永	—4	〃 〃 〃 邵捷春
十三（1640）		〃 〃 〃		〃 〃 〃		〃 〃 〃		〃 〃 〃		〃 〃 〃	—1 1—	〃 〃 〃 宋一鹤	—4 4—	〃 〃 〃 袁继咸	—4 10—	〃 〃 〃 廖大亨
十四（1641）	—2 2—	〃 〃 〃 高名衡	—12 12—	〃 〃 〃 董象恒		□〃 〃 〃		〃 〃 〃		〃 〃 〃		〃 〃 〃	—3 3—	〃 〃 〃 王永祚		□〃 〃 〃
十五（1642）	—11 —11	〃 〃 〃 王　汉		〃 〃 〃	9—	张凤翮	—2 3—	〃 〃 〃 林一柱	—8 10—	〃 〃 〃 张肯堂		〃 〃 〃	—12	〃 〃 〃	6—	陈士奇
十六（1643）	2—	秦所式	—7 11—	董象恒 黄鸣俊	3—	张凤翮 郭都贤 □旷　昭		林一柱		张肯堂	—1 3— 12—	宋一鹤 王聚奎 何腾蛟		徐启元	10—	陈士奇 龙文光
十七（1644）		〃 〃 〃 任　濬	10—	〃 〃 〃 张秉贞		〃 〃	11—	〃 〃 〃 李永茂		〃 〃 〃		〃 〃 〃		〃 〃 〃		〃 〃 〃

注释：

△代表闰月。◬代表该年中之闰月而不知系何月。□有此记号者不知系根据何书。

1.《实录》：正月辛丑，户部侍郎王佐镇守河南（镇守河南与巡抚河南是否为同时并存）。

2.《实录》：三月乙未，赐河南左布政使胡本惠等诰敕封赠，以巡抚左副都御史马谨奏保，政有异绩（与元年致仕相冲突）。

3.《国榷》：三年二月丙午，自河南迁工部右侍郎（表中列至二年）。

4.《绥寇纪略》：崇祯八年六月二十六日，必谦拜豫抚命，九年十月十二日，解任回籍。《绥寇纪略》：九年九月，陈必谦……解任。《明史》：本传十年四月，专抚河南。（三说年月各异）

5.《国榷》：十六年十月壬申起，任濬……兼巡抚河南（表中列为十七年）。

6. 四十五年癸丑，王佐工部右侍郎总河（表中列为四十六年）。

7.《列卿纪》：……十一年三月……巡抚南赣（《实录》为十一年二月）。

8.《实录》：……壬午，浙江左布政使吴桂芳右佥都御史巡抚福建（表中无吴桂芳）。

9.《实录》：十九年六月辛丑，福建巡抚赵参鲁大理寺卿（《列卿纪》为十八年，表中亦列为十八年）。

10.《实录》：卅一年十一月……丁卯，王恩民右副都御史巡抚福建（表中无王恩民）。

11. 九月癸丑，由河南巡抚为右都御史，总督湖广、贵州军务。以下均见《实录》（四年王来始召还京）。

12.《实录》：十七年四月……诏令致仕（表中列至十五年止）。

13. 六年……《国榷》：二月……阮文中右副巡抚湖广（《列卿年表》在五年）。

14.《绥寇纪略》：崇祯九年正月，卢象昇辞楚抚……（表中未列入九年）。

15.《实录》：……贵州巡抚许子良抚治郧阳（表中无许子良）。《实录》：十七年十二月乙亥，云南巡抚萧彦右副都抚治郧阳。《郧阳志》：……十八年，抚治郧阳代应章。（三说各异）

16.《实录》：二十二年十一月癸巳，陕右布政使马鸣銮右佥都抚治郧阳。《郧阳志》：二十三年，巡抚郧阳代裕。（二说各异，表中依《郧阳志》排）

17.《实录》：……天启二年十月……抚治郧阳杨述中巡抚偏沅（表中未列入二年）。

四、云南、贵州、两广、广西、河道督抚

年	月	云南	月	贵州	月	两广	月	广西	月	河道
宣德一（1426）								朱　侃		
二（1427）										
三（1428）										
四（1429）										黄　福
五（1440）										〃　〃
六（1431）										
七（1432）										
八（1433）										
九（1434）										
十（1435）										
正统一（1436）		郑　辰	9—	吴　绅						
二（1437）										
三（1438）										
四（1439）										
五（1440）	12—	丁　璿								

（续表）

年	月	云南	月	贵州	月	两广	月	广西	月	河道
六（1441）										
七（1442）	7—	侯　琎								
八（1443）		〃　〃	2—	丁　璿						
九（1444）	—1 7—	〃　〃 杨　宁		〃　〃						
十（1445）		〃　〃								
十一（1446）	—7 7—	〃　〃 侯　琎								
十二（1447）		〃　〃								
十三（1448）		〃　〃								石　璞 王永和
十四（1449）	—11 11—	〃　〃 郑　禺	11— 11—	侯　琎 王　恂				李　棠		

（续表）

年	月	云南	月	贵州	月	两广	月	广西	月	河道
景泰一（1450）		〃 〃		侯 琎 王 恂				〃 〃		
二（1451）		〃 〃	—8 8—	〃 〃 王 来			6—	李 棠		
三（1452）		〃 〃		□〃 〃	7—	王 翱		〃 〃		王 文
四（1453）		〃 〃	1—	蒋 琳	—3 4—	〃 〃 马 昂		〃 〃		徐有贞
五（1454）		〃 〃		〃 〃		〃 〃	—5 5—	〃 〃 马 昂		〃 〃 〃 陈 泰
六（1455）		〃 〃		〃 〃		〃 〃		〃 〃		徐有贞
七（1456）		〃 〃		〃 〃		〃 〃		〃 〃		
天顺一（1457）	—2	〃 〃	—6	〃 〃	—2	〃 〃	—2	□〃 〃		
二（1458）			4—	白 圭	4—	叶 盛				
三（1459）				□〃 〃		〃 〃				

（续表）

年	月	云南	月	贵州	月	两广	月	广西	月	河道
四（1460）						〃 〃				薛　远
五（1461）						〃 〃				
六（1462）						〃 〃	12—	吴　祯		
七（1463）						〃 〃		〃 〃		
八（1464）					—8 8—	〃 〃 吴　祯		〃 〃		
成化一（1465）			12—	□王　俭 李　浩		韩　雍		〃 〃		
二（1466）				〃 〃		〃 〃				
三（1467）			—8 8—	〃 〃 陈　宜		〃 〃				
四（1468）				〃 〃		〃 〃	3—	张　鹏		
五（1469）			—5 5—	〃 〃 秦　敬		〃 〃				

（续表）

年	月	云南	月	贵州	月	两广	月	广西	月	河道
六（1470）				〃 〃		〃 〃				李 颙 乔 毅
七（1471）				〃 〃		〃 〃				
八（1472）				〃 〃		〃 〃				
九（1473）			—1 1—	〃 〃 宋 钦		〃 〃				
十（1474）				〃 〃	—3 3—	□〃 〃 吴 琛				
十一（1475）				〃 〃	11—	〃 〃 朱 英				
十二（1476）	8—	王 恕		〃 〃		〃 〃				
十三（1477）	—8	〃 〃		〃 〃		〃 〃				
十四（1478）			—3 3— 5—	〃 〃 胡拱辰 陈 俨		〃 〃				
十五（1479）				〃 〃		〃 〃				

（续表）

年	月	云南	月	贵州	月	两广	月	广西	月	河道
十六（1480）	5—	吴　诚		〃　〃		〃　〃				
十七（1481）		〃　〃		〃　〃		〃　〃				
十八（1482）		〃　〃	—12	〃　〃		〃　〃				杜　谦
十九（1483）	—10 10—	吴　诚 程　宗	1—	谢　昶		朱　英				
二十（1484）		〃　〃		〃　〃	—6 6—	〃　〃 宋　旻				
二十一（1485）		〃　〃		〃　〃		〃　〃				
二十二（1486）	—8 8—	〃　〃 章　律		〃　〃		〃　〃				
二十三（1487）		〃　〃	—1 1—	〃　〃 孔　镛		〃　〃				
弘治一（1488）	—4 4—10 12—	〃　〃 杨继宗 王　诏		〃　〃	—△1 2—	〃　〃 屠　滽				

（续表）

年	月	云南	月	贵州	月	两广	月	广西	月	河道
二（1489）		〃 〃	—5 5—	〃 〃 邓廷瓒	—2 2—	〃 〃 秦 纮				
三（1490）		〃 〃	3—	〃 〃 〃 张文昭		〃 〃				白 昂
四（1491）	—1 1—	〃 〃 张 诰	—2 3—	〃 〃 〃 高 崧	—3 3—	〃 〃 闵 珪				〃 〃
五（1492）		〃 〃	—7 6—	〃 〃 邓廷瓒		〃 〃				陈 政
六（1493）		〃 〃		〃 〃 〃		〃 〃				〃 〃 刘大夏
七（1494）		〃 〃		〃 〃 〃	—11 11—	〃 〃 唐 珣				〃 〃 〃
八（1495）		〃 〃	—5 5—	〃 〃 〃 王 轼	—10 12—	〃 〃 邓廷瓒				〃 〃 〃
九（1496）		〃 〃	—4 4—	〃 〃 张 廉		〃 〃 〃				

（续表）

年	月	云南	月	贵州	月	两广	月	广西	月	河道
十（1497）		〃 〃		〃 〃		〃 〃 〃				
十一（1498）	—10 10—	〃 〃 李仕实	—10 10—	〃 〃 钱 钺		〃 〃 〃				
十二（1499）		〃 〃 〃		〃 〃		〃 〃 〃				
十三（1500）	—9 9—	〃 〃 〃 陈 金		〃 〃	—6 7—	〃 〃 〃 刘大夏				
十四（1501）		〃 〃	—3 3—	〃 〃 汪 奎	—10	〃 〃 〃				
十五（1502）		〃 〃	—2 2—	〃 〃 刘 洪	11—	潘 蕃				
十六（1503）		〃 〃		〃 〃		〃 〃				
十七（1504）	—8 8—	〃 〃 林元甫	—2 2— 8—	〃 〃 林元甫 洪 钟		〃 〃				

（续表）

年	月	云南	月	贵州	月	两广	月	广西	月	河道
十八（1505）		〃 〃 〃		〃 〃		〃 〃				
正德一（1506）	—2 2—	〃 〃 〃 吴文度	—5 5—	〃 〃 王 质	—1 1—	〃 〃 熊 繡				
二（1507）		〃 〃 〃		〃 〃	—11 12—	〃 〃 陈 金				
三（1508）	—1 1—	〃 〃 〃 顾 源			—10 10—	〃 〃 刘 洪				崔 岩
四（1509）		〃 〃			—12 12—	〃 〃 〃 林廷选				李 堂
五（1510）		〃 〃	9—	邵 宝		〃 〃 〃				〃 〃
六（1511）		〃 〃	—2 2—	〃 〃 魏 英		〃 〃 〃				〃 〃
七（1512）	—5 △5—	〃 〃 洪 远	—3 8— 8—	〃 〃 杨茂元 沈 林		〃 〃 〃			3—	刘 恺

（续表）

年	月	云南	月	贵州	月	两广	月	广西	月	河道
八（1513）		〃 〃	6—	陈天祥	—12	〃 〃 〃				〃 〃
九（1514）	—7 7—	〃 〃 王懋中	3—	萧 翀	1—	周 南			—4	〃 〃
十（1515）		〃 〃 〃	—1 1—	〃 〃 曹 祥	—9 9—	〃 〃 陈 金				
十一（1516）	—5 6—	〃 〃 〃 范 镛	5—	邹文盛		〃 〃				赵 璜
十二（1517）		〃 〃		〃 〃 〃	—11 12—	〃 〃 杨 旦			—7 —7	〃 〃 龚 洪
十三（1518）	—7 8—	〃 〃 何孟春		〃 〃 〃		〃 〃				〃 〃
十四（1519）		〃 〃 〃		〃 〃 〃	6—	〃 〃 萧 翀				〃 〃
十五（1520）		〃 〃 〃		□〃 〃 〃		〃 〃				〃 〃

（续表）

年	月	云南	月	贵州	月	两广	月	广西	月	河道
十六（1521）	—7 7—	〃 〃 〃 王　启		汤　沐	—4 5—	〃　〃 张　嵿				〃　〃
嘉靖一（1522）		〃　〃		〃　〃		〃　〃			1—	李　瓒
二（1523）		〃　〃	—5 5—10 10—	〃　〃 许廷光 杨一渶		〃　〃				〃　〃
三（1524）	8—12 12—	〃　〃 黄　衷 吴　祺		〃 〃 〃	—9 11—	〃　〃 盛应期			—9 9—	〃　〃 章　拯
四（1525）		〃　〃		〃 〃 〃	—5 5—	〃 〃 〃 姚　镆				〃　〃
五（1526）	12—	傅　习	1—10 11—	〃 〃 〃 袁宗儒		〃　〃				〃　〃
六（1527）	12—	〃　〃 欧阳重		〃 〃 〃	—6 5—	〃　〃 王守仁				〃　〃

（续表）

年	月	云南	月	贵州	月	两广	月	广西	月	河道
七（1528）		〃 〃 〃	—1 1—	〃 〃 〃 叶　相		□〃 〃 〃			—7	盛应期
八（1529）	—10 10—	〃 〃 〃 胡　询		〃　〃	1—	林　富				潘希曾
九（1530）	11—	顾应祥	—6 7—	〃　〃 刘士元		〃　〃				〃 〃 〃
十（1531）		〃 〃 〃		〃 〃 〃		〃　〃			4—	〃 〃 〃 李　绯
十一（1532）		〃 〃 〃	—3 4—	〃 〃 〃 徐　问	3—	□〃　〃 陶　谐				〃　〃
十二（1533）	—1 6—	〃 〃 〃 胡　训		〃　〃		〃　〃			1—	朱　裳
十三（1534）		〃　〃		〃　〃 陈　轼 戴　书 陈克宅	—12	〃　〃				〃　〃

（续表）

年	月	云南	月	贵州	月	两广	月	广西	月	河道
十四（1535）		〃 〃		〃 〃 〃	1—3 4—	张 瓒 钱如京			—9 9—	刘天和 甘为霖
十五（1536）	11—	〃 〃 汪文盛	—4 4—	〃 〃 〃 汪 珊	—11 11—	〃 〃 〃 潘 旦				
十六（1537）		〃 〃 〃		〃 〃	—10 5—	〃 〃 蔡 经				于 湛
十七（1538）		〃 〃 〃	2—	张 钺		〃 〃			—6	〃 〃
十八（1539）		〃 〃 〃	—10 11—	〃 〃 韩士英		〃 〃			—3 3—5 7—	胡缵宗 朱 裳 郭持平
十九（1540）		〃 〃 〃		〃 〃 〃		〃 〃				〃 〃 〃
二十（1541）	7—	〃 〃 〃 刘 渠	—9 10—	〃 〃 〃 刘彭年		〃 〃				〃 〃 〃

（续表）

年	月	云南	月	贵州	月	两广	月	广西	月	河道
二十一（1542）		〃 〃		〃 〃 〃		〃 〃			—1	〃 〃 〃
二十二（1543）		〃 〃		〃 〃 〃		〃 〃			—1	〃 〃 〃
二十三（1544）	—2	〃 〃	—2 2—	〃 〃 〃 刘 渠	2—7 7—	〃 〃 潘 鉴 张 岳			7—	周 用
二十四（1545）	△1—	陈则清 应大猷	7—	〃 〃 王学益		〃 〃			△1—	于 湛
二十五（1546）		〃 〃 〃		〃 〃 〃		〃 〃				〃 〃
二十六（1547）	—4 4—	〃 〃 〃 吴 章	—△9 9—	〃 〃 〃 李义壮	—10 10—	〃 〃 欧阳必进			—4	詹 瀚
二十七（1548）	—7	〃 〃 顾应祥		〃 〃 〃		〃 〃 〃 〃			11—	方 钝

（续表）

年	月	云南	月	贵州	月	两广	月	广西	月	河道
二十八（1549）	—7 8—10 11—	〃〃〃 韩　楷 胡　奎	—11 11—	〃〃〃 任　辙		〃〃〃〃			—10	〃　〃
二十九（1550）	—10 10—	〃　〃 石　简		〃　〃	—4 4—	〃〃〃〃 周　延			—6 6—	何　鳌 汪宗元
三十（1551）	—6 6—	〃　〃 鲍象贤		〃　〃	—5 6—	〃　〃 应　槚			—2	〃〃〃
三十一（1552）		〃〃〃	—9 9—	〃　〃 张鹗翼		〃　〃			3—	连　鑛
三十二（1553）	—6 6—	〃〃〃 孙世祐		〃〃〃	—7 9—	〃　〃 鲍象贤			12—	曾　钧
三十三（1554）		〃〃〃		〃〃〃	12—	〃〃〃 谈　恺				〃　〃
三十四（1555）		〃〃〃 周　采 郝惟岳		〃〃〃		〃　〃			—10 10—	〃　〃 胡　植

（续表）

年	月	云南	月	贵州	月	两广	月	广西	月	河道
三十五（1556）	—3 3—	〃 〃 〃 陈　锭	—3 3—	〃 〃 〃 高　翀		〃 〃			4—	〃 〃 □孙应奎
三十六（1557）	—3 4—	〃 〃 王　昺		〃 〃	—2 3—	〃 〃 王　钫			—2 3—9 9—	〃 〃 〃 □王学益 □王　廷
三十七（1558）	—△7 8—	〃 〃 游居敬		〃 〃		〃 〃				〃 〃
三十八（1559）		〃 〃 〃		〃 〃	—4 4—	〃 〃 郑　絅				〃 〃
三十九（1560）	—11 9—	〃 〃 〃 蒋宗鲁	—8 9—	〃 〃 鲍道明		〃 〃			3—10	□〃 〃 林应亮
四十（1561）		〃 〃 〃	—6 6—	〃 〃 〃 赵　钺	△5—	□〃 〃 张　臬			—4	胡　植 孙　植
四十一（1562）	—2 3—	〃 〃 〃 曹　抃		〃 〃		〃 〃				□王士翘

（续表）

年	月	云南	月	贵州	月	两广	月	广西	月	河道
四十二（1563）	—3 3—9 11—	曹　抃 敖宗庆 吕光洵	—3 3—	赵　钎 吴维岳	—9 9—	张　臬 吴桂芳			—2 4—10	□王士翘 □吴桂芳
四十三（1564）		〃 〃 〃		〃 〃 〃		〃 〃 〃			2—	陈　尧
四十四（1565）		〃 〃 〃	5— 6—	□〃 〃 〃 □康　郎 陈洪濛		〃 〃 〃			—5 11—	〃 〃 潘季驯
四十五（1566）		〃 〃 〃	—10 △10—	〃 〃 〃 杜　拯	—9 10—	〃 〃 〃 谭　纶			—11 11—	〃 〃 〃 朱　衡
隆庆一（1567）	—2 2—	〃 〃 〃 陈大宾		□〃 〃	8—	〃 〃 张　瀚				〃 〃
二（1568）		〃 〃 〃	3— 5—	严　清 赵　锦		〃 〃			—9 9—	〃 〃 翁大立
三（1569）		〃 〃 〃	—3 4—	〃 〃 王　诤	—5 6—	〃 〃 刘　焘	11—	殷正茂		〃 〃 〃

（续表）

年	月	云南	月	贵州	月	两广	月	广西	月	河道
四（1570）	—5 5—	〃 〃 〃 曹三旸	—4 4—	〃 〃 阮文中	1—	□〃 〃 李 迁		〃 〃 〃	5— 8—	〃 〃 陈大宾 潘季驯
五（1571）	—10 11—	〃 〃 〃 邹应龙		〃 〃 〃	—8 8—	〃 〃 殷正茂	—8 8—	〃 〃 〃 郭应聘	—12	〃 〃 〃
六（1572）		〃 〃 〃	—2 2—	〃 〃 〃 蔡 文		〃 〃 〃		〃 〃 〃	1—	万 恭
万历一（1573）		〃 〃 〃	12—	罗 瑶		〃 〃 〃		〃 〃 〃		〃 〃
二（1574）		〃 〃 〃		〃 〃		〃 〃 〃		□〃 〃 〃	4—	〃 〃 傅希挚
三（1575）	—2 3—	〃 〃 〃 王 凝	—6 7—	〃 〃 严 清	—6 6—	〃 〃 〃 凌云翼	9—	吴文华		〃 〃 〃
四（1576）		〃 〃	—3 3— 4—	〃 〃 曾同亨 江一麟 何起鸣		〃 〃 〃		〃 〃 〃		〃 〃 〃

（续表）

年	月	云南	月	贵州	月	两广	月	广西	月	河道
五（1577）		〃 〃		〃 〃 〃		〃 〃 〃		〃 〃 〃	—9 9—12 12—	〃 〃 〃 李世达 吴桂芳
六（1578）	—10 11—	〃 〃 饶仁侃		〃 〃 〃	—10 10—	〃 〃 〃 刘尧诲	—7 7—	〃 〃 〃 张 任	2—	〃 〃 〃 潘季驯
七（1579）		〃 〃 〃	—4 5—	〃 〃 〃 王 缉		〃 〃 〃		〃 〃		〃 〃 〃
八（1580）		〃 〃 〃		〃 〃		〃 〃 〃	9—	□〃 〃 郭应聘	—6 6—	〃 〃 〃 凌云翼
九（1581）	3—	□〃 〃 〃 刘世曾		〃 〃	—11 11—	〃 〃 〃 陈 瑞		〃 〃 〃		〃 〃 〃
十（1582）		〃 〃 〃	3—	〃 〃 刘 庠		□〃 〃		〃 〃 〃		〃 〃 〃
十一（1583）		〃 〃 〃		〃 〃	1—11 11—	郭应聘 吴文华	—1 1—4 4—11 11—	〃 〃 〃 吴文华 刘良弼 吴 善	—2 —12 12—	〃 〃 〃 傅希挚 李世达

（续表）

年	月	云南	月	贵州	月	两广	月	广西	月	河道
十二（1584）		〃 〃 〃	1—	舒应龙		〃 〃 〃		〃 〃	—6	〃 〃 〃 王廷瞻
十三（1585）		〃 〃 〃		〃 〃 〃		〃 〃 〃		〃 〃		〃 〃 〃 杨俊民
十四（1586）		〃 〃 〃	—12	〃 〃 〃		〃 〃 〃		〃 〃	—6 6—	〃 〃 〃 杨一魁
十五（1587）		〃 〃 〃	2—	萧　彦	—6 6—	〃 〃 〃 吴　善	—2 12—	〃 〃 刘继文		〃 〃 〃
十六（1588）	—4	〃 〃 〃 萧　彦	—4	〃 〃 〃 郭廷梧 许子良	7—	□〃 〃 刘继文	7—	□〃 〃 〃 陶大顺	4—	〃 〃 〃 潘季驯
十七（1589）	—12 12—	〃 〃 王学书 吴　定	—10 12—	〃 〃 〃 叶梦熊		〃 〃 〃	—2 2—	〃 〃 〃 蔡汝贤		〃 〃 〃
十八（1590）		〃 〃	—10 10—	〃 〃 〃 彭　富		〃 〃 〃		〃 〃 〃		〃 〃 〃

（续表）

年	月	云南	月	贵州	月	两广	月	广西	月	河道
十九（1591）		〃 〃		□〃 〃	—3 3—	〃 〃 〃 萧 彦	—4	〃 〃 〃 陈 蕖		〃 〃 〃
二十（1592）	—11	〃 〃	4—	王体复	—10 10—	〃 〃 陈 蕖	—9 9—	〃 〃 陈大科	2—	舒应龙
二十一（1593）	1—	陈用宾	—2 4—	〃 〃 〃 林乔相		〃 〃		〃 〃 〃		〃 〃 〃
二十二（1594）		〃 〃 〃		〃 〃 〃	—9 10—	〃 〃 陈大科		〃 〃 〃		〃 〃 〃
二十三（1595）		〃 〃 〃	10—	杨时宁		〃 〃 〃		〃 〃 〃 戴 燿	2—	杨一魁
二十四（1596）		〃 〃 〃	1—	江东之		〃 〃 〃		〃 〃		〃 〃 〃
二十五（1597）		〃 〃 〃		〃 〃 〃		〃 〃 〃		〃 〃		〃 〃 〃
二十六（1598）		〃 〃 〃		〃 〃 〃	—7 8—	〃 〃 〃 戴 燿	—8 11—	〃 〃 杨 芳	—5 6—	〃 〃 〃 刘东星

（续表）

年	月	云南	月	贵州	月	两广	月	广西	月	河道
二十七（1599）		〃 〃 〃	—2 3—	〃 〃 〃 郭子章		〃 〃		〃 〃		〃 〃 〃
二十八（1600）		〃 〃 〃		〃 〃 〃		〃 〃		〃 〃		〃 〃 〃
二十九（1601）		〃 〃 〃		〃 〃 〃		〃 〃		〃 〃	—9 12—	刘东星 李　颐
三十（1602）		〃 〃 〃		〃 〃 〃		〃 〃		〃 〃		〃 〃
三十一（1603）		〃 〃 〃		〃 〃 〃		〃 〃		〃 〃	—4	曾如春 李化龙
三十二（1604）		〃 〃 〃		〃 〃 〃		〃 〃		〃 〃	10—	〃 〃 〃 □曹时聘
三十三（1605）		〃 〃 〃		〃 〃 〃		〃 〃		〃 〃		〃 〃 〃
三十四（1606）		〃 〃 〃		〃 〃 〃		〃 〃		〃 〃		〃 〃 〃

（续表）

年	月	云南	月	贵州	月	两广	月	广西	月	河道
三十五（1607）		〃 〃 〃	—7	〃 〃 〃		〃 〃	6—	□〃 〃 蔡应科		〃 〃 〃
三十六（1608）	5— 8—	〃 〃 〃 薛梦雷 周嘉谟	9—	胡桂芳		〃 〃		〃 〃 〃		〃 〃 〃
三十七（1609）		〃 〃 〃		〃 〃 〃		□〃 〃		〃 〃 〃	—3	〃 〃 〃
三十八（1610）		〃 〃 〃		〃 〃 〃	3—	张鸣冈		〃 〃 〃	3—	刘士忠
三十九（1611）		〃 〃 〃		〃 〃 〃		〃 〃 〃		〃 〃 〃		〃 〃 〃
四十（1612）		〃 〃 〃	—8 9—	〃 〃 〃 张 偲		〃 〃 〃	—4 5—	〃 〃 〃 吴中明		〃 〃 〃
四十一（1613）		〃 〃 〃		〃 〃	—7 9—	〃 〃 〃 周嘉谟		〃 〃 〃	—8	〃 〃 〃

（续表）

年	月	云南	月	贵州	月	两广	月	广西	月	河道
四十二（1614）	8—	□〃 〃 〃 曹与参	8—	〃 〃 张鹤鸣		□张鸣冈 周嘉谟	8—	□〃 〃 〃 林欲厦	1—8	胡桂芳
四十三（1615）		〃 〃 〃		〃 〃 〃		□张鸣冈 周嘉谟		〃 〃 〃	—2	〃 〃 〃
四十四（1616）		〃 〃 〃		〃 〃 〃		〃 〃 〃		〃 〃 〃		
四十五（1617）	—10	〃 〃 〃		〃 〃 〃	—3 3—	〃 〃 〃 许宏纲		〃 〃 〃	7—	王　佐
四十六（1618）	12—	李　焘		〃 〃 〃		〃 〃 〃		〃 〃 〃		〃 〃
四十七（1619）	—10	〃 〃 沈儆炌	—4 7—	〃 〃 〃 李　槿		〃 〃 〃	7—	□〃 〃 〃 陈邦瞻		〃 〃
四十八（1620） 泰昌一		〃 〃 〃		〃 〃	—8 8—12 12—	〃 〃 〃 陈邦瞻 胡应台	—8 8—	〃 〃 〃 陈德元	—10	〃 〃

（续表）

年	月	云南	月	贵州	月	两广	月	广西	月	河道
天启一（1621）	—10 10—	〃 〃 〃 闵洪学	—10 10—	〃 〃 王三善		〃 〃 〃	—2 8—	朱世守 赵世征		陈道亨
二（1622）		〃 〃 〃		〃 〃 〃		〃 〃 〃	3—	何士晋	—10 11—	〃 〃 〃 房壮丽
三（1623）		〃 〃 〃		〃 〃 〃		〃 〃 〃		〃 〃 〃		〃 〃 〃
四（1624）		〃 〃 〃		〃 〃 〃 蔡复一	—2 3—	〃 〃 〃 何士晋	—3 3—	〃 〃 〃 董元儒	12—	〃 〃 〃 朱光祚
五（1625）		〃 〃 〃	4—	〃 〃 〃 王 瑊	—4 5—	〃 〃 〃 商周祚	—12 12—	〃 〃 〃 王尊德	—2 9—	〃 〃 〃 李从心
六（1626）	—11 12—	〃 〃 〃 谢存仁	—7 12—	□〃 〃 张鹤鸣	—12	〃 〃 〃		〃 〃 〃		〃 〃 〃
七（1627）		〃 〃 〃	11—	〃 〃 〃 陆献明	1—	李逢节		〃 〃 〃	—12 12—	〃 〃 〃 张九德
崇祯一（1628）		〃 〃 〃	—8 6—	张鹤鸣 朱燮元	—7 7—	〃 〃 〃 王尊德	5—	□〃 〃 〃 杨述程		〃 〃 〃

（续表）

年	月	云南	月	贵州	月	两广	月	广西	月	河道
二（1629）		〃 〃 〃 王 伉		〃 〃 〃		〃 〃 〃		□〃 〃 〃		李若星
三（1630）		〃 〃		〃 〃 〃		□〃 〃 〃	6—	谢如兰		〃 〃 〃
四（1631）		〃 〃		〃 〃 〃	10—	王业浩		〃 〃 〃	1—	朱光祚
五（1632）		〃 〃 蔡 侃		〃 〃 〃	2—	〃 〃 〃 熊文灿		□〃 〃 〃		〃 〃 〃
六（1633）	11—	〃 〃 钱士晋		〃 〃 〃		〃 〃 〃	6—	郑茂华	8—	〃 〃 〃 [1]刘荣嗣
七（1634）		〃 〃 〃		〃 〃 〃		〃 〃 〃		〃 〃 〃		〃 〃 〃
八（1635）	—12	〃 〃 〃		〃 〃 〃		〃 〃 〃		〃 〃 〃	8—	〃 〃 〃 [2]周 鼎
九（1636）	3—	王世德		〃 〃 〃		〃 〃 〃		〃 〃 〃		〃 〃

（续表）

年	月	云南	月	贵州	月	两广	月	广西	月	河道
十（1637）		〃 〃 〃		〃 〃 〃	—△4 △4—	〃 〃 〃 张镜心		〃 〃 〃		〃 〃
十一（1638）	4—	张天麟	—3 5—	〃 〃 〃 李若星			4—	□〃 〃 〃 林　赟		〃 〃
十二（1639）	12—	吴兆元		〃 〃 〃				〃 〃	—12	〃 〃
十三（1640）		〃 〃 〃		〃 〃 〃				〃 〃	1—	[3]张国维
十四（1641）		〃 〃 〃		〃 〃 〃	2—12	张镜心 沈犹龙		〃 〃		〃 〃 〃
十五（1642）		〃 〃 〃		〃 〃 〃		〃 〃 〃		〃 〃		〃 〃 〃
十六（1643）		〃 〃 〃		〃 〃 〃		〃 〃 〃	—12 12—	〃 〃 方震儒	1—	黄希宪
十七（1644）		〃 〃 〃	—7 7—	〃 〃 〃 范　鑛	10—	〃 〃 〃 丁魁楚		〃 〃 〃		〃 〃 〃

注释：

1. 刘荣嗣。《济宁志》：六年九月，荣嗣任总理河道。《国榷》：六年八月癸亥，刘荣嗣工部尚书总督河道。
2. 周鼎。《济宁志》：八年十月，周鼎任总理河道。《国榷》：八年八月丁未，周鼎工部右侍郎总河。
3. 张国维。《济宁志》：十三年四月任总理河道。《国榷》：正月丙辰，张国维……总理河道。

五、登莱、偏沅、山海永平、天津、密云、安庐、昌平督抚

年	月	登莱	月	偏沅	月	山海永平	月	天津	月	密云	月	安庐	月	昌平
万历二十五（1597）							9—	万世德						
二十六（1598）							—6 6—	〃 〃 〃 汪应蛟						
二十七（1599）				江　铎			—1	〃 〃 〃						
二十八（1600）				〃　〃										
二十九（1601）			—1	〃　〃										
三十（1602）														
三十一（1603）														
三十二（1604）														
三十三（1605）														

（续表）

年	月	登莱	月	偏沅	月	山海永平	月	天津	月	密云	月	安庐	月	昌平
三十四（1606）														
三十五（1607）														
三十六（1608）														
三十七（1609）														
三十八（1610）														
三十九（1611）														
四十（1612）														
四十一（1613）														

（续表）

年	月	登莱	月	偏沅	月	山海永平	月	天津	月	密云	月	安庐	月	昌平
四十二（1614）														
四十三（1615）														
四十四（1616）														
四十五（1617）														
四十六（1618）														
四十七（1619）														
四十八（1620）泰昌一														
天启一（1621）	6—	陶朗先					4—	毕自严						

（续表）

年	月	登莱	月	偏沅	月	山海永平	月	天津	月	密云	月	安庐	月	昌平
二（1622）	—4 4—	〃 〃 〃 袁可立	10—11	杨述中			—4 4—	〃 〃 〃 李邦华						
三（1623）		〃 〃 〃		[1]李仙品				〃 〃 〃 毕自严						
四（1624）	—3 3—	〃 〃 〃 武之望		〃 〃 〃				〃 〃 〃						
五（1625）	12—	〃 〃 〃 李　嵩	—3 3—	〃 〃 〃 闵梦得			6—	黄运泰						
六（1626）		〃 〃	12—	〃 〃 〃 [2]张鹤鸣				〃 〃 〃						
七（1627）	—5 5—	〃 〃 孙国祯		〃 〃 〃				〃 〃 〃						
崇祯一（1628）	—9	〃 〃 〃					—3 4—	〃 〃 〃 崔尔进						
二（1629）		王廷试				邱禾嘉		翟凤翀						
三（1630）	—6 6—	〃 〃 〃 孙元化				〃 〃 〃		[4]〃 〃 〃						

（续表）

年	月	登莱	月	偏沅	月	山海永平	月	天津	月	密云	月	安庐	月	昌平
四（1631）		〃 〃 〃				〃 〃 〃		郑宗周						
五（1632）		〃 〃 〃 谢 琏 陈应元			—4 4—	〃 〃 〃 杨嗣昌		〃 〃 〃						
六（1633）		〃 〃 〃				〃 〃 〃	8—	贺世寿						
七（1634）		〃 〃 〃					9—	〃 〃 〃 冯 任		〃 〃 〃				
八（1635）	—10 11—	〃 〃 〃 杨尔兴				〃 〃		〃 〃 〃						
九（1636）		杨文岳				〃 〃		〃 〃 〃						
十（1637）		〃 〃 〃	7—	陈睿谟		〃 〃	△4—	〃 〃 〃 杜三策			7—	史可法	3—	李日宣

（续表）

年	月	登莱	月	偏沅	月	山海永平	月	天津	月	密云	月	安庐	月	昌平
十一（1638）		〃 〃 〃		〃 〃 〃	12—	〃 〃 朱国栋		〃 〃 〃	9—	赵光抃		〃 〃 〃		〃 〃 〃
十二（1639）	5—	〃 〃 〃 徐人龙		〃 〃 〃		〃 〃 〃		李继桢		〃 〃 〃 王继谟	—3 3—	〃 〃 〃 郑二阳	—7	〃 〃 〃
十三（1640）		〃 〃 〃		〃 〃 〃		〃 〃 〃		〃 〃 〃		〃 〃 〃		〃 〃 〃		
十四（1641）		〃 〃 〃 曾　樱		〃 〃 〃		〃 〃 〃 马成名	—10	〃 〃 〃 冯元飏		〃 〃 〃	12—	〃 〃 〃 徐世荫 黄配玄		朱国栋
十五（1642）	11—	〃 〃 曾化龙		〃 〃 〃	12—	〃 〃 〃 [3]李希沆		〃 〃 〃		〃 〃 〃		郑二阳 徐世荫	4— 11—	〃 〃 〃 张宸极 金之俊
十六（1643）		〃 〃 〃		〃 〃 〃 李乾德		〃 〃 〃		〃 〃 〃		[5]〃 〃 〃		[6]黄配玄 张　亮	—11 11—	〃 〃 〃 何　谦
十七（1644）				〃 〃 〃				〃 〃 〃		王则尧		〃 〃	—2	〃 〃

注释：

△代表闰月。

1.《国榷》：四年二月丙午，四川右布政使李仙品佥都巡抚偏沅。

2.《实录》：六年十二月壬戌，张鹤鸣……兼巡抚偏沅。

3.《绥寇纪略》：崇祯十六年，李希沆抚山永。

4.《国榷》：四年十二月己巳，巡抚天津翟凤翀罢。

5.《烈皇小识》：十六年四月，密云巡抚王继谟议处。《明纪》在十五年十一月。

6.《国榷》：十五年九月癸酉，黄配玄巡抚安庆。